共有产权住房的理论与实践
（第2版）

金细簪　虞晓芬　陈多长　著

中国财经出版传媒集团
经济科学出版社
Economic Science Press

图书在版编目（CIP）数据

共有产权住房的理论与实践/金细簪，虞晓芬，陈多长著．—2版．—北京：经济科学出版社，2021.3
ISBN 978-7-5218-2302-8

Ⅰ.①共… Ⅱ.①金…②虞…③陈… Ⅲ.①住宅-产权-研究-中国 Ⅳ.①F299.233

中国版本图书馆CIP数据核字（2020）第268476号

责任编辑：杨　洋
责任校对：王肖楠
责任印制：范　艳　张佳裕

共有产权住房的理论与实践（第2版）
金细簪　虞晓芬　陈多长　著
经济科学出版社出版、发行　新华书店经销
社址：北京市海淀区阜成路甲28号　邮编：100142
总编部电话：010-88191217　发行部电话：010-88191522
网址：www.esp.com.cn
电子邮箱：esp@esp.com.cn
天猫网店：经济科学出版社旗舰店
网址：http://jjkxcbs.tmall.com
北京季蜂印刷有限公司印装
710×1000　16开　22.5印张　300000字
2021年10月第1版　2021年10月第1次印刷
ISBN 978-7-5218-2302-8　定价：92.00元
（图书出现印装问题，本社负责调换。电话：010-88191510）

教育部哲学社会科学研究重大课题攻关项目（编号：13JZD009）

国家社会科学基金项目（编号：17CSH026）

国家自然科学基金项目（编号：71273240）

教育部哲学社会科学研究重大课题攻关项目（编号：18JZD033）

浙江省哲学社会科学规划项目（编号：14NDJC165YB）

本书简介

本书详细论述了我国实施共有产权住房的法律依据、经济价值与社会意义，认为在零个人产权公租房、100%个人产权商品住房之间提供一种公私混合产权住房，帮助有一定经济能力、一时又买不起商品房的“夹心层”居民提前实现“住房梦”，对完善住房供给结构，改善居民居住条件，增强中低收入阶层财产性保障与扩大财产性收益，缩小住房领域不平衡不充分矛盾，促进社会和谐稳定等方面具有积极的意义。本书剖析了国内外典型的共有产权住房运行模式，提出了发展我国共有产权住房制度设计与政策建议。

序

我和虞晓芬副校长成为最好朋友的原因之一，是我阅读了她们在2015年写的《共有产权住房的理论与实践》这本书，书中许多观点与我的想法很相近。看完书，心中对她们不辞辛苦，将共有产权住房的有关理论和实践问题抽丝剥茧、细细分析，倾心建议，不禁产生敬佩之情。今天她们又再版此书，诚挚邀请我写序，我欣然应允。

在我长期从事住房政策研究中，一个研究体会是，尽管各国的住房现状差异很大，但在正规住房的供给中，均是由四类房组成，即：保障性租赁住房、保障性产权住房、市场租赁住房和市场产权住房，各国之所以住房现状不同，是因为这四类住房的供给比例不同。如新加坡是保障性产权住房供给占比最大，达到82%；德国是保障性租赁住房和市场租赁住房占比较大，长期保持在50%以上；而美国，则是市场租赁住房和市场产权住房供应最大，连接保障和市场的是政府货币化支持，如各种住房补贴、购房退税、政策性贴息等的支持。我国在住房供应中，1998年城镇住房制度改革前，保障性租赁住房占绝对的供给，之后，市场供给的产权房占比最大；保障性租赁住房供给，在2007年《国务院关于解决城市低收入家庭住房困难的若干意见》发布之后，加上2008年底开始的保障性安居工程的启动，以公租房为代表，供给规模开始增大；近年，国家又开始大力推动市场租赁住房的发展；而四类住房中的保障性产权住房，则政策一直摇摆不定，在1998年城镇住房制度改革时，曾设计将经济适用住房作为供给主体，提出建立和完善以经济适用住房为主的住房供应体系，但到2007年，全国经济适用住房投资只有820亿元，仅占全国城镇住房投资的4.55%，由于经济适用住房存在寻租等问题，近十年来，各地陆续停止了经济适用住房供给，部分城市代之提供两限房、集资房、职工住房等，共有产权住房曾在六个城市试点，目前在北京和上海有稳定的供给，按照目前住建部的政策，今后保障性产权住房供给主要定位在共有产权住房。

产权式保障住房是住房供应体系中不可缺少的一个品种，发展共有产权住房，我举双手赞成。在目前大城市房价高企，新市民、年轻人住房压力巨大的现实下，提供共有产权住房，可以实现住房分层消费、可支付。我的认识如下：

第一，共有产权住房是解决当前城镇住房主要矛盾的现实选择。

2019年底我国城镇人均住房建筑面积已达到39.8平方米，与我国经济发展阶段和居民收入水平相比，已不算低，住房建设成就巨大。目前对住房需求迫切且没有解决好的，主要是城镇新就业职工和新市民等“夹心层”群体。他们面临大城市的高房价，虽然他们可以选择租房居住，但仍有较大群体对买房有迫切愿望。

面对当前大城市住房市场房价收入比过高这一问题，既不能任由房价继续上涨或过猛下跌危害国家金融安全，也不宜继续当前部分地方采取的行政限价的办法。因为限价导致的一二手房价倒挂，表面限制了房价，但影子价格的存在实际上刺激了投机性需求。解决大城市住房可支付性问题的办法之一，是充分运用好共有产权这一政策工具，通过将政府对住房的优惠和支持显化为政府出资、形成政府产权的方式，增加中低价位住房供应，与租赁市场形成合力，租售并举，共同解决“夹心层”群体住房需求。

第二，共有产权住房政策可一举多得。

住房同时具有使用属性和财产属性。当前我国居民正处于财产积累的初期，对住房的产权格外看重，买房诉求远高于租房就是例证。从明晰产权的角度来确立政府对住房的管理思路，以此来规范住房的占有、使用、处分和收益权利，可以达到稳定预期、定纷止争的效果。发展共有产权住房可一举多得，是保持住房市场平稳发展的长治久安之策。

1. 共有产权住房是满足“夹心层”群体住房需求的有效政策工具。各国的公共住房政策均包括托底性的保障和支持性的保障两个部分。近十年来，我国推动了大规模保障性安居工程，公租房政策体系基本成型，城镇低收入和中低收入住房条件得到极大改善。那些既不符合公租房保障条件，又无力购买市场上商品住房的“夹心层”群体（永远存在），主要靠租赁解决住房需求，但租房被他们视为居住的过渡方式，购房意愿仍然十分强烈。通过共有产权制度安排，就可以提供适合他们收入水平的住房，满足首次购房需求，让其安心工作或创业，以后改善靠自己。

2. 共有产权住房政策是构建长效机制的重要一环。长效机制应达到稳定预期的目的，让不同收入群体均清楚自己面临的住房政策是什么。在目前我国已形成的低租金公租房和高价位商品住房供应之间，增加有政策支持的中低价位共有产权住房，则可最终形成由政府拥有完全产权的公租房，政府和个人共同拥有产权的共有产权住房和私人拥有完全产权可租可售的私人住房组成的、覆盖城镇全体居民清晰稳定的住房供应体系。公租房由政府托底，低租金、只能租，主要由政府出资；共有产权住房由政府支持、个人购买部分产权、政府让利起到四两拨千斤的作用；商品住房完全由市场提供，租金和价格由市场供求决定，完全个人出资，政府还要对获利者再征税。居民可根据支付能力，在政府保障租房、政府支持购房、市场租房和市场购房之间灵活选择居住方式，达到稳定预期的目的。

3. 共有产权住房政策可减轻政府托底保障的压力。共有产权住房的供应可以大大减少中低收入群体对公租房的需求。而且，由于共有产权住房仅是政府让利，并不需要实际投入，所以，政府的财政压力要远远小于建设和管理公租房。

4. 共有产权住房政策是对经济适用住房、集资房的优化。经济适用住房和集资房因价格较低深受各地欢迎。在当前高房价下，又有部分地区开始走回头路，大搞集资房。但经济适用住房和集资房由于产权不明晰，要么无法上市流通，要么一旦上市交易，则存在巨大的寻租空间，隐患很多，已叫停多年。而共有产权住房通过事前产权的约定弥补了上述缺陷，既保证了购买者正常的财产权益，又消除了寻租空间，更加公平合理。

5. 共有产权住房政策有利于抑投机、控房价。共有产权住房是政府与私人按份共有产权，并限定了处分和收益权力，且消除了无风险收益，所以投机炒房不可能。通过共有产权制度安排，又可形成不同产权比例的不同价位住房，既大幅提高了住房困难群体的住房支付能力，也有条件让市场供应住房完全由市场配置资源，最终形成多层次住房价格体系，并通过不同的共有产权住房供给规模和产权比例的设定，从源头控制一个城市住房的总价格水平。

6. 共有产权住房政策可以成为一种激励机制。如对各地引进的人才可以采取奖励产权的方式给予激励，鼓励人才多作贡献、长久居住，优于目前发放购房补贴的办法。对各地迫切需要为新进公务员解决住房问题的呼声，也可采取共有产权的办法予以解决。

7. 共有产权住房可作为地方政府的储备资产。共有产权住房有一部分政府产权，以后政府可根据需要，通过让渡产权的方式获得收入。同时，也避免了地方政府将当期的土地出让收入花光用尽。

8. 共有产权政策可用于规范各类政策性住房。我国在不同时期有过各类政策性住房，这些住房因不具有完全产权，大多无流动性。长期看，居民对这些住房的流动性要求强烈，可以通过共有产权的管理思路逐步实现流动性。

9. 共有产权住房供给在我国具有独特优势。共有产权住房价格的优惠，主要是供地环节政府少收了土地出让收益。在我国城镇土地国有的条件下，共有产权住房完全有条件根据需求决定供应规模，可以在房价高的大城市真正解决需求问题。而英美等国，虽也有共有产权住房，但受制于土地供给限制，实际供应量非常有限，反而充分利用其发达的金融市场，搞共有权益住房。

10. 共有产权住房是稳定投资的重要工具。共有产权住房不仅在房价高、上涨快时可以发挥重要作用，在市场下行、投资萎缩时，通过政府持有更大比例产权的设定，可以保持住房投资的稳定。与建设公租房相比，政府投入更低、未来调整余地更大；与建设市场租赁住房相比，因投资回收更快，又是产权住房，更受开发者和消费者欢迎。

从实践中看，近年北京市基本没有出现一二手房价倒挂引发的抢购，也没有大量的高价地无法上市等现象，反而在市场上形成了单价每平方米在3万元、4万元，直至12万元的多阶价位、梯级层次的住房供应，市场平稳有序，主要原因就是利用好了共有产权这一政策工具，将共有产权住房等政策住房供给增加到60%以上。

共有产权住房在国际上有先例，在国内有试点，在法律上有依据，应尽快总结经验、完成顶层设计、规范有序发展。

第三，共有产权住房政策设立要立足当前着眼长远。

作为政府支持性的保障住房，共有产权住房应成为长期政策，能否发挥好作用，关键在于精细化政策设计和到位管理。

首先，共有产权住房定位要与市场产权住房相区别。共有产权住房供给主要是政府弥补市场缺陷，而不是代替市场或冲击市场。因此，共有产权住房应以首次购房为主要门槛，重点解决无房群体购房需求，面积标准应以家庭人口数量予以控制，且家庭只能拥有一套等。

其次，加快立法并设立共有产权住房交易平台。加快共有产权住房的建章立制，指导地方完善住房供应体系并规范管理。为解决居民因工作变动等对居住地点调整的需求，可设共有产权住房交易平台，且这个平台可以全国联网。在共有产权住房政策建立之初，共有产权住房需封闭运行，主要满足无房家庭需求，但远期可根据届时形势需要，只需通过产权的过渡就可与公租房和市场产权房对接。

最后，在房价收入比高的城市要做大规模。大致可以判断，未来无房家庭的购房需求量仍然较大，这符合中国传统观念和追求财富安全的现实需求。所以房价收入比越高的城市越要增大共有产权住房的供应规模。建议目前房价收入比超过10倍以上的城市均应供应共有产权住房，房价收入比超过20倍的城市，共有产权住房占新增供应的比例应不低于60%。如果房价收入比过高的城市从现在开始构建新的供应体系，大约2~3年后，就可实现“住房分层消费可支付”，即有房住、付得起。届时，高房价与支付能力不足的矛盾将大大缓解，虽然政府当期的土地出让收入会减少，但可助推实现广大群众安居乐业，这正是各地政府的责任所在。

秦虹

中国人民大学

2021年4月6日

第 2 版前言

2015 年出版的《共有产权住房的理论与实践》是国内第一本比较系统研究共有产权住房的专著，得到各界关注。专著出版后，我们持续深化共有产权住房研究，并利用各种场合推动共有产权住房的推广，撰写的《推广共有产权住房促“共建共享”，化解民众焦虑》《进一步完善北京共有产权住房方案的若干建议》《住房保障体系的内涵与建设重点》等咨询报告获多位省部级以上领导批示。这五年来，我们欣慰地看到，一是共有产权住房实施面进一步扩大，在上海、淮安等地实施共有产权住房基础上，北京、广州、西安等大城市也先后加入推行共有产权住房制度之列。二是学者们对实施共有产权住房制度的认同度大幅度提高。三是共有产权住房作为重要的保障方式已进入国家住房保障顶层设计，2020 年 12 月召开的全国住房和城乡建设工作会议明确提出，将加快构建以保障性租赁住房和共有产权住房为主体的住房保障体系，为促进各地规范开展共有产权住房工作提供清晰的指引。

党的十九届五中全会提出，到 2035 年我国基本实现社会主义现代化，人民生活更加美好，人的全面发展、全体人民共同富裕取得更为明显的实质性进展，为各领域的工作指明了努力的方向。住房问题关系民生福祉，是共同富裕重要的标志。经过改革开放以来四十多年的建设，我国城镇居民居住条件已发生了翻天覆地的变化，住房总量短缺问题已经解决。但必须看到，大城市住房价格过高、结构性供给不足依然严重，新市民、青年人和部分老居民住房困难问题突出，迫切需要发展与其支付能力、居住需求相匹配的保障性住房。向一部分有一定经济实力但又买不起商品住房的“夹心层”群体提供“产权型住房保障”，对缩小不平衡不充分矛盾、维护家庭稳定和社会和谐、提供向上流动的机会以及减轻政府管理与财政压力等方面有十分积极的意义，而共有产权住房是实施产权型住房保障最为合适的方式选择。在加快形成“以国内大循环为主体、国内国际双循环相互促进的新发展格局”背景下，加快构建以保障性租赁住房和共有产权住房为主体的住房保障体系，对扩大内需、稳定投资、促进经济增长有其特殊的意义。本书的再版，也旨在推动各方进一步提高对共有产权住房制度的认识，加快推进大城市共有产权住房的实施步伐，早日满足人民群众对美好生活的向往，早日实现人人住有所居、住有宜居。

本次我们对2015年版《共有产权住房的理论与实践》进行修订的主要内容包括：一是依据2020年颁布的《中华人民共和国民法典》（以下简称《民法典》）修改了相关表达。《民法典》实施后，曾经的《物权法》已废止，《民法典》的物权编成为共有产权住房制度实施的法律基石，本次按《民法典》精神作了相应修订。二是增加了共有产权住房的“北京模式”一章，删掉了共有产权住房的“黄石模式”一章。2017年北京在自住型商品房基础上推行共有产权住房，形成了与上海、淮安不同的模式，其定位和运行模式均不同，有必要分析北京模式的特点与适用条件。之所以删掉“黄石模式”，是因为黄石的共有产权住房制度主要用于拆迁安置房，随着大规模拆迁安置结束，共有产权安置住房的规模很小，没有单独成章必要。三是基于期权理论对北京、上海、淮安不同模式下保障对象获得的权益进行了详细论述与比较。四是补充了新的文献研究成果。五是对一些文字和观点进行了梳理和修改。

全书仍为 11 章。承担本次各章修订或撰写的是：第 1 章、第 3 章、第 4 章第 1~2 节，陈多长、金细簪；第 2 章、第 5 章、第 6 章、第 9 章，虞晓芬；第 4 章第 3 节、第 7 章，张利花；第 8 章，王崧；第 10 章、第 11 章，金细簪。全书由金细簪、虞晓芬审定，出版斟校过程中各位同仁付出了辛勤劳动。由于知识和水平有限，缺点在所难免。敬请读者朋友提出批评意见和建议，我们不胜感谢。

金细簪　虞晓芬

2020 年 12 月 22 日

目　录

第1章 绪　论

1.1 研究背景

1.1.1 由商品住房和保障性租赁住房组成的住房供应体系难以解决新时代城市居民住房问题

伴随着20世纪末实物福利分房制度的终结，我国逐渐形成了商品住房和保障性住房并存的住房供应体系。自此以后，城镇居民解决住房问题形成了两大通道：要么通过市场租购商品住房，要么申请政府提供的保障性住房。市场提供的商品住房与政府提供的保障性住房二者之间的边界非常清晰。其中，政府提供的保障性住房又经历了以售为主（经济适用住房）全面向以租为主的转变。随着各地逐渐停止经济适用住房供应，其基本的现实情况是：住房困难的低收入、中低收入家庭申请政府的保障性租赁住房（含廉租住房），不符合申请条件的向市场租房或购房，向市场买房几乎成为居民拥有住房所有权的唯一选择。但是，近十多年来各地房价的急速上涨，不仅把中低收入家庭排挤出了商品住房市场，部分城市甚至出现中产阶级也难以通过自身的力量购买商品住房，形成了新的“夹心”阶层，而这些群体对拥有住房产权的呼声较为强烈，需要在商品住房和租赁型保障房之间提供中间产品，帮助有一定经济能力但又难以承受商品住房价格的居民实现住房梦。

1.1.2 共有产权住房已从地方自发试验转变为中央积极推动的重要住房保障工具

为了更好地解决新发展阶段城市居民尤其是大城市居民住房突出问题，也为了保障中低收入群体的居住权与资产增值收益权以解决在我国新的发展阶段上“发展不平衡、不充分”的主要矛盾，同时也为了更好地解决传统的经济适用住房产权不清、寻租严重，租赁型保障房（如公租房）政府投入资金大量沉淀、退出不易等问题，各地相继开始了共有产权住房的实践探索。2007年初，淮安市最早在旧城改造中实施共有产权住房，面对一部分拆迁户无经济能力补交安置房与旧房（被拆迁住房）差价款，通过明确政府和被拆迁人按一定产权比例，共同拥有同一套按照合理标准建设、限定套型面积和销售价格具有保障性质的住房，有效地解决中低收入家庭住房困难。2009年黄石市结合国家法律法规及棚户区改造政策，创造性地在棚改拆迁还建项目中推出了共有产权性质的安置住房。2010年上海市推出共有产权住房（经济适用住房），政府对经济适用住房的各种投入转化为政府产权，和购房人形成共有产权。2017年北京市在自住型商品住房基础上推出共有产权住房，出台《北京市共有产权住房管理暂行办法》。在淮安、黄石、上海、北京等主要为解决居民想买房但又一次性买不了房而主动推出共有产权住房的同时，一些经济欠发达地区如甘肃、吉林、贵州等地方政府则迫于廉租房建设资金巨大压力，以廉租房租售并举为切入点，将中央补助金、地方补助金、税费优惠等转为政府出资，个人按开发成本价或略低于成本价出资，政府与个人形成共有产权[①]。各地的自发实践引起了中央的关注。2014年，中央首次将“增

① 这是一种极具争议的做法，但也迫于无奈，本书未作介绍。

加共有产权住房供应”写进了政府工作报告，共有产权模式开始正式进入顶层设计的范畴，从此开启了探索共有产权住房全国性规划的道路，《住房城乡建设部关于做好2014年住房保障工作的通知》中确定北京、上海、深圳、成都、淮安和黄石为共有产权住房试点城市；2017年住建部进一步印发《关于支持北京市、上海市开展共有产权住房试点的意见》，明确支持北京、上海开展共有产权住房试点。2020年12月召开的全国住房和城乡建设工作会议首次明确“加快构建以保障性租赁住房和共有产权住房为主体的住房保障体系”，然后，住建部王蒙徽部长在接受新华社、人民日报等媒体采访时表示支持人口净流入的大城市发展共有产权住房，供应范围以面向户籍人口为主，逐步扩大到常住人口。① 表明共有产权住房将成为重要的住房保障工具，进入国家住房保障体系的顶层设计。

1.1.3 对共有产权住房的系统理论研究明显滞后于政策实践

尽管各地对共有产权住房已经有诸多的探索实践，但对此问题的系统研究还相对滞后。共有产权住房是什么性质？有什么优势？有没有必要在全国层面推出共有产权住房？它在我国整个住房保障体系中将扮演什么角色？需要什么样的法律法规环境支持？制度如何系统设计等都还缺乏系统的研究。学界、政界对共有产权住房也有不同的认识，本课题组早在2014年7月10～12日借南京大学主办的世界华人不动产年会的契机，对来自全国各高校的30位房地产学者展开了共有产权住房政策调研，其中12位专家对我国实施共有产权住房持支持态度，4人持反对观点，其余14人持保留意见。也正基于此，很有必要系统研究实施共有产权住房的经济社会基础、法律依据，各地的实践经验，以及制度设计等。

---

① 《住建部部长王蒙徽：要重视解决好新市民、青年人等群体的住房困难问题》，网易，2021年1月7日。

1.2 研究意义

住房是人类生存与发展所必需的基本要素之一，获得适当的住房是人类的一项基本人权。不论是在发达国家还是发展中国家，住房问题既是一个经济问题，更是社会问题、政治问题。因此，住房特别是中低收入家庭的住房都离不开政府的支持，各国政府都在积极探寻公平、高效、低成本、可持续的住房保障方式，以处理好公共财政投入的公平与效率。当前，在我国开展对共有产权住房的研究既有理论意义，更有深刻的现实意义。

1.2.1 为我国共有产权住房政策设计提供系统理论指导

第一，尽管英美国家早有共有产权住房实践，但是对我国来说，更多的是来自地方创新经验的一种新的住房供给模式，与其他的制度改革类似，各地实践多是摸着石头过河，走的是自下而上的发展路径，缺乏系统的完善的顶层设计和理论研究，导致一些先行先试城市的制度设计思路各不相同。例如，共有产权住房用地的性质和供应方式，有的城市采用出让方式，有的城市采用行政划拨；产权共有期间对政府产权份额的使用，有的城市无偿，有的城市要求有偿使用；对于政府持有的产权份额，有的城市允许并鼓励个人尽快回购，有的城市不允许个人回购，有的城市在一定期限内允许个人原价回购，有的城市要求按市场价格回购。这些差异既反映出各地市场的差异性，也凸显理论指导的迫切性。

第二，各地在共有产权住房政策推进过程中，既面临需要提高居民对共有产权住房的认知度问题，又存在着相关部门（自然资源管理部门、财政部门、税务部门、住建部门）如何达成共识的问题；既要理清共有产权住房与租赁型保障房、经济适用住房的关系问题，又要处理好实际操作过程中共有产权住房资产管理、个人或政府退出产权过程中税费的交纳、产权抵押等实际问题。本书的研究结论可以在较大程度上为我国共有产权住房政策设计提供系统化的理论指导。

1.2.2 有利于进一步完善我国住房保障体系

1998 年底停止福利分房后，我国住房保障体系一直处于探索之中。《国务院关于进一步深化城镇住房制度改革加快住房建设的通知》提出建立和完善以经济适用房为主的住房供应体系，调整住房投资结构，重点发展经济适用住房，1999～2003 年全国经济适用房销售面积占商品住房销售面积的比重曾达到 17.97%；《国务院关于促进房地产市场持续健康发展的通知》提出调整住房供应结构，逐步实现多数家庭购买或承租普通商品住房，各地经济适用房开发量下降，全国经济适用房销售面积占商品住房的比重下降到 2007 年的 5.00%。而遗憾的是：2003 年以后减少了经济适用住房建设，恰逢各地房地产市场进入量价齐升的时期，过度的市场化导致房价快速上升，带来巨大的民生保障压力。为此，2007 年《国务院关于解决城市低收入家庭住房困难的若干意见》，提出加快建立健全以廉租住房制度为重点、多渠道解决城市低收入家庭住房困难的政策体系。2010 年《国务院关于坚决遏制部分城市房价过快上涨的通知》又调整方向，提出加快发展公租房，随后住房城乡建设部等七部门出台《关于加快发展公共租赁住房的指导意见》，提出大力推进公租房建设，积极培育和发展住房租赁市场。短短的 10 多年时间里，我国住房保障政策经历多次大调整，客观上也造成了地方政府难以适从，一些地方住房保障政策出现“碎片化”，凸显了我国城镇住房保障体系建设尚处在探索过程中。

党的十八大提出，到 2020 年我国要全面建成小康社会，要完成“三个一亿”的任务：促进一亿农业转移人口落户城镇；改造约一亿人居住的城镇棚户区和城中村；引导约一亿人在中西部地区就近城镇化。解决好“三个一亿”迫切需要解决的基本问题之一就是保障每个公民拥有良好的、体面的住所。这是政府的责任，也是群众关切的重大民生问题。党的十九大又提出“加快建立多主体供给、多渠道保障和租购并举的住房制度，实现让全体人民住有所居”的住房发展目标。联合国提出面向2030年的人类住房发展目标是“到2030年，确保人人获得适当、安全和负担得起的住房和基本服务，实现居者有其屋”①。而要解决我国居民住房问题，实现党的十九大提出的和联合国倡议的住房发展目标，如果完全依靠市场，过去20多年的经验已经证明行不通，尤其是大多数居民的收入与财富积累处于中低水平，根本无能力通过市场解决住房。如果完全依靠政府提供的住房保障，即通过建设大规模保障性租赁住房，一是地方政府的财力难以承受，甘肃省、吉林省、贵州省等地政府之所以出售廉租住房就是迫于财政压力，我们对云南省等欠发达地区的调查发现，地方政府对保障性安居工程建设投入占地方债务的一半以上；二是后期管理难，公租房维修、物业管理、退出管理等面临巨大的人力与资金投入，大规模的保障性租赁住房建设与管理难以持续。而共有产权住房的提出，对于完善我国住房保障体系则有十分重要的意义，它实质是在100%产权私有的商品住房和100%产权公有的公租房之间建立起一种过渡性的产权关系，既动员了个人住房消费的力量，政府又适当给予了一些阶段性的帮助，满足居民住有所居、住有安居的需要。因此，如何将共有产权模式与传统的住房保障模式相结合，充分发挥其经济性和效用性，促进保障性住房制度的公平、高效运行，对完善我国的住房保障体系乃至整个住房制度都具有十分重要的现实意义，值得学术界进行深入研究。

1.2.3 有助于丰富我国住房保障理论

一直以来，理论界对我国住房保障的定位、住房保障的方式、住房保障体系顶层设计等很有争议。住房保障的对象究竟应该包括哪些

① 《目标11：建设包容、安全、有抵御灾害能力和可持续的城市和人类住区》，联合国网站。

阶层和群体？一种观点认为："住房保障就是指政府为完全不能通过市场方法来解决住房的人直接提供最低保障水平的住房解决方案（包括租房）"，因此"只应该是来自政府对少数人的临时性救济，是特定经济发展阶段下弥补住房市场上'市场失灵'的办法"[①]，持这类观点的学者将住房保障定义为"救助"的含义，以解决最需要帮助的住房困难群体为主要政策目标。另一种典型观点则认为："完善的住房保障体系应当包括救助（救济）性保障、援助性保障、互助性保障和自助性保障四个层次"，认为这四个层次的"无缝对接"和一定程度的交叉覆盖，才能真正实现"人人享有适当住房"的目标[②]。认为这是一种面向所有社会成员的公共服务和社会管理机制，绝不应视之为政府对少数人的临时性救济。这样就将低收入群体、中低收入群体甚至中等偏上群体都包括进了住房保障的范围[③]。同样地，对住房保障目标也有不同的观点：一种认为政府住房保障的目标是"住在所居"，对难以通过自己力量在商品房市场租赁住房的家庭，由政府提供保障性租赁住房，解决人人有房住的问题。2008 年政府工作报告在大会审议期间就将"努力实现居者有其屋的目标"，改为"努力实现住有所居的目标"。但也有不少的学者认为"住有所居"就不应该代替"居者有其屋"的目标，更不能作为对我国人民的住房目标，而只应该是在部分家庭还没有实现这个目标前的"过渡"，对于无房户和贫困家庭，政府帮助其实现"住有所居"是必须的也是底线，认为住房保障改革最终目标是"居者有其屋"，批评理论界未重视使更多劳动者拥有财

① 陈杰：《城市居民住房解决方案——理论与国际经验》，上海财经大学出版社 2009 年版。

② 陈淮：《住房保障体系的认识问题探析》，载于《江南论坛》2009 年第 4 期。

③ 马黎明：《住房保障的内涵及相关理论探析》，载于《中共济南市委党校学报》2009 年第 4 期。

产必须尽量让居民普遍拥有自有住房[①]。

党的十九届五中全会审议通过的《中共中央关于制定国民经济和社会发展第十四个五年规划和二〇三五年远景目标的建议》，将“民生福祉达到新水平”列为“十四五”时期的主要目标之一，同时着眼于2035年基本实现社会主义现代化的远景目标，在党的十九届五中全会文件中第一次使用了“全体人民共同富裕取得更为明显的实质性进展”“扎实推动共同富裕”等表述。住房制度改革以来，我国城镇居民住房条件发生了翻天覆地的变化，2019年全国城镇居民人均住房建筑面积达到39.8平方米，农村居民人均住房建筑面积达到48.9平方米，比1998年分别提高21.1平方米和25.6平方米，但是也必须看到，住房价格的快速上升，使得住房问题成为导致中国财富两极分化的一个最重要的原因（周天勇，2013）。而共有产权住房的出现，突破了传统的基本保障思维，不仅解决了住房困难群体“住有所居”问题，同时又赋予资产保障，有助于缩小住房领域发展不平衡不充分矛盾。可以说有望成为对我国现行主流的住房保障理论的一种突破。因此，对共有产权住房问题系统的理论分析、典型案例研究和政策设计研究，有助于丰富住房保障的理论研究。

总之，全面系统研究共有产权住房制度推行的必要性、设计共有产权住房机制及运营管理策略，对指导我国共有产权住房政策实践、完善住房体系具有重大的现实意义。对于丰富我国住房保障理论、优化保障性住房的配置效果、实现资本投入的酵母作用、提高住房保障的效率、促进住房保障事业的可持续发展都有重要理论意义。但是，纵览我国浩如烟海的住房问题研究成果，对共有产权住房这一领域的综合性、系统性的研究比较少。因此，借鉴发达国家经验，结合各地

① 李济广：《住房保障改革目标：居者所有其屋》，载于《当代经济管理》2010年第8期。

实践情况，在住房保障制度急需完善的背景下，对我国共有产权住房进行系统化、专业化分析整合，以提升我国住房保障制度的高效性、公平性、科学性、规范性，已经成为当务之急。基于此，本书以期抛砖引玉，引出学者对共有产权住房更广泛、更深入、更全面、更系统的研究。

1.3 本书的研究框架

本书所指的共有产权住房与通常意义上共有产权并不完全相同，而是一种特殊的住房保障方式，是指政府让渡部分土地出让收益或给予一定财政补贴，然后将房屋低价配售给符合住房保障条件的居民，居民与政府签订合同，约定双方的产权份额以及房屋将来上市交易的条件和所得价款的分配份额，居民与政府按约定比例拥有房屋的产权，组成共有产权关系。简言之，本书研究中采用的共有产权住房是指政府与居民家庭之间共同拥有的住房。

本书将围绕“背景环境→理论分析→实践依据→机制设计→政策建议”这一逻辑思路展开系统研究。具体而言，本书主要从以下几个方面展开研究。

（1）系统的理论研究。从法律、经济、社会三维角度，从理论上系统的解答了共有产权住房存在的法律基础、经济基础、社会基础，回答了政府是否有必要给中低收入家庭提供一定的产权保障，以什么样的方式向中低收入家庭提供一定的产权保障可以有效地防止寻租行为产生，进而为推广共有产权住房的必要性和战略定位提供理论支持。

（2）实践的比较分析。从两个方面开展：一是国外共有产权住房保障模式研究，通过对英国、美国共有产权住房的具体模式与运行机制进行了系统分析，包括保障对象、定价模式、准入与退出、具体运营管理以及政策效果等，为本书提供国际实践依据。二是国内共有产权住房保障模式实践研究，在对国内共有产权住房的试点城市和地区（淮安、上海、北京、西安等）进行文献调研和实地调研基础上，系统地总结各地推行共有产权住房背景、运行模式、面临的问题、特点与成效等，为本书提供国内共有产权住房制度设计的实践依据。

（3）机制设计与政策研究。以共有产权的实践要点：“保障对象及准入标准体系”“定价与住房配套体系”“产权分配和上市交易收益调节体系”“运营管理体系”为核心内容，探讨设计共有产权机制和实践运行要点，旨在能够通过共有产权住房有效实现保障性住房内部的转换和保障性住房与商品房之间的转换，构建起由商品住房、共有产权住房、保障性租赁住房组成的具有合理分层的住房供应体系。具体技术路径如图1－1所示。

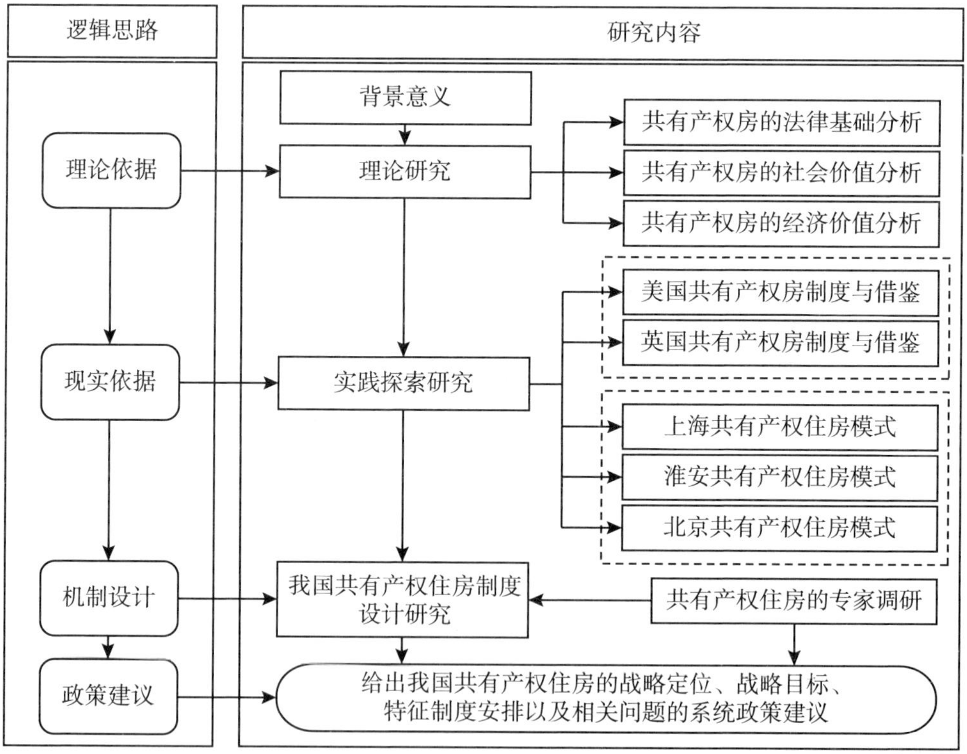

图1－1　本书研究的技术路线

1.4 国内外关于共有产权住房研究观点综述

自从1998年底我国全面终止福利分房制度以来，中国住房制度的市场化改革和政府鼓励居民住房自有的政策推动了房地产市场的快速发展，房地产业进入了黄金发展期。近20多年来各地房价加速上涨，形成了低收入家庭乃至中等收入群体也难以承担的高昂商品住房价格。以新就业职工及外来务工人员为代表的城镇新市民大多数由于工作年限较短、支付能力不足而买不起商品房，同时又不符合保障性租赁住房的申请标准或不愿意申请保障性租赁住房，成为所谓的“夹心层”。随着大城市房价的不断上涨，“夹心层”群体不断地扩大。传统经济适用住房等原有的保障性住房虽对于解决“夹心层”住房问题发挥了一定的作用，但同时也存在产权不清、寻租现象严重、制度不完善等问题。为实现保障性住房制度的可持续运行、促进住房公平、解决“夹心层”的住房难问题，各地开始积极探索居于租赁权与完全私人产权“中间地带”的共有产权住房制度。

共有产权住房问题在我国尚属新兴的房地产研究领域，目前的研究主要关注了以下七个主题：一是共有产权住房的定义与属性；二是共有产权住房发展阶段；三是共有产权住房发展模式；四是共有产权住房政策与实践的国际经验；五是我国共有产权住房试点城市制度设计研究；六是有关我国共有产权住房政策存在的问题与对策的研究；七是其他方面的研究。本书拟从上述七个方面进行文献研究。

1.4.1 共有产权住房的定义与属性

关于共有产权住房的定义，学界具体表述并不统一，但其核心观点基本一致。所谓共有产权住房，是指政府与购房人之间的共有住房即公与私之间的共有住房（付大学，秦思楠，2020）。在中国背景下，共有产权住房是指地方政府让渡部分土地出让收益，并把所建房屋低价配售给符合条件的保障对象，房屋产权由政府和保障对象按一定比例持有（柳杨，2018；瞿富强等，2019；陶丽等，2019）。由保障对象家庭与政府签订合同，约定双方的产权份额以及保障房将来上市交易的条件。当共有产权住房符合上市交易的条件时，保障对象可根据本地共有产权住房政策向政府购买剩余部分产权，或将自有部分产权出售给政府或其他符合条件的购房人（徐虹，2017；宋宗宇等，2020）。共有产权住房制度旨在购房者无力购买一套完整商品住房情况下，以与政府共同拥有住房所有权的形式实现“居者有其屋”的目标。

关于共有产权住房的属性，学术界从不同角度出发提出了各自不同的观点。有学者从财产权归属角度，认为共有产权住房无非是一种典型的公—私混合财产（付大学，秦思楠，2020），其“权利束”同时具有公与私的属性。基于混合属性，共有产权住房制度构建时要兼顾分配效率和投资效率，从分配效率角度要确保其社会福利本性；从投资效率角度要保护购房人私有份额财产权（付大学，秦思楠，2020）。另有学者认为，共有产权住房既属于保障性住房，又是市场经济中的商品，兼具保障性与财产性（宋宗宇，张晨原，2020）。一方面，制度实践和理论均彰显了共有产权住房的保障性。例如，《住建部关于支持北京市、上海市开展共有产权住房试点的意见》中明确指出，发展共有产权住房是加快推进“住房保障和供应体系建设”的重要内容，在各个地方出台的相关规范中，均开宗明义指出共有产权住房属于政府主导的保障性住房，如淮安市指出共有产权住房为“具有保障性质的政策性住房”、北京市强调共有产权住房属于“政策性商品住房”。另一方面，共有产权住房的开发建设已经完全市场化运作，共有产权住房具有价值和交换价值，属于商品范畴。还有一种观点认为，共有产权住房在任何条件下都不应该转化为普通商品住房。主要理由是共有产权住房不应该保障“资产积累”，只应该保障“住有所居”，而只要共有产权住房存在向商品住房转化的机会，共有产权住房就必然存在寻租现象，极可能逐渐沦为炒房的对象。财富积累属于投资范畴，要能承担风险才能获得资产增值，政府的介入在某种程度上会鼓励中低收入家庭成为“炒房族”。用党的十九大报告里的词汇来表述，共有产权住房必须成为不是用来炒的房子，即“房住不炒”。这意味着，共有产权住房与普通商品住房必须存在根本区别（陈杰，胡明志，2020）。此观点本质上是认为共有产权住房是解决居民基本居住问题的政策工具，而不应成为居民住房资产工具。

在我国共有产权住房政策实践中，对于共有产权住房的功能定位，学术界一直存有不同的观点。一种观点是坚持共有产权住房的“保障性”功能，认为共有产权住房是专门解决“夹心层”人群住房问题的保障性住房，共有产权住房的出现填补了目前我国保障性住房体系的空白，如胡吉亚（2019）通过对共有产权性质的博弈分析，认为应该坚持共有产权住房保障性住房属性，明晰政府在共有产权住房筹建和运作方面的主导地位；而另一种观点则认为共有产权住房的运作应当遵循市场化的原则，政府应当将工作重心转向共有产权住房的制度建设、整体规划、法制健全及监管等方面，突出共有产权住房的“商品性”。

本书认为，在我国当前的现实背景下共有产权住房从本质上看仍是完整产权的商品住房，只是在特定阶段作为住房保障工具之一，其最终目的是帮助一部分家庭脱离政府的保障。政府为它赋予了解决住房问题的政策功能。

1.4.2 共有产权住房发展阶段分析

共有产权住房在我国发展历史不长，学界公认的起点是2007年，标志性事件是2007年底江苏省淮安市面向自主购房者推出首批300套共有产权住房，开始探索共有产权住房制度（朱亚鹏，2018；王微微，张鲁青，2019；中国指数研究院，2019）。代表性观点如下：

（1）把我国共有产权住房发展历程划分为两个阶段：一是地方创

新与横向扩散（2007～2013年）：从“淮安”模式到“上海”模式；二是政策创新与纵向推广阶段（2013年至今）：由中央推动的共有产权住房政策（朱亚鹏，2018）。

（2）把我国共有产权住房发展历程划分为三个阶段：一是地方自主实践阶段（2007～2013年）；二是国家试点改革阶段（2014～2016年）；三是试点经验扩散并进一步践行“房住不炒”阶段（2017年至今）（中国指数研究院，2019）①。

（3）按照年度标志性事件把我国共有产权住房发展历程划分为若干阶段：2007年江苏省淮安市自主探索起步；2009年上海启动共有产权住房项目；2010年黄石市试水共有产权模式；2014年政府工作报告首次将增加共有产权住房供应加入完善住房保障机制的内容中，住建部确定淮安、北京、黄石、上海、成都、深圳六个城市作为共有产权住房试点城市；2015年住建部在已有试点城市以外，提出选取供需矛盾突出且房价压力大的城市作为试点，南京市2015年出台《南京市保障性住房共有产权管理办法（试行）》；2016年四川省政府办公厅印发《健全住房保障和供应体系专项改革方案》，在全省范围内推广共有产权住房制度；2017年北京市相关部门下发《北京市共有产权住房管理暂行办法》，住建部印发《关于支持北京市上海市开展共有产权住房试点的意见》；2018年《福州市出台福州市人才共有产权住房实施方案》（王微微，张鲁青，2019）。

1.4.3 共有产权住房发展模式研究

从我国共有产权住房模式的现有实践来看，试点城市采取的主要做法与英国的“共有产权计划”较为接近，但由于缺乏完善的顶层设计和理论研究，先行试点城市的制度设计存在较大差异。综合考察我国的共有产权住房模式，目前试点的共有产权住房具有以下特征（杨

① 中国指数研究院：《2019年三季度中国房地产政策评估报告》，2019。

燕玲，2020）：第一，我国的共有产权住房的供给对象主要是既不符合保障性租赁住房承租条件又暂时无力购买商品住房的“夹心层”群体，与英国类似。第二，我国的共有产权住房供给主体较为单一，目前共有产权住房的供给人仅限于政府部门或代持机构，由政府主导共有产权住房的建设、分配和处置，购房人与政府产权代持机构的产权份额比例常为5∶5、6∶4、7∶3，相较于英国“可在25%～75%自由选择”，我国产权比例选择较为僵硬。第三，我国共有产权住房是产权型保障性住房，省掉了英国半租半售模式中的租赁环节，承购人与政府或代持机构按份共有产权无须缴纳租金。第四，共有产权住房的退出方式多样，以是否可以转化为商品住房为标准，可将其区分为以北京为代表的封闭流转模式和以上海为代表的开放流转模式。

从最初共有产权住房的来源角度看，各地共有产权的主要模式有北京的改造自主型商品房模式、上海的改造经济适用住房模式、淮安的升级经济适用住房模式和黄石的改造公租房模式等（陈思，叶剑平，薛白，2019）。

1.4.4 共有产权住房政策与实践的国际经验介绍

共有产权住房作为保障性住房的一种产权配置形式，在国外发展相对较为成熟。英国率先在20世纪80年代启动“共有产权计划”，鼓励低收入人群通过分步购买产权、租买结合的方式，逐步拥有完全产权住房。住房来源方面，英国共有产权住房的来源较为灵活，可以是住房协会新建、翻修或收购的房屋，也可以是市场上私人主体提供的房屋；产权分配方面，购房人与住房协会或私人主体的住房持有比例较为灵活，购房人最初产权购买比例可以在25%～75%灵活选择，其后可以逐步回购其他共有产权份额直至拥有完全产权；产权使用方面，购房人拥有房屋使用权，负责住房私人部分的维修，同时每年需缴纳3%左右的租金作为剩余产权资本价值的使用费用。美国具有保障性质的共有产权住房模式存在社区土地信托、有限权益合作房等多种形式。

主要发达国家还在共有产权模式基础上衍生出其他类型的保障性住房模式，如英国的“帮助购买计划”、美国的“分享增值收益贷款”等，通过提供免息贷款帮助购房者购买全部产权。以受众有无限制为标准，可以大致分为两类：一类是以英国为代表的有限受众模式；另一类是以瑞典和加拿大为代表的无限制受众模式（徐漫辰，焦怡雪，张璐等，2019）。

在以往的研究中，部分学者对国外共有产权住房的发展进行分析和探讨，提出了对我国的启示。翁翎燕和韩许高（2017）通过对英国、美国、澳大利亚等发达国家共有产权住房实践经验的总结，从法律制度、行政管理、产权的形式与比例多样化及制度的延续性等方面提出对我国共有产权住房制度建设的启示。胡吉亚（2018）通过对英国、美国、新加坡三国共有产权住房运作经验进行研究，提出我国应该加快相关立法工作，从国家层面制定“住房保障法”，增加共有产权住房建设的法制性和权威性；拓宽共有产权住房的建设资金来源，以保证充足的共有产权住房建设资金；设计多元化的共有产权比例，以多元化的梯度设计保障覆盖更多人群，体现共有产权住房的普适性和公平性；建立专业化的管理机构，并建立独立的第三方机构对该机构进行监管，以增加共有产权住房工作的公平性和有效性；构建科学的定价机制，既考虑房屋筹建成本，又兼顾居民家庭的可支配收入。有学者总结了英国、美国、瑞典、加拿大共有产权住房的产权共有模式、产权份额、产权转化方式及制度保障方面的成熟经验，并以我国淮安市及上海、北京、广东等地典型共有产权住房试点情况为例，提炼出我国共有产权住房在共有模式、产权份额及转换方式、保障体系等方面的现状特征，最后结合国际经验提出了我国共有产权住房发展优化建议（徐漫辰等，2019）。

1.4.5 我国共有产权住房试点城市制度设计研究

学术界对共有产权住房制度设计的研究主要集中在共有产权住房

的定价机制、产权分配制度、转让退出机制、融资模式和土地筹集等方面。

（1）关于定价机制的研究。北京、上海等试点城市就建设共有产权住房制度进行了积极探索，积累了一定的实践经验，但城市共有产权住房定价机制设计和运行仍是制约其发展的瓶颈问题。目前，共有产权住房定价机制主要分为初始定价机制和增购、回购定价机制。我国初始定价机制大致分为两类：一类是以北京、上海、深圳、淮安为代表的市场导向型定价；另一类是以成都和黄石为代表的成本导向型定价（邓宏乾，王昱博，2015），这两种方法虽然各有优势，但是都相对较简单，且并没有结合各地区的具体参数。从各地出台的增购、回购等后期价格政策分析，各地都有所差异，但大体上都坚持了越早购买全部产权优惠力度越大、在规定的禁售期之外政府拥有优先回购权、严格限制上市交易等原则。邓宏乾等（2015）通过比较试点城市共有产权住房定价的方式，研究了共有产权住房初始定价、租金价格以及增购回购定价机制，并提出针对性的建议。刘广平等（2015）首先构建了共有产权住房最优赎回时机和最优租金定价模型，并基于可支付能力视角，设计了共有产权住房的准入门槛模型，其次运用实际案例，对构建的三个模型进行了应用研究，最后从设计多套的共有产权份额方案、拓展共有产权住房融资渠道、完善共有产权转让制度、建立科学的监督与惩罚制度四个角度给出了政策建议。颜莉和严荣（2015）通过分析共有产权保障房的经济学特性和社会政策特性，提出了共有产权保障房的定价原则，并构建了上海市共有产权保障房价格的两阶段定价理论框架。在对上海共有产权保障房五个大型居住社区进行调研的基础上，重点对第二阶段定价的约束条件、可能存在的问题、定价模式的选择等进行了探讨，并提出了具体的定价方案。柳杨（2018）从现行共有产权住房上市价格（取得完全产权时的价格）评估现状入手，分析上市价格评估模式以及存在的问题（上市价格评估缺乏相关理论和标准以及缺乏体系性），在此基础上，结合深圳实际，提出并分析依托专业评估机构测算项目上市基准租金和借助价格修正体系的批量价格评估模式。胡吉亚（2019）通过对共有产权住房的博弈分析，提出定价机制改进意见，认为应根据各地区不同的经济和人口特点，设计统一灵活的定价方案。应该建立全国统一的共有产权住房定价模型（例如可以考虑采用贝叶斯博弈模型），为各地的定价提供参照样本。由于各地区差异性明显，所以还应当考虑模型的多样化、灵活性和动态性，在指标体系的构建中设计指标区间和替换条件，在一定范围内因地制宜地选取指标体系，构建较为严密的定价模型，从根本上规范共有产权住房市场的运行机制。

（2）关于产权份额的研究。相比租赁型保障房和经济适用住房，通过将国有土地价值和政府公共投入成本的内部化，使具有保障性质的住房的产权归属及其边界更加清晰化，从而有效降低有限产权制度下的寻租行为、提升保障性住房分配的公平性，使市场在保障房建设、交易、处置等环节更好地发挥资源配置的作用，发挥产权对政府、市场和购房人的激励功能（陈思，叶剑平，薛白，2019）。在此模式下，产权配置方式的灵活性和产权持有比例的多样性能够支持不同收入群体的购房需求，解决收入“夹心层”居民居住问题。在产权分配制度上，多数学者提出应以出资比例为依据来划分产权比例。瞿富强等（2019）通过构建基于住房支付能力的共有产权住房产权份额确定模型，分析了不同收入家庭的住房支付能力以及购买共有产权住房的产权比例，同时对政府能够承受的最大产权份额进行测算，最后以江苏省为例实证分析了基于住房支付能力的共有产权住房产权份额比例分配，对共有产权住房高质量发展提出如下建议：前瞻性的界定共有产权住房保障对象；基于住房支付能力，分类、分级确定产权份额比例；分级确定共有产权住房租金水平。

（3）关于退出机制设计的研究。共有产权住房的双重属性对设计转让退出制度提出了更高要求。一方面，共有产权住房的保障属性要求房价不能攀升过快，必须压缩初始购房人的套利空间，避免后续购买人无力购买共有产权住房，即共有产权住房应尽量保证其住房保障性，不宜任意地变换为商品住房。另一方面，共有产权住房是购房人用自身创造的财富购买的财产，如果不能在房地产市场中获得其应有的价值增长，显然对购房人不公平。北京、上海作为共有产权住房的主要试点城市，在共有产权人与政府之间的转让方面，就增持份额而言，上海市规定为一次性全部购买，北京市并未规定，就减持份额而言，如果政策允许，减持份额可以在共有产权人有困难时为其谋取一定的资金来渡过难关。然而，北京、上海规定的仅仅是发生特定事由时由政府一次性回购，并没有发挥减持份额理应包含的救济功能。在向第三人转让共有住房份额方面，北京市注重共有产权住房的保障性，通过限制交易对象极力保持共有产权住房性质不变，较好地打击了共有产权住房的投机行为，但也会限制共有产权住房的流动性。上海市更多地兼顾了财产性，对购房人进行沪籍和非沪籍的区分，前者更加注重共有产权住房的财产性，其将流转后的共有产权住房变为商品住房，增加了房屋的流动性，更好地维护了购房人的财产利益，但也会造成共有产权住房数量减少；后者的“封闭管理”可有效保证共有产权住房的数量。有学者研究认为，我国共有产权住房向政府转让的制度未发挥其包含的安居与救济功能，外部转让制度没有体现共有产权住房的保障性与财产性；京沪两地的共有产权住房转让制度存在较大问题，如内部转让缺乏灵活性，增减持份额设计均过于僵化；外部转让未在坚持保障性的同时兼顾好财产性。结合国内外共有产权住房转让制度的经验，应从内部和外部两个维度来解决我国共有产权住房转让制度的现存问题，提出在未来的共有产权转让制度设计中增加制度灵活性，在确保住房保障性的同时适当照顾其财产性，以共有产权住房供求关系为导向，因地制宜确定不同的内外部转让制度设计

（宋宗宇，张晨原，2020）。

（4）关于共有产权住房资金与土地要素保障的研究。共有产权住房建设面临的资金难题和融资约束在全国范围内普遍存在，主要表现在民间资本参与度低、资金缺乏和收益性差等方面。不少学者在为共有产权住房高质量发展建言献策时，提到政府部门除了通过财政预算、土地出让金和税收政策提供建设资金和减少成本之外，还应当拓展融资渠道，以保障共有产权住房资金充足。为此，有学者提出，要鼓励民间机构参与到共有产权住房建设中，结合各地区资金预算实际情况，设计科学的政府和社会资本合作（PPP）模式或工程总承包（EPC）模式，来实现对共有产权住房的融资，除此之外还应根据民间组织投资资金的多少，政府部门通过在税收方面的优惠政策和设定合理的租金定价，以保障其投资收益目标的实现（刘广平等，2015）。张巍等（2015）在文章中详细解析了共有产权住房 PPP 融资模式的内涵，设定了其应用框架，并提出了该模式在项目实施四个阶段的应用流程，最后根据当前实践情况，为在我国推广共有产权住房 PPP 融资模式，提出建议。郑晓云和邓芮希（2016）从多角度论证了将 PPP 建设模式引入共有产权保障性住房建设的优势，并从共有产权分割与流转的角度构建共有产权保障性住房的 PPP 建设运营体系，以期通过 PPP 模式的合理构建实现多方共赢的局面。

在土地要素的筹集方面，我国现存的共有产权住房土地筹集有两种：一是建设在国有土地上；二是建设在集体土地上，目前我国共有产权住房基本都是建设在国有土地上，北京市是目前试点城市中唯一利用集体土地建设共有产权住房的城市。杨燕玲（2020）结合共有产权住房制度的特征及其实践经验，着重分析现阶段我国利用集体土地建设共有产权住房的制度障碍（集体土地建设共有产权住房入市的阻碍主要在于集体经营性建设用地入市范围过窄、住房保障属性与“经营性用途”冲突以及物权效力未定），并就如何突破这些障碍提出政策建议（破除阻碍的关键在于实现集体经营性建设用地与国有建设用地“同地、同权”）。

1.4.6 关于我国共有产权住房政策存在的问题与对策研究

共有产权住房作为一种政策工具，存在适用范围有限、对政府管理的要求高、存在风险隐患等一些局限（严荣，2015）。共有产权住房所涉及的风险主要包括法律风险、房价涨跌的风险、购房者贷款违约的风险（胡吉亚，2019）以及管理风险等，例如，购房者贷款违约风险，由于选择共有产权住房的人群在支付能力方面普遍不强，因而一旦遇到经济波动、房价下降或收入不可持续，就有可能形成不良贷款，从而给金融系统的稳定性埋下隐患。针对这些风险，政府应建立专门从事共有产权住房运作的住房管理机构掌控风险。朱亚鹏（2018）追溯了共有产权住房政策的发展历程，重点分析了共有产权住房政策在满足城市居民的住房需求、丰富中国住房保障模式、推动中低收入家庭实现住房自有等方面的创新和优势，也讨论了这种新的住房供应模式可能存在的局限和争论，除普遍面临的资金难题之外，住房的资产效应及其所引发的公平争议、住房市场存在的下行风险，以及管理面临困境等，最后在肯定共有产权住房对完善住房保障体系意义的基础上，提出进一步研究的方向。郑文清（2018）分析了试点城市共有产权住房制度，指出当前共有产权住房存在初始比例设置过高、缺乏专业化的管理者等问题，并从理论层面提出建议。邹琳华（2018）通过总结北京已售共有产权住房项目市场表现与问题，并与上海、淮安等地的共有产权住房实践进行制度比较分析，发现北京市在制度设计方面，共有产权住房存在机械运用封闭运行条款、制度设计较复杂、购房者实际支付与所占份额的不对等问题，不利于市场机制的有效利用。对此，笔者提出可采取取消封闭运行、合理确定政府份额、进一步简化制度、缩短上市时间等针对性措施。马天秋（2019）认为在实际运行过程中存在法律制度缺乏、产权比例设置标准不一、适用对象准入标准难以界定、建设资金财政保障不足、监管权限不明等诸多问题。通过借鉴国外的成功经验，主要从以下几个方面提出对我国共有产权住房制度的完善建议：尽快制定共有产权住房的专门立法，弥补法律空白；明晰产权比例和权利义务关系；合理界定中低收入标准，并通过定期审核的方式完善退出机制；拓宽建设资金来源渠道；设立专业化的管理运营机构，以保证运作程序的公平公正。王微微和张鲁青（2019）认为我国共有产权住房运行机制中存在立法管理不足、准入与退出制度不完善、产权分配方式缺乏精准度、租金及费用分担制度规定不明确、供给模式单一等问题。应借鉴国际经验，探索多种共有产权模式，多渠道拓宽共有产权住房的房源，拓展退出渠道、循环使用住房资源，设置产权比例可调节机制，采用“适度开放、逐步封闭”的模式进行管理。吕萍等（2015）通过对黄石共有产权保障房的运作模式以及运行障碍进行研究，提出共有产权制度在我国发展应分类指导，要因城施策。崔光灿和姜巧（2015）基于对上海共有产权保障住房运作模式及效果的分析，指出要形成长期的共有产权保障住房制度，还要解决申请供应的常态化、后期管理的有效性等问题，并建议在供应过程中形成轮候机制，在后期管理中形成属地化管理机制，以促进共有产权保障住房可持续的发展。马辉民等（2016）在梳理共有产权住房产生背景和优势之后，详细阐释并比较了试点城市共有产权住房的模式，最后指出我国在推行共有产权住房保障政策时需重点解决在同原有保障房关系、产权比例合理分配和转让以及运营管理机制三方面的问题。徐虹（2017）根据北京市出台的最新共有产权住房管理方案，就共有产权住房的如产权分配、剩余产权获得方式、上市收益、分配办法、土地出让方法等问题进行分析和探讨。李哲和李梦娜（2018）梳理并对比各试点城市共有产权住房政策主要内容，进而提出完善共有产权住房政策的路径：明确制度认知与定位，厘清与原有保障制度的关系；借鉴国外成熟经验，完善共有产权住房制度设计；明晰权利与义务，协调参与主体之间的利益关系。陈思等（2019）通过对典型城市实施模式的比较分析和各方参与主体的成本收益考察，提出共有产权住房模式的系统性优化思路：土地应由无偿划拨逐步向有偿出让转变，发挥市场定价的核心作用；赋予购房人回购政府产权的权利，加快共有产权住房流转；尽快推动管理机构的专业化和市场化。

1.4.7 关于共有产权住房其他问题的研究

目前关于共有产权住房建成、使用和居民反馈的研究也很不足（赵万民，王智，王华，2020）。例如，在居民满意度方面，截至目前的文献中仅有陶丽等（2019）借助有序逻辑回归模型，考察社会经济人口特征、住房特征、住房变化和政策认知四个维度因素对共有产权住房居民住房满意度的影响，从而深入分析共有产权住房居民的住房需求，最后统筹规划、合理布局共有产权住房；各级政府应履行责任，加强监督；灵活调整共有产权住房产权份额，拓宽政策传播渠道三个方面提出意见建议。

综上可见，我国共有产权住房试点10多年来，学术界对共有产权住房的定义、属性、发展阶段、发展模式、国际经验、我国共有产权住房制度设计、试点经验、问题及治理对策等方面都做了一定的有益探讨，这为本书的研究提供了重要的文献基础。然而，总体上看，针对这一问题目前尚缺乏基于法律、社会价值和经济理论视角的深入理论分析，也缺乏全国层面上针对共有产权住房政策实践的典型案例分析，更缺乏基于上述理论与案例分析的系统性共有产权住房制度设计研究。

1.5 本书的主要观点

（1）共有产权住房是一种为住房困难家庭提供的实现拥有产权

住房的过渡性机制设计。在共有产权住房制度设计下，政府在零个人产权的公租房和拥有100%个人产权的普通商品住房之间提供了一种公—私混合产权住房，帮助有一定经济能力、一时又买不起商品房的夹心层居民提前实现“住房梦”。这对完善住房市场供给结构、增强中低收入阶层财产性保障与扩大财产性收益、缩小贫富差距、促进社会和谐稳定等都具有十分积极的现实意义。

（2）共有产权住房是一种具有保障性质的商品住房。在中国当前的发展阶段，共有产权住房得到了政府政策的支持，是政府实现人人“住有所居”住房保障目标的一个政策工具，具有保障性质。但共有产权住房本身具有商品住房的基本属性，一是定价是以商品住房价格为参照系；二是尊重个人、政府基于出资而享有的合法权益；三是其价格受到商品房市场供求基本规律的调节，购房者需承担市场风险。

（3）《民法典》为共有产权住房政策的实施提供了坚实的法律依据。依据现行法律，共有产权住房的法律性质是按份共有，共有产权住房的所有权的权利内容可以在个人份额和政府份额之间进行配置。但由于共有产权住房是以旨在解决中低收入家庭、拆迁户、人才等特定群体的住房问题为主要政策目标，则要求共有产权住房还应适用有别于按份共有的一般法规定的特别法律规则，因此，需要加快完善共有产权住房的特别法律规则的立法方式和配套制度。包括应由个人共有人独占使用、个人共有人不得出租共有产权住房牟利、个人共有人应当附条件的承担义务、应由个人共有人负责管理、共有产权的分割请求权应予酌情保留或限制、处分应经全体共有人同意、应约定个人共有人购买其他共有份额的期待权，以及允许按份额继承等。

（4）共有产权住房制度具有其他现行的住房保障方式所没有的政策优势。首先，相比于经济适用住房，共有产权住房制度设计中政府与个人基于清晰的产权关系而产生的法律关系、经济关系更为合理，压缩了原来经济适用房制度存在的寻租空间，是对原经济适用房制度的完善。而且是衔接政府保障和住房市场的连接器，随着保障对象经济条件的改善，政府比较容易从共有产权中退出来，也实现最终让居民脱离住房保障体系的目标。其次，相比租赁型保障房，共有产权住房满足了居民对产权的诉求，获得感更强。提供了让保障对象有较大的概率享受财产增值的收益机会，也减轻了政府建设资金投入压力、管理压力、维修压力，扭转了租赁型保障房建设“只投入、不产出”的格局，且比较彻底地解决了居民的住房问题，是一种更富有效率的住房保障方式。

（5）共有产权住房与公租房、保障性租赁住房、商品住房一起，将构建起更完整的住房供给体系。我国大城市住房市场已经步入了一个困难境地，高房价已经把许多家庭排斥在商品住房市场之外是客观事实，它极大地削弱了普通居民拥有住房的能力，加剧了住房资源进而是财富占有的不均衡。当前，迫切需要寻找与人民群众购买力相适应的、尊重市场经济规律、又不冲击现有房价体系（防范资产泡沫破灭）的居民可承受住房，共有产权住房是符合上述特征的理想选择。共有产权住房可以与公租房、保障性租赁住房、商品住房一起，构建起覆盖住房需求的连续梯级供给谱系，给保障对象提供可租可购的多元选择，当保障对象经济条件困难时，可先租赁公租房或保障性租赁住房，当经济条件好转后购买共有产权住房，共有产权住房居住满一定年限后，经批准可以上市交易（政府作为共有产权人保留优先回购）或回购政府产权，转化为商品住房。政府也可以出资回购商品住房作为保障性租赁住房或共有产权住房房源，构建起相互衔接的住房供应体系。这对更好地解决中国大城市高房价与普通居民期盼改善居住条件的矛盾有特殊的意义。

（6）共有产权住房应在出售型保障住房供应体系中居于统领地位。在现阶段，应该由共有产权住房统领所有出售型的、带政府补贴性质的经济适用房、人才专用房、拆迁安置房和限价商品住房等。对被拆迁人还建房中超出应还建面积的部分，拆迁居民一时买不起的，可以由政府持有产权，实行先租后售、边租边售。对人才住房，可以先共有产权，然后按照服务年限给予增购产权价格优惠。经济适用房改为共有产权住房。改变一些原来各类保障性住房权属管理不清可能导致的国有资产流失，也改变保障房名目繁多、政策碎片化现状。

（7）共有产权住房更适合在商品住房价格高、房价收入比高的大城市率先推行。应用期权理论，对上海、淮安等地共有产权试点方案中个人的期权进行了定量测算，发现淮安赋予的现实期权最大、上海隐性期权最大。这既与方案设计有一定关系，也与当地商品住房价格水平高低有关。如果在相同的方案下，商品住房价格水平越高的城市，夹心群众规模越大，居民需求越迫切，接受度越高，共有产权住房的市场越大。因此，共有产权住房更适合在商品房绝对价格高的城市中率先推行，且高房价城市的夹心群体庞大，对共有产权住房有更大的需求。建议房价收入比超过 11 倍的城市，① 应该实施共有产权住房制度。

（8）共有产权住房面向的重点人群是未享受过实物保障、有一定支付能力、收入增长有稳定预期的本地户籍居民。产权型住房的最大缺陷是影响就业的流动，因此，产权型住房保障应该面向在本城市稳定工作或生活的居民，而户籍居民最具稳定性。且政府给予了产权型保障一笔较大的福利，为避免住房保障领域的投机，也避免一人在多地获得住房保障资源，面向户籍居民是最为妥当的。非本地户籍居民住房问题主要通过保障性租赁住房解决。新市民加入本地户籍、成为本地居民后，也可以与原居民一样申请共有产权住房。

（9）政策设计上应赋予保障对象增购共有产权住房产权的权利。

① 当前按揭利率下，按 30% 的首付款自筹，按揭还款额不超过当地平均家庭收入的 50% 为极限值计算，房价收入比为 11 倍。

无论从满足保障对象对住房产权的诉求，尊重保障对象的选择权，还是让保障对象尽快脱离住房保障体系，或是有利于政府收回住房投资，以及增强市场流动性等角度，都应赋予保障对象积极增购共有产权住房产权，直至拥有全部份额的机会，允许其一定年限后上市交易。这种开放式，打通了保障性住房和商品住房对接通道。若实行开放式，应适度提高准入门槛，并加强准入条件的审核，设计激励个人尽快回购政府产权的政策。对个别住房供求关系紧张的大城市，可封闭运作，封闭运作将带来住房市场的二元结构，因此，需要有足够的共有产权住房数量和足够的保障对象，否则，将影响共有产权住房的流动性，并可能扭曲价格。实施封闭运作模式，可以针对无房或住房状况未达到一定标准的居民，不设收入与资产门槛。

（10）个人产权份额的设定，要科学合理。个人产权比例过高，则增加保障家庭负担，但如果个人比例产权过低，可能导致一些经济能力过弱的家庭进入购买共有产权住房行列进而加重居民负担，影响其生活质量，同时也增加政府财政负担。为平衡这两者的关系，建议：个人首次出资购买的价格（共有产权住房销售价格）原则上不低于开发成本（做地必要成本 + 建设成本），不高于按当地人均可支配收入、人均住房面积 30 平方米、房价收入比为 8 计算的房价，以个人持有等于或超过 50% 的产权为宜，体现购房家庭应承担的主体责任。

（11）应加快出台相关政策支持共有产权住房的发展。供地环节，政府给予优先的保障；开发建设环节，享受经济适用房一样的政策，直接减免各项行政事业性收费，不预征土地增值税，免征城镇土地使用税、印花税等；交易环节，免征从开发单位将政府持有产权转移到代持机构名下的交易契税、印花税。

理◎论◎篇

共　有　产　权　住　房　的　理　论　与　实　践

第 2 章　共有产权住房的法律分析

本章主要是从法律角度分析共有产权住房的法律依据和法律性质，探讨共有产权住房的使用管理适用的特别法律规则，并提出完善共有产权住房法律的制度设计。

2.1　共有产权住房的法律依据和法律性质

2.1.1 《中华人民共和国民法典》第二百九十七条是共有产权住房的基本法律依据

共有产权住房的法理基础是民法上的共有制度。共有，指两个或两个以上的法律主体就同一财产共同享有所有权的法律状态[①]。1986年的《中华人民共和国民法通则》第七十八条对共有作了规定，2007年的《中华人民共和国物权法》（以下简称《物权法》）更在第二编“所有权”第八章专章 13 个条文规定“共有”。自此，共有制度的立法更臻完善。2021 年 1 月 1 日起实施的《中华人民共和国民法典》（以下简称《民法典》）关于共有的规定与《物权法》基本一致，无实

① 梁慧星、陈华彬：《物权法》，法律出版社 2010 年版。

质性变化。

根据《民法典》第二百九十七条规定："不动产或者动产可以由两个以上单位、个人共有。共有包括按份共有和共同共有。"该条规定是共有产权住房最基本的现行法律依据。该条规定中的"个人"和"组织"是我国立法的常用语，却非严格意义上的法律概念。通常理解"个人"对应民事主体中的自然人，"组织"对应民事主体中的法人和非法人组织。但考虑到《民法典》第二编第五章区分所有权类型对所有权主体作了列举式的规定，根据文义解释和体系解释[①]，该条规定的"组织"应当解释为《民法典》第二编第五章规定的国家机关、国有事业单位、国有企业、集体经济组织、营利法人、社会团体法人、捐助法人等组织。据此，共有产权住房中的政府产权应当由符合《民法典》第二编第五章规定的国有组织代表政府持有，表明从法律层面已经解决了政府可以成为资产化的"产权者"。因此，在各地实践操作中，《淮安市共有产权住房申购管理细则（试行)》规定的"市住房保障中心"作为事业法人，《黄石市共有产权住房试点工作实施方案（征求意见稿)》规定的"市众邦城市住房投资有限公司"作为企业法人，均是符合《民法典》规定的组织，可以作为共有人。共有产权住房中的个人产权则可以由单个自然人享有或多个自然人共同享有。比如，《淮安市共有产权住房申购管理细则（试行)》规定申请共有产权住房，以家庭为基本申请单位，申请人已婚是申请共有产权住房的必备条件。据此，淮安共有产权住房的个人产权属于家庭共有财产，由组成家庭的多个自然人共同享有。而《上海市共有产权保障住房（经济适用住房）准入标准和供应标准》则规定符合准入标准的家庭和单身人士都可以申请购买共有产权保障住房。据此，上海共有产权住房的个人产权既可以是家庭共有财产，也可以由单个自然人享

① 关于民法解释方法，参见梁慧星：《民法总论》，法律出版社2007年版。

有。而在社会资本参与投资共有产权住房形成政府、社会机构、个人三方共有产权住房，或者社会机构、个人共有产权住房情形，只要社会资本以企业法人或社团法人的形式参与投资，当然也是符合《民法典》规定的共有人。综上，无论是政府、个人双方共有产权住房，还是政府、社会机构、个人三方共有产权住房，还是社会机构、个人双方共有产权住房，均可以《民法典》第二百九十七条为基本法律依据。

为行文方便，在本书中，政府产权无论由何种国有组织持有，统称为“政府”或“政府共有人”；社会机构无论以何种主体形式参与形成共有产权住房统称为“企业”或“企业共有人”；个人产权的持有人无论是家庭还是单个自然人统称为“个人”或“个人共有人”。且上下文如无特别说明，本书主要分析和讨论政府、个人双方共有产权住房的基本类型。

2.1.2　共有产权住房的法律性质是按份共有

我国《民法典》规定的共有包括按份共有和共同共有。共同共有必须以共有人之间存在法定的共有关系为前提，常见的如基于夫妻关系的夫妻共有财产和基于家庭关系的家庭共有财产，按份共有则不存在这种限制；共有人对共有财产享有应有部分（份额），是按份共有，反之为共同共有。共有产权住房明确划分政府和个人的份额比例，且政府和个人之间不存在法律上特定的共有关系，显然属于按份共有。而共有产权住房中的个人产权如果是由家庭享有，则组成家庭的多个自然人对这部分个人产权则构成典型的共同共有。

根据《民法典》第二百九十八条规定：“按份共有人对共有的不动产或者动产按照其份额享有所有权。”份额是按份共有法律制度中一个十分重要的概念。依照民法理论，份额既不是共有物的划分，也不是所有权的权能的分割，而是指共有人对共有物行使所有权的范围（比例），是就所有权进行量的分割的结果，其“量”虽不如所有权大，但其内容、性质与效力，则与所有权无异。按份共有人按各自的份额比例对整个共有物享有完整的所有权权能①。我国媒体报道、政策文件甚至规范性文件中经常出现的共有产权住房的“产权”，其对应的准确的法律概念就是“份额”，“政府产权”就是“政府份额”，“个人产权”就是“个人份额”。

2.2 共有产权住房的重要法律保障
——按份共有的现行法

共有产权住房定性为按份共有，也可以必须适用现行的关于按份共有的一般法规定。本书认为，共有产权住房法律制度的建构应当以按份共有的现行法为基础，再根据共有产权住房的公共政策目标，在法律允许的范围内，以合法的方式补充共有产权住房制度运行所必需的特别法律规则。我们认为《民法典》关于按份共有的以下三大法律规定是共有产权住房法律制度的基石，是共有产权住房的最重要的法律保障。

2.2.1 共有产权住房所有权的性质

根据《民法典》第二百九十八条规定：“按份共有人对共有的不动产或者动产按照其份额享有所有权。”依本条规定，无论个人共有人，还是政府共有人，依其份额对共有产权住房享有的权利（份额权）的法律属性就是所有权，其与单一主体的所有权只有权利范围（份额比例）的区别，没有权利内容的差异。个人共有人根据本条规定对共有产权住房享有完整的所有权，只是因份额限制有量上的划分，没有质上的区别。个人共有人享有的所有权内容不仅包括所有权的占有、使用、收益、处分的积极权能和排除他人干涉的消极权能，理论

---

① 梁慧星、陈华彬：《物权法》，法律出版社2010年版。

上还应包括所有人对所有物为全面支配的其他权利①。明晰这一点，有助于我们厘清关于共有产权住房的两种不准确的认识。

1. 共有产权不是有限产权

根据 2007 年建设部等七部委《经济适用住房管理办法》第三十条第一款规定："经济适用住房购房人拥有有限产权。"但是随着住房市场价格的快速上涨，经济适用住房产权的模糊性所隐藏的一系列问题日益突出。首先，经济适用住房没有明确个人持有的产权比例，因此经济适用住房有限产权是在收益和处分上受到限制的所有权，是一种受到限制的单独所有权，而并非共有。其次，其在法理与具体的实施过程中存在以下问题：

一是有限产权经济适用住房致使法权和事实产权不相一致。从字面上理解"有限产权"，是因政府让渡了一部分收益，因此，对产权作出了某种限定，政府和个人共同持有经济适用房房屋产权，双方都拥有不完整的产权。然而现实是，拥有不完整产权的个人却完整地拥有事实上的完整产权，也使得个人拥有了寻租空间，导致法权与事实产权不相一致，权利和义务不一致。按照《民法典》以登记确定权属的原则，既然经济适用房的产权证和不动产登记簿上的产权人记载的只有购房人的名字，就只能推定房产为购房人所有，属于个人财产和私权范畴，政府公权力不具备直接介入权，国家就没有权力干涉购房人处置权的法律依据。

二是经济适用房有限产权制度滋生寻租行为。一方面，经济适用房由于政府的补贴而价格远低于市场价的特点，让这种交易更加有利可图。并且根据有关规定，经济适用房屋在购买 5 年后就可以上市出

① 民法学者认为："无论是所有权的积极权能还是消极权能，它们都不过是所有权的主要权能而非全部权能。因所有权是一种对标的物的全面支配权，所以凡对于所有人有利益者，只要不与法律和社会公共福利相悖，所有人原则上均可就标的物为充分的使用、收益，以实现所有权利益的最大化。"梁慧星、陈华彬：《物权法》，法律出版社 2010 年版。

售，因此刺激很多人“暗箱”操作骗购经济适用房，进行投资谋利。另一方面，一些逐渐富有的家庭没有从经济适用房保障制度中合法有序退出，从而导致社会住房保障资源完全流失。

三是有限产权经济适用房产权不清晰，导致处置难。尽管一些地方以文件的形式规定上市交易时应该补充多少比例的出让金或补充同地段商品房与经济房的差价，但法律效力低，第一，居民接受度十分有限；第二，实际操作上，特别是退出操作中不能得到法律层面的支持。政府与个人的合法收益得不到及时保障。

四是有限产权经济适用房产权不清晰，抵押融资受影响。当个人用住房向银行抵押融资时，银行根据个人在住房中拥有的产权比例确定融资额，由于有限产权经济适用房没有明确个人持有的产权比例，导致银行实际操作难，许多银行拒绝经济适用房抵押融资贷款。

事实上，经济适用房有限产权理论早已为法学界诟病[①]，而共有产权住房制度更不应受这种不准确的认识影响。我们认为，只有正确适用《民法典》第二百九十八条，承认个人共有人对共有产权住房享有的所有权具有完整的权能，才能彻底将共有产权住房制度和有限产权的经济适用房制度区别开来，才能彻底完成政策性住房和商品性住房的并轨，真正实现夹心层“居者有其屋”的梦想。

2. 共有产权不是新型物权

鉴于共有产权住房制度旨在解决中低收入等特定群体的住房问题的公共政策目标[②]，共有产权住房的政府份额和个人份额显然不可能也不应该具有相同的权利内容。易言之，政府份额权和个人份额权不

① 陈耀东、任容庆：《民法视野下产权型保障房退出机制的分析——以“有限产权”向“共有产权”理论的过渡为视角》，载于《理论与现代化》2014年第5期。

② 据《21世纪经济报道》，关于共有产权房试点，住建部明确要以公平公正为基本原则，解决中低收入等特定群体的住房问题为主要目的。参见《住建部确立6个共有产权住房试点城市》，载于《21世纪经济报道》2014年4月3日第6版。

仅有量上的区分，也应当有质上的区别。鉴于此，有法学学者认为，共有产权住房中的部分产权是一种新的物权类型，无论是以政策文件，还是以地方性法规或者规章形式创设部分产权，严格来说都不符合物权法定原则的要求，建议由立法机关通过单行立法，明确规定部分产权的概念、权利性质、效力范围，以消解其不符合物权法定原则之质疑，或者从学理上对《物权法》第五条[①]作出缓和的解释，以消除物权法定主义的僵化，进而通过立法解释或司法解释承认部分产权为新型物权[②]。

我们并不认同这一观点，主要理由有三：其一，共有就是共同享有所有权，如果不承认共有人对共有产权住房享有的是所有权，那么共有产权住房的所有权到哪儿去了？其二，按份共有的内部法律关系本来就可以根据共有人之间的约定重新配置权利，《民法典》第三百条明确规定共有人按照约定管理共有物，第三百零一条、第三百零二条、第三百零三条、第三百零四条、第三百零七条等条款也均有约定优先的规定，政府共有人和个人共有人完全可以按照约定享有不同的权利内容。其三，共有产权住房关系应当适用多种法律来调整，除了作为核心内容的按份共有的物权法外，还可以适用其他法律。比如，实践中个人共有人按照约定价格购买共有产权住房全部产权的期待权（赎回权），其性质属债权期待权，完全可以由合同法来调整，而不是非要解释成固定在个人份额上的一项物权权利。综上，我们认为，既然《民法典》第二百九十八条已经明确共有的是所有权，而现行立法尚且适用，没有必要生造出一个没有传统民法理论基础的新型物权。

---

① 《物权法》第五条规定："物权的种类和内容，由法律规定。"通常认为本条是关于物权法定原则的规定。关于物权法定原则的理论，参见孙宪忠：《中国物权法总论》，法律出版社2014年版。

② 谢九华：《论共有产权住房中部分产权的法律性质》，载于《建筑经济》2014年第11期。

此外，《民法典》第二百九十八条也是政府份额权和企业份额权的重要保障。明确政府共有人依其份额对共有产权住房享有所有权，已经足以保障政府份额在收益、处分等权能上不受损害，足以维护公共利益，保障公共政策目标的实现；承认企业共有人依其份额对共有产权住房享有所有权，则可以鼓励和保护社会资本投资共有产权住房。

2.2.2 《民法典》保障共有产权住房所有权的权利内容可重新配置

《民法典》第三百条规定："共有人按照约定管理共有的不动产或者动产；没有约定或者约定不明确的，各共有人都有管理的权利和义务。"本条是关于共有物管理的规定①。依照民法理论，共有人之间可以通过分管协议②的约定改变共同管理的法律原则，占有的特定部分和分管的权限可以突破按份共有的份额限制。比如，就共有产权住房而言，共有人完全可以通过分管协议约定个人共有人独占共有产权住房并负责管理。且由于共有物的占有、使用、收益、管理、处分等权利义务的彼此联系，分管协议的内容不可能只局限于共有物的保全、改良和利用。民法学者认为，分管协议的内容不必加以特别的限制，只要共有人协商一致，并不改变共有的性质，不是产生特别的不公平，不限制其他共有人的权利，就应当允许③。因此，分管协议的法律地位对于共有产权住房而言，显得尤为重要。

---

① 依照民法理论，共有物的管理，主要指共有物的保存、改良和利用。共有物的保存，是指以防止共有物的毁损、灭失或其权利丧失、受到限制等为目的，而维持其现状的行为。对共有产权房而言，常见的保存行为如对共有产权房的简易修缮行为。共有物的改良，是指不变更共有物的性质而增加其效用或价值的行为。对共有产权房而言，常见的改良行为就是对共有产权房进行装修改造。共有物的利用，是指以满足共有人的共同需要为目的，不变更共有物的性质，而决定其使用、收益方法的行为，例如将共有房屋出租给他人居住，也属重要管理行为。参见梁慧星、陈华彬：《物权法》，法律出版社2010年版。

② 传统民法理论中的分管协议，是指共有人之间约定各自分别占有共有物的特定部分而为管理的合同。梁慧星、陈华彬：《物权法》，法律出版社2010年版。

③ 杨立新：《共有权理论与适用》，法律出版社2007年版。

依照前文分析，共有产权住房的政府份额和个人份额不可能也不应该享有相同的权利内容，而分管协议是合法的，可以突破按份共有对所有权权能“量”的分割，实现政府共有人和个人共有人对共有产权住房的所有权权能“质”的再分配的重要制度。《民法典》第三百条保障共有产权住房的所有权的权利内容可以在个人份额和政府份额之间实现重新分配。

2.2.3 《民法典》保障个人份额的交换价值和政府的优先购买权

《民法典》第三百零五条规定：“按份共有人可以转让其享有的共有的不动产或者动产份额。其他共有人在同等条件下享有优先购买的权利。”本条规定的是按份共有人转让其份额的规则。正确理解和适用本条规定对共有产权住房制度有非同寻常的意义。

1. 关于《民法典》第三百零五条的解读

依照民法解释方法，《民法典》第三百零五条可以作以下具体解读：

（1）按份共有人可以无须经其他共有人的同意而自由转让其份额。按照本条规定之文义并比较《民法典》第二编第八章其他条文即可发现，本条规定的按份共有人转让其份额的权利不得以共有人之间的约定排除，属于按份共有人的固有权利。这一规则对个人共有人尤为重要，个人份额只有可自由转让，才能真正具备商品属性和交换价值，个人共有人才能依其份额对共有产权住房享有完整的所有权。

（2）按份共有人对外转让其份额时，在同等条件下，其他共有人有优先购买权。优先购买权也属于按份共有人固有的、不可剥夺的权利。这一规则对政府共有人尤为重要。据媒体报道，在共有产权住房指导意见的起草工作中，共有产权住房的再上市交易环节中要确保政府的优先权已经形成共识。[①] 政府共有人的优先购买权的上位法依据就是《民法典》第三百零五条。

（3）共有份额既然可以转让，基于举重明轻的民法解释规则，同为实现共有份额交换价值的设定担保物权行为也应被允许。原《最高人民法院关于适用〈中华人民共和国担保法〉若干问题的解释》第五十四条第一款就规定："按份共有人以其共有财产中享有的份额设定抵押的，抵押有效。"据此，共有产权住房的共有份额应当可以设定抵押。

（4）共有份额具有等同于合法财产的法律地位，可以被转让，当然也可以被继承，被赠与；可以因交易而转让，也可以非因交易（如司法执行、实现抵押权）而转让。这一规则对于个人共有人尤为重要，保障了抽象的个人份额成为类似于财产权益的存在。既然个人份额可以被转让，同理，在民事实体法上，个人份额当然可以被赠与，被继承，被作为家庭财产或夫妻财产进行分割，受侵权责任法等民事法律的保护；在民事程序法上，个人份额当然可以被查封，被执行。

（5）按份共有人对外转让其份额不改变按份共有关系，即受让人应当概括承继转让人的权利义务，和其他共有人形成新的按份共有关系，仍然受按份共有法律和原共有人之间的约定的约束。因其他共有人行使优先购买权导致全部份额归于一个权利主体的，共有关系终止。这一规则同样适用于个人共有人对外转让个人份额的情形。

2. 共有产权住房适用《民法典》第三百零五条应当注意的问题

（1）应当正视个人份额的财产属性，注意共有份额转让和共有产权住房转让的区别，保护个人共有人自由转让其份额的权利，我们认为：

第一，从法律角度而言，《民法典》第三百零五条作为上位法已

---

① 《再上市政府可优先回购或分享收益　住建部草拟"共有产权指导意见"》，载于《中国经营报》2014年4月14日第A03版。

经赋予了个人共有人自由转让其份额的权利，任何政府立法（包括但不限于行政法规、规章、规范性文件）作为下位法都不得排除和限制。

第二，正视和保护个人份额的转让权，才能让老百姓真正能够依其份额对共有产权住房享有完整的所有权；个人份额才能真正成为老百姓的有价值的财产；共有产权住房制度的公共政策目标才能够真正得以实现。

第三，正视个人共有人有权自由转让其份额，就能认识到共有产权住房流转的半封闭运作是有法律障碍的，就能就共有产权住房市场必须与商品房市场并轨达成共识。

第四，共有产权住房法律制度的完善不是讨论个人份额的转让要不要限制的问题，而是要解决如何在保护个人份额自由转让的前提下确保共有产权住房制度不异化的问题。设计的解决方法是：综合运用《民法典》第三百零五条规定的政府优先购买权和第三百零三条规定的政府分割请求权。具体为：当个人共有人对外转让其份额时，如果受让人符合共有产权住房准入标准，政府应放弃行使优先购买权并配合转让，共有关系在政府和受让人之间继续存续；如果受让人不符合共有产权住房准入标准，共有关系已无存在之必要和正当性，政府应当考虑以合法方式终止共有关系；如果个人份额的拟转让价格低于市场价格，政府可以行使优先购买权以终止共有关系；如果个人份额的拟转让价格不低于市场价格，政府可以要求受让人一并受让政府份额，即个人份额的转让转化为共有产权住房的转让；如果受让人同意一并受让，共有关系因共有产权住房的转让而终止；如果受让人不同意一并受让，政府得以共有基础丧失为由行使分割请求权以终止共有关系。

（2）政府份额的转让和抵押应予禁止。除因代表政府持有政府份额的国有组织职能调整导致的自然继承外，政府份额的转让和抵押应予禁止，否则会增加个人共有人的不安全感，有损共有产权住房制度的公共政策功能。虽然排除政府共有人的法定的固有的权利在法技术上有障碍，但考虑到共有产权住房的特别法律规则是通过政府立法（行政法规或部门规章）加以规定的，从社会契约论的角度看，相当于政府自愿放弃自己的权利，是有其正当性和合理性的。

（3）政府共有人行使优先购买权的判断标准有待政府立法。我们认为，政府共有人是否行使优先购买权应当基于公共利益和是否可能导致共有产权住房制度异化进行判断，具体判断标准应当通过政府立法明确规定，包括但不限于受让人是否符合共有产权住房准入标准的个人、转让价格是否低于市场价格、是否需要储备共有产权住房后备房源。对个人共有人无偿赠与即零对价转让个人份额的情形，我们认为也应当赋予政府共有人依市场价格行使优先购买权的权利，但行使优先购买权的判断标准应作更严格的限制，比如只限于受让人不符合共有产权住房准入标准的情形或一些特殊需要。

企业共有人是否行使优先购买权，当前已有的法律并没有明确规定。对政府、企业、个人三方共有产权住房的情形，政府和企业行使优先购买权的优先顺序可以视政策导向需要在政府立法中规定。政府优先，或者企业优先，或者依份额比例同时行使均无不可。因政府或企业行使优先购买权形成的政府和企业双方共有产权住房，应当列入共有产权住房的后备房源。

2.3 共有产权住房的特别法律规则

共有产权住房按份共有的法律定位决定了共有产权住房原则上应当适用按份共有的现行法律规定，而共有产权住房旨在解决中低收入等特定群体的住房问题的主要政策目标，则要求共有产权住房还应当适用有别于按份共有的一般法规定的特别法律规则。基于前文分析，从民法理论上看，共有产权住房的特别法律规则主要就是在按份共有已经完成了共有产权住房的所有权的量的分割的基础上，对共有产权住房的所有权的权能在个人份额和政府份额之间进行重新分配，进一步完成共有产权住房的所有权的质的分割。本节以公平公正为基本原则，以解决中低收入等特定群体的住房问题为立法宗旨，坚持共有产权住房市场和商品房市场并轨的定位，坚持最大限度保护个人以其份额对共有产权住房享有完整所有权为主要考虑，兼顾国有资产不流失和鼓励社会资本投资，根据按份共有的《民法典》规定，依据按份共有的民法理论，结合共有产权住房的地方性规定和实践，探讨、分析和归纳共有产权住房法律制度应当确立的以下特别规则。

2.3.1　共有产权住房应当由个人共有人独占使用

依照民法理论，所有权的占有权能是指所有权人对标的物予以实际控制的权利[①]。所有权的使用权能则是指依所有物的性能或用途，在不毁损所有物本体或变更其性质的情形下对物加以利用，以满足生产和生活需要的权能。使用权能的行使必须以对物的占有为前提，享有物的使用权能必然要求享有物的占有权能[②]。结合经济学理论，所有权的占有、使用权能旨在以法律保障实现物的使用价值。鉴于共有产权住房旨在解决中低收入等特定群体的住房问题、实现“居者有其屋”的公共政策目标，共有产权住房的使用权能理应由个人共有人独享，其占有权能也必须为保障个人共有人行使使用权能而由个人共有人独享。同理，即便是政府、企业、个人三方共有产权住房的情形，企业共有人也不应享有共有产权住房的占有、使用权能。共有产权住房应当由个人共有人独占使用。

---

① 孙宪忠编著：《物权法》，社会科学文献出版社2005年版。

② 梁慧星、陈华彬：《物权法》，法律出版社2010年版。

鉴于共有产权住房由个人共有人独占使用，共有产权住房的安全使用责任、应当由房屋使用人承担的侵权责任［比如《民法典》第一千二百五十四条第一款规定的高空抛（坠）物责任[①]］理应由个人共有人承担。另外，个人共有人使用不当致使共有产权住房价值减损的，应当向其他共有权人承担赔偿责任，可以在处分共有产权住房或处分个人份额变现时通过相应扣减个人共有人变现所得金额体现。

2.3.2 个人共有人不得出租共有产权住房牟利

从民法理论上分析，共有产权住房能否出租牟利涉及共有物的利用[②]和所有权的收益权能[③]两个问题。于一般的按份共有情形，按份共有人将依其份额对共有物享有的使用权和收益权出租给他人，不违反法律的禁止性规定，也不违反公序良俗，应予准许[④]。但是，共有产权住房的主要功能必然是基本住房保障功能，如果允许独占使用共有产权住房的个人共有人自己不住，出租给非共有人收取租金，或者以其他方式将共有产权住房提供给非共有人使用牟利，将导致共有产权住房制度的异化。鉴于此，应当禁止个人共有人出租共有产权住房收取租金，禁止个人共有人以其他方式将共有产权住房提供给非共有人使用收取房屋占有使用费。

检索各地的共有产权住房规范性文件，在绝对禁止共有产权住房

---

① 《民法典》第一千二百五十四条第一款："禁止从建筑物中抛掷物品。从建筑物中抛掷物品或者从建筑物上坠落的物品造成他人损害的，由侵权人依法承担侵权责任；经调查难以确定具体侵权人的，除能够证明自己不是侵权人的外，由可能加害的建筑物使用人给予补偿。可能加害的建筑物使用人补偿后，有权向侵权人追偿。"

② 依照民法理论，共有物的利用是一种共有物的重要管理行为，指以满足共有人的共同需要为目的，不变更共有物的性质，而决定其使用、收益方法的行为，常见情形将共有房屋出租给他人居住。参见梁慧星、陈华彬：《物权法》，法律出版社2010年版。

③ 依照民法理论，所有权的收益权能是指收取所有物的天然孳息和法定孳息的权利。租金就属于法定孳息。

④ 参见梁慧星、陈华彬：《物权法》，法律出版社2010年版。

出租这一问题上是基本一致的[①]，但在法律后果的规定上则不尽相同。例如，《淮安市共有产权住房申购管理细则（试行）》第三十三条第二款规定："共有产权住房在取得完全产权以前，未经共有权人同意而出租的，一经发现，由共有权人追讨其出租全部收益，并依照购房合同或货币补贴合约由个人按照出租收益的双倍承担违约金"。而《上海市共有产权保障房（经济适用住房）申请、供应和售后管理实施细则》第三十八条第二款则规定，发现擅自出租的，"可以按照《共有产权保障房预（出）售合同》约定，采取书面通知改正、要求支付违约金、在指定媒体通报、记录不良信用、直至收回房屋等处理方式"。

我们认为，个人共有人在明知禁止出租的情况下仍然出租共有产权住房，足以证明其已经没有自住的基本需求。既然如此，政府也无须再承担向其提供保障性住房的义务。如果是没收租金收益、支付违约金、直至收回共有产权住房等法律手段，一则可能过苛，二则难以操作，与其强人所难，不如终止共有关系。鉴于此，建议的立法思路是：一经发现个人共有人违法出租共有产权住房，政府共有人应限定个人共有人在法定期限内购买其他共有份额以终止共有关系，取得共有产权住房的全部产权，或退出共有；如果个人共有人购得共有产权住房的全部产权，则其出租房屋非属共有产权住房法律关系调整范畴，房屋租赁合同关系可以有效存续，政府也无追加处罚之必要；如果个人共有人拒绝购买或逾期没有购买，则政府共有人有权行使强制购买权（可以视为优先购买权在特殊情形下的变种），强制购买个人份额，收回共有产权住房，以备提供给更有自住需求的保障对象；鉴于强

---

① 例如，《淮安市共有产权住房申购管理细则（试行）》第三十一条规定："共有产权住房在取得完全产权前，不得出租经营"。又如，《上海市共有产权保障房（经济适用住房）申请、供应和售后管理实施细则》第三十八条第一款规定："共有产权保障房的房地产权利人、同住人不得将共有产权保障房擅自转让、出租、出借、赠与或者改变房屋使用性质，不得设定除共有产权保障房购房贷款担保以外的抵押权"。

制购买系个人共有人违法触发，购买价格可以按共有产权住房市场价格和个人共有人实际购买成本的更低者确定；于此情形，尚未履行完毕的房屋租赁合同必然归于无效，承租人因其实际使用共有产权住房应当给付的房屋占有使用费可以强制购买日为界，分别归属个人和政府。

2.3.3 个人共有人应当附条件的承担义务

关于个人共有人是否需要因其占有使用共有产权住房向其他共有人支付房屋占有使用费，易言之，未享有占有使用权能的政府共有人和企业共有人是否有权向个人共有人收取收益的问题，各地共有产权住房试点实践有不同的做法。上海的做法是，个人可以无偿使用政府份额而无须交纳租金。黄石的做法是，“政府产权部分沿用公益性公租房管理模式”，实行先租后售，符合其共有产权住房的性质为商品房而不是保障房的定位①。淮安的做法是，“共有产权时间超过5年的，政府、企业可依据购房合同的约定，就其拥有的产权部分对应的使用权向个人收取90%市场评估租金。市场评估租金，以房地产价格评估机构评定的市场租金为准，一年评估一次”②，既体现了共有产权住房的住房保障功能，又体现了鼓励个人共有人购买全部份额的政策导向。

我们认为，从合理性角度，个人共有人原则上应向其他共有人支付房屋占有使用费。但考虑到共有产权住房制度旨在解决中低收入等特定群体的住房问题的政策目标，淮安的做法是比较具有参考价值的，即：将支付房屋占有使用费的义务和个人优惠购买其他份额的权利结合起来，个人共有人附条件地承担支付房屋占有使用费的义务。如果个人共有人在约定的优惠期限届满前购得共有产权住房的全部份额，则无须向其他共有人支付房屋占有使用费，其性质类似于分期付款买

---

① 黄石市房地产管理局《关于共有产权住房试点方案的起草说明》，2014年9月15日。

② 《淮安市全国共有产权住房试点工作实施方案》。

卖；如果个人共有人在约定的优惠期限届满前没有购得共有产权住房的全部份额，则没有购得的份额自优惠期限届满之日起应当支付房屋占有使用费；支付标准可以参照房屋的市场评估租金。

2.3.4 共有产权住房应当由个人共有人负责管理

民法理论上的共有物管理，主要包括共有物的保存（如简易修缮）、改良（如《民法典》第三百零一条规定的重大修缮）和利用（如房屋出租）[①]。就共有产权住房而言，主要涉及共有产权住房的维修、装修、物业管理等相关问题。共有产权住房的管理主要是为了维持和增加共有产权住房的使用价值，考虑到共有产权住房由个人共有人独占使用，共有产权住房的管理也应由个人共有人负责。共有产权住房由个人共有人负责管理应当包括以下具体规则：

（1）共有产权住房由个人共有人负责维护和管理，相关费用由个人共有人负担，政府共有人和企业共有人原则上不参与共有产权住房的管理[②]。

（2）有关共有产权住房的使用、维护、管理的业主权利由个人共有人单独行使，业主义务和责任由个人共有人单独承担。本条规定旨在处理共有产权住房管理中的对外关系。根据《物业管理条例》第六条第一款规定，“房屋的所有权人为业主”。我国现行法规定的业主的权利义务主要见于《民法典》第二编第六章“业主的建筑物区分所有权”和《物业管理条例》。《物业管理条例》规定的业主权利义务和物业的使用、维护、管理有关。《民法典》规定的业主的建筑物区分所

① 梁慧星、陈华彬：《物权法》，法律出版社2010年版；最高人民法院物权法研究小组：《〈中华人民共和国物权法〉条文理解与适用》，人民法院出版社2007年版。

② 《民法典》第三百条规定：“共有人按照约定管理共有的不动产或者动产；没有约定或者约定不明确的，各共有人都有管理的权利和义务。”第三百零二条规定：“共有人对共有物的管理费用以及其他负担，有约定的，按照其约定；没有约定或者约定不明确的，按份共有人按照其份额负担……”该规定确立的共同管理和共担费用的原则应当通过共有产权房共有人之间的约定排除。

有权则有更广泛的内容[①]。为保障个人共有人独占使用共有产权住房，个人共有人必须有权单独行使与共有产权住房的使用、维护、管理有关的业主权利，相应的业主义务和责任也应当由个人共有人单独承担。明确了个人共有人的业主地位和权利义务，许多问题就可以迎刃而解。比如，上海和淮安均规定专项维修资金和物业服务费用由个人共有人承担，这本来就属于业主的义务。又比如，共有产权住房的维修，可以由个人共有人依法行使业主权利，要求开发商承担保修责任。

（3）共有产权住房的装修可以由个人共有人自行决定并实施，装修费用由个人共有人负担；因装修构成法律上的添附增加共有产权住房市场价值的，增加的市场价值由个人共有人享有，在处分共有产权住房或处分个人份额变现时体现。

（4）共有产权住房的维修（包括简易修缮和重大修缮[②]）由个人共有人自行决定并实施，无须征求政府共有人和企业共有人的同意，相关费用由个人共有人负担。

（5）共有产权住房的相邻关系由个人共有人负责处理并承担责任。

2.3.5 共有产权的分割请求权应予酌情保留或限制

《民法典》第三百零三条规定："共有人约定不得分割共有的不动产或者动产，以维持共有关系的，应当按照约定，但共有人有重大理由需要分割的，可以请求分割；没有约定或者约定不明确的，按份共有人可以随时请求分割，共同共有人在共有的基础丧失或者有重大理

① 比如，《民法典》第二百七十二条规定："业主对其建筑物专有部分享有占有、使用、收益和处分的权利。业主行使权利不得危及建筑物的安全，不得损害其他业主的合法权益。"

② 《民法典》第三百零一条规定："……对共有的不动产或者动产作重大修缮、变更性质或者用途的，应当经占份额三分之二以上的按份共有人或者全体共同共有人同意，但是共有人之间另有约定的除外。"课题组认为本条规定应当通过共有人之间的约定排除。

由需要分割时可以请求分割。因分割造成其他共有人损害的，应当给予赔偿。”《民法典》第三百零四条第一款规定：“共有人可以协商确定分割方式。达不成协议，共有的不动产或者动产可以分割且不会因分割减损价值的，应当对实物予以分割；难以分割或者因分割会减损价值的，应当对折价或者拍卖、变卖取得的价款予以分割。”这两条是关于共有物分割请求权和分割方法的规定。分割是共有关系中一个特有的概念，指共有人退出共有关系，将自己的份额从共有财产中分割出去[①]。依照传统民法理论，共有是单独所有原则的一项例外，应于尽可能范围内，使其易于终止或消灭。分割，就是以共有关系消灭为目的的清算程序[②]。共有产权住房是否可以适用《民法典》关于分割的规定，本书的分析是：

第一，共有产权住房通常都是具备完整居住使用功能的套房，实物分割会减损其价值，且在产权登记上有障碍。共有产权住房的分割方法只能是对折价或者拍卖、变卖取得的价款予以分割。鉴于此，是否保留个人共有人随时请求分割共有产权住房的权利，其实质是否保留个人共有人随时请求上市交易共有产权住房以实现个人份额变现的权利。

第二，政府共有人之所以持有共有产权住房的政府份额，是因为个人共有人暂时无力购买全部产权。如果是个人共有人提出分割共有产权住房以终止共有关系，政府共有人没有动机也没有必要维持共有关系。

第三，前面讨论的个人共有人随时转让个人份额的权利并不能完全确保个人共有人随时将个人份额转让变现，因为有可能存在没有潜在受让人的情形。因此，保留个人共有人的分割请求权，可以确保个

---

① 梁慧星、陈华彬：《物权法》，法律出版社2010年版。

② 最高人民法院物权法研究小组：《〈中华人民共和国物权法〉条文理解与适用》，人民法院出版社2007年版。

人共有人在没有潜在买家时通过拍卖变现。

第四，如果政府共有人基于公益考虑确有必要储备共有产权住房房源，完全可以在个人共有人请求分割时与个人共有人协商以市场价格收购其份额。如果个人共有人不同意的，应通过拍卖程序变现。

第五，政府共有人或企业共有人原则上不应享有分割请求权，因为这将损害个人共有人购得共有产权住房全部产权的期待权，但共有基础丧失或者有重大理由需要分割的特殊情形例外。如前文述及的个人份额的受让人不符合共有产权住房准入标准、且受让人不同意一并受让政府份额的情形，共有产权住房的基础明显已经丧失，应当允许政府共有人行使分割请求权以终止共有关系。

基于上述分析，本书认为应当保留个人共有人随时请求分割共有产权住房的请求权，但应当限制政府共有人和企业共有人行使分割请求权。

2.3.6 共有产权住房的处分应当经全体共有人同意

《民法典》第三百零一条规定："处分共有的不动产或者动产以及对共有的不动产或者动产作重大修缮、变更性质或者用途的，应当经占份额三分之二以上的按份共有人或者全体共同共有人同意，但是共有人之间另有约定的除外。"民法上所谓处分，是指所有人决定所有物的命运，将所有物消费掉或者毁弃，称为事实上的处分；将所有物出卖或赠送他人，称为法律上的处分[①]。法律上的处分是对物的交换价值进行利用的行为，处分的目的在于获得一定的货币价值[②]。对于共有产权住房而言，唯有将共有产权住房出售才有讨论之实际意义。鉴于个人共有人已经可以通过前文探讨的转让份额和请求分割以充分实

① 最高人民法院物权法研究小组：《〈中华人民共和国物权法〉条文理解与适用》，人民法院出版社2007年版。

② 梁慧星、陈华彬：《物权法》，法律出版社2010年版。

现共份额的交换价值，又鉴于政府份额属国有资产，不宜依他人意志处分（考虑政府份额不超过 1/3 的情形），本书建议，应当通过共有人之间的约定排除《民法典》第三百零一条关于处分共有物的原则性规定；处分共有产权住房，应经全体共有人同意，即未经共有人协商一致，共有产权住房不得处分。

2.3.7 应当约定个人共有人购买其他共有份额的期待权

关于个人共有人购买其他共有份额的问题，北京模式囿于共有产权保障房市场半封闭运作的制度设计，没有赋予个人共有人购买其他共有份额的期待权；淮安模式和黄石模式则均持鼓励态度。淮安的规定是，“在共有产权期间，个人可以分期购买企业和政府产权，应首先购买企业产权，再购买政府产权，形成完全产权”；“政府鼓励个人购买企业和政府产权：一是自房屋交付之日起 5 年内购买的，按原配售价格结算，二是自房屋交付之日起 5 年后购买的，按届时市场评估价格（不含房屋装饰装修费用）购买”[①]。黄石拟颁行的规定是，“鼓励个人共有权人买断政府产权，原则上，先买优惠幅度大于后买”[②]。我们认为：

（1）个人共有人购买其他共有份额的期待权，不是个人份额所对应的、法定的物权权利，其法律性质属债权，是基于共有人之间的约定所享有的债权。

（2）无论从鼓励个人共有人的角度，还是从尽快终止共有关系的角度，还是有利于政府和企业收回投资的角度，均应赋予个人共有人购买共有产权住房全部产权的期待权，鼓励个人共有人购买其他份额。

（3）建议在政府立法中就此做出倡导性和赋权性规定，参考表述为：“鼓励个人共有人购买其他共有份额以取得共有产权住房的全

① 《淮安市共有产权住房申购管理细则（试行）》第二十七条。
② 《黄石市共有产权住房试点工作实施方案（征求意见稿）》。

部产权。具体的购买条件和期限由共有人依照共有产权住房指导意见约定”。

2.4 共有产权住房的法律制度的完善

本章节尝试在现有法律框架下，以合法性和可操作性为基本原则，探讨共有产权住房法律制度的建构和完善，主要工作是在《民法典》关于按份共有的一般法规定基础上，探讨共有产权住房的特别法律规则的立法方式和配套制度。关于共有产权住房的法律制度设计构想如下所示。

2.4.1 在行政法规中对共有产权住房进行原则性规定

共有产权住房制度的建立是地方试点、全国推广的过程。全国各地已有的共有产权住房的立法，主要形式为政府规章和规范性文件，部分已经或拟制定地方性法规。而从内容上看，各地制度模式和试点方案差异很大。因此，必须以法律或行政法规的形式明确共有产权住房的法律性质和共有人依份额享有所有权，并对共有产权住房进行原则性规定，以利于统一认识，消除法律适用的冲突。

从立法技术的角度看，单独就共有产权住房制定法律或行政法规显然是不切实际的，法律并不会仅仅因为共有物是房屋就需要专门制定单行法或行政法规。《城镇住房保障条例（征求意见稿）》已公开征求意见，虽然共有产权住房被界定为丰富住房供应体系的创新，不会被简单列入保障性住房范畴已经成为共识[①]，但是共有产权住房的短期政策目标主要是解决保障对象的住房问题也是不争的共识，因此建议在《城镇住房保障条例（征求意见稿）》对共有产权住房进行原则

① 《再上市政府可优先回购或分享收益　住建部草拟“共有产权指导意见”》，载于《中国经营报》2014年4月14日第A03版。

性规定。如果未来条件成熟时制定《住房保障法》，共有产权住房原则性规定的法律位阶还可以再上一个台阶。

需要在《城镇住房保障条例（征求意见稿）》中对共有产权住房进行原则性规定的内容包括但不限于：共有产权住房的法律性质属按份共有；共有产权住房的共有人按照份额对共有产权住房享有所有权；授权住房和城乡建设部就共有产权住房的投资、建设、准入、形成（购买）、使用、管理、转让、处分等制定指导意见；共有产权住房的共有人之间应根据法律、本条例及住房和城乡建设部指导意见的规定就共有产权住房的使用、管理及转让订立共有产权住房使用管理合同，并在登记份额时一并报不动产登记机关备案。

2.4.2 制定共有产权住房指导意见的部门规章

住房和城乡建设部应考虑拟定《共有产权住房指导意见》，以便作为全国推广共有产权住房的规章依据①。《共有产权住房指导意见》应涉及共有产权住房的投资、建设、准入、形成（购买）、使用、管理、转让、处分等各个方面，而其核心内容应是共有产权住房的特别法律规则。《共有产权住房指导意见》将成为具体指导共有产权住房法律适用的核心规范性文件。

2.4.3 推行共有产权住房使用管理合同制度

考虑到《共有产权住房指导意见》会有个别限制个人共有人权利的条款，单纯依赖部门规章级别的《共有产权住房指导意见》规范共有产权住房关系存在合法性障碍，建议在形成共有产权住房时，要求政府共有人和个人共有人必须就共有产权住房的使用、管理及转让订立共有产权住房使用管理合同。共有产权住房使用管理合同的理论基础就是前文介绍的共有人之间的分管协议，分管协议的名称过于学理

① 《住建部草拟“共有产权指导意见”》，载于《中国经营报》2014年4月14日第A03版。

化，共有产权住房使用管理合同的名称可能更接地气。

现阶段共有产权住房实践中尚未重视共有产权住房使用管理合同的独立法律地位，通常在共有产权住房销（预）售合同中约定应由共有产权住房使用管理合同约定的内容。比如，《淮安市共有产权住房申购管理细则（试行）》第二十五条规定：“在共有产权住房销售合同中应约定产权份额、上市交易、收益分成、专项维修资金、物业服务费用、安全使用责任和共有产权各方的权利和义务”。即便是做法相对较为先进的上海，也是在房地产开发企业与购房人、区（县）住房保障实施机构订立的《上海市共有产权保障住房（经济适用住房）预（出）售合同示范文本（2013版）》第七章专章规定“房屋的回购和转让”，第八章专章规定“房屋使用管理”，并由区（县）住房保障实施机构与共有产权住房保障对象签订《上海市共有产权保障住房使用协议》作为附件一。我们建议应推行独立的共有产权住房使用管理合同制度，共有产权住房使用管理合同应独立于共有产权住房销（预）售合同。理由是，两类合同的法律关系完全不同，前者是按份共有人之间的分管协议，受物权法调整，仅在约定内容违背物权法定原则时转换为可能发生债权法效果的共有人之间的有效约定①；后者是买卖双方之间的买卖合同，受合同法调整。

共有产权住房使用管理合同的内容包括通用条款和专用条款。通用条款可以直接援引《共有产权住房指导意见》的相关规定，也可以参考以下概括性表述：“共有产权住房的共有人已经仔细阅读了《共有产权住房指导意见》以及本合同内容，对各自份额所享有的权利和

① 关于违背物权法定原则的后果和无效物权行为转换为其他有效法律行为的理论，参见孙宪忠：《中国物权法总论》，法律出版社2014年版，第265～268页。正是基于这一理论，课题组认为，基于共有产权房公共政策目标需要，即便共有产权房使用管理合同的内容和《民法典》关于按份共有的一般法规定不完全一致，至少在政府共有人和个人共有人之间也是有效的。辅以后文建议的备案公示制度，共有人之间的约定更可以具有对抗第三人的效力。共有产权房的特别法律规则的合法性障碍将得以排除。

应当承担的义务全部知晓，承诺在共有期间，遵守《共有产权住房指导意见》的规定和本合同的约定”。专用条款则包括《共有产权住房指导意见》规定应由共有人特别约定的内容。

2.4.4　建立共有产权住房使用管理合同备案公示制度

本书建议建立共有产权住房使用管理合同备案公示制度，即共有人共同向不动产登记机关申请登记共有产权住房所有权及份额的同时，备案共有产权住房使用管理合同，合同内容作为公示信息可以被公众查询。

根据《民法典》第三百零七条规定，“因共有的不动产或者动产产生的债权债务，在对外关系上，共有人享有连带债权、承担连带债务，但是法律另有规定或者第三人知道共有人不具有连带债权债务关系的除外”。前文已经论及了多项因共有产权住房所生债务的承担问题，比如，共有产权住房的管理费用（包括但不限于专项维修资金、物业服务费用）应由个人共有人承担，共有产权住房的高空抛（坠）物责任应由个人共有人承担。建议建立共有产权住房使用管理合同备案公示制度，就是为了确保第三人知道共有产权住房的共有人之间不具有连带债务关系，避免政府共有人和个人共有人在对外关系上承担连带债务。

同理，共有人之间关于共有产权住房的其他约定可能也会涉及对外关系，共有产权住房使用管理合同的备案公示制度可以赋予共有人之间的约定具有对抗第三人的效力。

2.5　本章小结

《民法典》为共有产权住房的实施提供了坚实的法律依据。依据现行法律，共有产权住房的法律性质是按份共有，共有产权住房的所有权的权利内容可以在个人份额和政府份额之间进行重新配置，共有份额具有等同于合法财产的法律地位，可以被转让，当然也可以被继承，被赠与；可以因交易而转让，也可以非因交易（如司法执行、实现抵押权）而转让。应当赋予政府共有人依市场价格行使优先购买权的权利，但行使优先购买权的判断标准应作更严格的限制。由于共有产权住房旨在解决中低收入等特定群体的住房问题的主要政策目标，则要求共有产权住房还应适用有别于按份共有的一般法规定的特别法律规则，包括共有产权住房应由个人共有人独占使用，个人共有人不得出租共有产权住房牟利，个人共有人应当附条件的承担向其他共有人支付房屋占有使用费的义务，共有产权住房应由个人共有人（实际使用人）负责管理等。

第3章　共有产权住房的社会价值分析

随着人类文明的进步，“住房作为人类生存不可替代的必需品，人人都应享有合适的居住设施”的观点已经得到广泛的认可。1981年4月，伦敦召开“城市住宅问题国际研讨会”通过的“住宅人权宣言”明确指出，获得一个环境良好、宜人的住房是所有居民的基本人权。而在1996年6月召开的联合国第二次人类住区大会上通过的《伊斯坦布尔宣言》中更是承诺：“人人有适当的住房。”然而，由于住房所具有的不同于普通商品的属性以及住房市场所存在的缺陷，以中低收入者为主体的特殊阶层难以仅仅依赖市场机制来解决自身的住房问题，因此，住房保障就成为对住房资源市场配置不公的一种纠偏机制，是人类居住权实现的需要，其应以居住权享有的公平性为基本价值取向。

对于我国而言，伴随着1998年底实物福利分房制度的终结，逐渐形成了商品住房和保障房并存的住房供应体系。但是，近20多年来很多大中城市房价的急速上涨，不仅把中低收入家庭排挤出了商品住房市场，也导致这些城市中不少中产阶级同样难以通过自身的力量购买商品住房，形成了所谓新的“夹心阶层”，这些群体对拥有住房产权的呼声尤为强烈。在此背景下，如何针对住房市场的新变化和新需求，创新住房供应方式，既能满足居民对“居者有其屋”的强烈需求，又不造成国家经济利益的流失；既不显失公平，又能兼顾各方的利益诉求，是政府急需解决的重大现实问题。根据中国偏好住房所有权的国情，结合解决住房问题的国际经验，共有产权住房的产权制度安排应该成为有效破解上述住房难题的可能选项之一。

鉴于此，本章将从住房产权制度的居民偏好、基于财富分配和社会福利视角下的产权式保障诉求以及完善我国住房体系的现实需要等方面多角度地论证共有产权住房的社会价值及其存在的现实必要性。

3.1 基于住房产权的居民偏好与心理分析

改革开放以来，我国经济获得了飞速发展，居民收入总体水平有了显著的提高，城镇居民住房条件也得到了巨大改善，但无疑仍属于典型的发展中国家，尚处于加速城镇化和工业化阶段，大量人口将持续不断地进入城镇，住房困难的问题将长期存在。在此背景下，满足居民居住需求的方式在理论上应该是先租后买、梯级消费。然而，现实情况是，相当多的居民偏好购房，尤其是在房价快速上涨背景下，这又进一步成为推高商品住房市场价格的重要因素。尽管“居者有其屋”的住房政策受到了一些学者的猛烈批判，但现实情况是有房才有家的观念还是根深蒂固。那么，我国居民为什么如此偏好购买住房？从居民个人角度看拥有住房所有权有什么好处？从社会的角度看，让居民拥有住房所有权究竟又会有怎样的社会价值？

3.1.1 中国传统住房财产文化决定了众多居民偏好获得住房产权

中国人之所以偏好购买住房有着深刻的历史和社会文化原因。在中国人的传统财产文化观念里，历来有置办田产、房产的习惯和偏好。农耕文明时期，主要的财富形式首先是土地，其次是房屋。官员和经商人士积累财富和储藏财富的主要形式自然也是田产和房屋。历史学家司马迁曾在《史记》里写道“去就与时俯仰，获其赢利，以末致财，用本守之”。即通过经商赚钱，然后再去购买房屋和田产，用房屋和田产把赚来的钱牢牢守住。随着社会经济的进步，古代农耕文明逐渐发展到以城镇为重要载体的现代工商业文明，财富组合中田产的地位下降，房产的地位提升，房产逐渐成为成功人士财富保有的主要形式。不仅如此，国人偏好住房所有权还受到中国人传统的婚姻文化的深刻影响。这种古代婚姻文化演化到现代文明社会，除了田产要求已经被放弃之外，结婚对房产的要求至今没有根本性改变，甚至随着近年来房价的快速上涨，婚姻对住房的要求似乎已成为影响生活的最为重要的因素。由社会科学文献出版社出版的《青年蓝皮书：中国青年发展报告（2014年）——流动时代下的安居》，对5000位青年调查显示，认为住房和幸福相关的（包括“幸福所必需”和“和幸福有关”两部分）的青年高达94.85%，并且这一状况在不同婚恋状况的女性群体中没有明显差异，而与此同时男性在婚姻决策中对稳定住房的重视程度不亚于女性，约有94%的男性认为住房和幸福相关。

2019年7月我们针对杭州居民发放《杭州市居民住房及住房保障问卷》，共计回收有效问卷13746份，其中租房受访者共计4264份。租房者中有33.65%受访者户口登记地为杭州本市，31.33%来自浙江省内非杭州市，35.01%来自省外。在3220个打算继续居住在杭州的受访者中，未来五年内可能会在杭州购房的占56.12%；未来五年内选择租房的占20.62%；已购买住房未交付，无需购无需租房的占6.24%；不确定的占17.02%，拟购房比例高。

究其原因，住房之于国人，已被视为“家”的概念。讨论住房离不开家庭文化的语境，几乎所有的社会学家都会关注中国的家文化，认为它是构成中国社会的重要制度和理解中国社会的钥匙所在，住房自然而然地成为“家”的表征之一。居住的场所作为“家”的空间形象，是“家”得以构成的物质基础，更是进行家庭休憩繁衍、休闲、社会交往等功能的重要空间，安居也成为家庭建构过程中不可或缺的环节，而居住什么样的房子，家产的规模更是代表了家族的荣耀与实力，一旦有所积蓄，必将倾其所有购置家产。因此，“有房才有家”或是“成家立业”的传统文化在某种程度上潜移默化地让中国众多居民偏好获得住房所有权，由此也推动了住宅市场的繁荣和房地产经济的持续发展。

3.1.2 拥有住房产权可增强居民社会安全感、提高居住满意度

从社会心理学的角度来看，每个人都有尽可能保持个人或家庭生活稳定性、极力维护个人和家庭尊严、最大限度地获得居住安全感等最基本的社会心理需求，而拥有自有住房能更好地满足居民的上述诉求。相对而言，我国目前的住宅租赁市场仍然处于初级发展阶段，市场规则不完善，房东的行为不够规范，加上政府对租客权益的保护远不如西方国家有效，又如我国《合同法》规定租赁期限最长为20年，决定了租住为临时性的。因此在住房租赁实践中，租住者随时面临房租变动频繁的风险，或者面临其他难以预计的原因被迫搬迁可能，这使租户感到无法主动把握自己的生活。因此，租客缺乏安全感、归属感，就会自发地产生拥有一套自己住房的强烈需求，因为拥有一套自己的住房就等于拥有了稳定的居所，拥有了一个稳定的“家”，进而拥有了享受社区资源的权力。

大量的研究成果表明，即使在西方国家，拥有住房所有权对增强居民的社会安全感也有积极作用。房屋产权和社会安全感是紧密联系在一起的（Ryan，1983）。桑德斯（1990）认为“业主给他们的房子赋予了不同于房客的含义，因此他们倾向于将他们的房子等同于舒适和放松的形象”，而许多房客意识到他们“住在别人的房子里”。声称

房主比租房者获得了更多的安全性。房屋产权之所以能够带来安全感，是因为房屋是居民的私人空间，人们在自己的住房内可以做任何想做的事情。无论如何，拥有房屋产权的居民至少拥有一个可以在任何时候遮风挡雨的归宿，可以免于承受房租波动的经济风险。对新西兰居民进行实地调查发现：居民拥有自己的房屋可以避免房东行为对自身生活的打扰从而体现自身对生活的控制并给居民带来安全感（Ann Dupuis & David C Thorns，1998）。分析英国住房产权结构，可以发现，“人们希望拥有属于自己住房的行为是内心欲望的表达”；当人们拥有住房产权后，人们内心欲望就得到满足从而提高个人的幸福度（Ann Dupuis，1998）。拥有住房产权的居民愿意投入时间和金钱来改造住房从而使居民对居住环境更加满意（Galster，1987；Marja Elsinga & Joris Hoekstra，2005）。利用欧洲国家居民的面板数据进行分析，发现在大部分国家（德国除外），拥有住房所有权的居民的居住满意度较高。此外，有大量证据表明，拥有房屋所有权和稳定的居住环境还有助于子女的健康成长。理查德·K. 格林和米歇尔·J. 怀特（Richard K. Green & Michelle J. White，1997）① 基于美国家庭的统计数据，利用数理模型进行分析，发现父母拥有房屋产权会对孩子产生好处，与租房家庭的子女相比，拥有房屋产权家庭的子女在高中辍学的可能性更低。同样地，利用美国家庭的统计数据进行分析，可以发现，拥有房屋所有权会明显改善孩子的成长环境并保持家庭的居住稳定性（Lisal L. Mohanty & Lakshmik. Raut，2009）②。

① Richard K. Green，Michelle J. White. Measuring the Benefits of Homeowning：Effects on Children [J]. Journal of Urban Economics，1997，41（3）.

② Lisa L. Mohanty，Lakshmi K. Raut. Home Ownership and School Outcomes of Children：Evidence from the PSID Child Development Supplement [J]. American Journal of Economics and Sociology，2009，68（2）.

3.1.3 拥有住房产权可以提升社会地位、增强社会责任感和国家认同感

住房不仅是主要的财富保有形式，更是个人身份和社会地位的象征和体现。布迪厄（1984）在《区隔》一书中阐释了关于消费和生活方式与社会阶层之间的关系。他认为消费能够实现一种“区隔”，是“确立”社会群体之间差异的一种方式。桑德斯（1989）认为，在现代社会，住房越来越重要，甚至比基于职业划分更能准确地划分出现代社会的分层状况①。

拥有房屋所有权就标志着个人具有了一定的社会地位，同时也使房产所有者具有了较高的社会归属感、社会责任感和国家认同感。当居民有房屋产权后，由于房屋产权将居民的财富和房屋“绑定”，居民更爱护社区的环境与公共设施，更愿意做一些社区工作。研究表明，一旦国家有难，比如遭受外敌入侵，拥有房产者“保家卫国”的主动性会更强烈、更坚决。《孟子·滕文公上》中指出：“民之为道也，有恒产者有恒心，无恒产者无恒心。”其大意是，拥有稳定财产（或财产收入）的人，才能认同国家（或社会）并具有一定的道德观念和行为准则。显然，房产属于“恒产”的一种主要类型。而且从西方国家的历史来看，自古希腊到英国、法国、德国等老牌资本主义国家，在制定其差别选举法的时候大多以财产的持有来认定公民的选举资格，并且强调，“有财产的人才可能对国家有责任心”。同样，美国在建国初期，各州也都要求选民出示财产持有的证据，以表明其拥有一定财产利益，从而“对社会显示充分依附”。这种以财产来界定选举资格的西方政治制度固然有其腐朽的一面，但其背后所隐含的社会伦理和社会价值观念仍然值得重视，即拥有财产的人即使出于自利的动机也会对社会抱有一定认同感、归属感，从而愿意主动地承担自己的社会

① Saunders, Social Class and Stratification [M]. London: Tavistock, 1989.

责任。在现代西方社会，一些国家政府的有关政策文件表明，人们通常会把“房屋的所有权”和“家”这两个概念紧密地联系在一起，拥有房屋所有权的居民很自然地被当成好公民、好父母（Gurney，1999）①。美国和澳大利亚的经验事实均表明，人们更加倾向于认可拥有住房所有权的人并给予较高的社会地位。当个人拥有住房所有权不仅为孩子积累财富还体现出了个人的独立精神。独立精神是自由社会的基石。因此，拥有住房产权的居民通常被认为是好公民、好父母（Rohe，2001）②。美国前总统克林顿就曾发起成立了美国住房和城市发展部（Department of Housing and Urban Development，HUD）来提高住房拥有率，以此实现21世纪的美国梦，并制定了许多政策来提高住房拥有率，以实现对社会的归属感。

总之，一个国家中拥有自己房产的居民越多，其社会稳定的基础就越牢固，其国防动员能力就越强，国家也就越安全。

3.2　基于财富分配和社会福利视角下对产权式住房保障诉求的分析

住房作为人类生存的重要物质基础，也是福利的重要载体，而且，当社会保障体系不完善时，住房的储蓄功能或社会保障功能就特别明显。即使是社保制度非常健全的美国，也普遍存在靠住房来支付养老、医疗的补充保险形式，最为典型的是“倒按揭”。发展中国家普遍存在着社会保障体系不完善的情况，住房的储蓄或社会保障功能也就更

---

① Gurney，C. Pride and Prejudice：Discourses of Normalisation in Public and Private Accounts of Home Ownership. Housing Studies，1999，14（2）：163－183.

② William M. Rohe，Shannon Van Zandt，George McCarthy. The Social Benefits and Costs of Homeownership：A Critical Assessment of the Research［R］. Cambridge：Joint Center for Housing Studies Harvard University，2001.

突出了，我国就属于这种情况，这是城市居民住房拥有诉求的另一个深层次原因。瑞典学者凯梅尼（Jim Kemeny，2010）认为，“在研究福利体制的这一建构与重组的过程中，住房是建构福利国家的一个关键领域”①，日本学者早川和男（2005）认为，住宅福利是社会福利之最，主张“把住宅问题当作国家、社会的首要问题看待”②。产权住房往往是大型的资产，是家庭资产的重要组成部分，住房价值的变动会直接对家庭的非劳动收入产生重要影响。因此，政府帮助中低收入家庭拥有住房产权，是缩小财富两极分化、让中低收入家庭共享经济发展成果的重要举措。

3.2.1 住房产权对财富分配、贫富差距有明显影响

住房是一种特殊的商品，兼有投资品和消费品的双重经济属性。当个人租赁住房时，住房就被视为纯粹的消费品，此时的收益主要是当前住房服务的享受；当个人拥有住房所有权时，住房就兼有消费品和投资品的属性，此时的收益将包括当前住房服务的享受、未来住房服务的享受和潜在的资金收益。租赁房屋和购买住房产权所获得的收益不同（见表3－1），表面上是由于住房消费方式不同所产生，实质上是住房产权不平等所导致的问题。因此，住房产权是享受住房升值收益的前提。

拥有住房产权的家庭可以把住房作为财富积累的重要工具，增加家庭财富，在房价不断上涨的城市，“有无房产”已成为贫富差距的划分线，成为拉开财富差距的重要因素。由此造成了我国当前的住房问题，不仅仅是住房消费的不公，还有住房财富的分配不公，且由住房财富分配不公进一步加剧了社会贫富两极分化，住房成为家庭财富

① ［瑞典］吉姆·凯梅尼：《从公共住房到社会市场——租赁住房政策的比较研究》，中国建筑工业出版社2010年版。

② ［日］早川和男：《居住福利论：居住环境在社会福利和人类幸福中的意义》，中国建筑工业出版社2005年版。

表 3－1　　房屋使用者收益

收益类型	租赁住房的家庭	拥有住房产权的家庭
当前住房服务	√	√
未来住房服务	×	√
住房增值收益	×	√

的扩大器，住房制度成为社会两极分化的加速器（陈淑云，2012）①。英国的经验数据也表明，住房对英国社会的财富分配具有重要作用（Lindsey Appleyard & Karen Rowlingson，2010）②。桑德斯（Peter Saunders）观察到悉尼房屋产权拥有者和租客之间的平均财富差异约为 436000 美元，认为这种差异比备受争议的高低收入的“差距”更深刻和持久③。

自 2003 年以来，我国许多大中城市的房价快速上涨，导致有房者和无房者之间的住房财富差距也迅速扩大，进一步加剧了社会贫富分化。住房产权导致的财富差距成为社会两极分化的催化剂。利用全国 26 个省区市 1991～2011 年的面板数据对商品房价格对收入分配不平等的影响进行分析，发现商品房价格上升使我国收入分配的不平等程度加重（潘琴，2013）④。因此，要想在解决住房消费不公的同时缩小住房财富分配不均，必须考虑新的产权式住房保障政策的设计，使大部分中低收入家庭有机会获得住房产权，包括部分住房产权，这样才有

① 陈淑云：《共有产权住房：我国住房保障制度的创新》，载于《华中师范大学学报》2012 年第 1 期。

② Lindsey Appleyard，Karen Rowlingson. Home-ownership and the distribution of personal wealth [R]. Birmingham：University of Birmingham，2010.

③ Peter Saunders，“After the house price boom. Is this the end of the Australian dream?”，Policy：A Journal of Public Policy and Ideas Volume 21 Issue 1，2005.

④ 潘琴：《收入分配不平等与商品房价格之间的关系研究》，浙江工业大学硕士论文，2013 年。

机会享受家庭财富增长和积累带来的好处。

3.2.2 住房产权是家庭应对经济风险的基本保障工具

对于家庭而言，合理配置家庭金融资产不仅有助于家庭提高财产性收入，实现家庭生活质量的提升，同时也有助于家庭防范重大经济风险。住房作为一项重要的家庭资产，其投资属性决定了其具有融资功能，当住房的持有者在家庭遇到变故，如失业、疾病、自然灾害或者创业投资，急需大量资金，而又无法依靠其他手段获得时，可以通过住房的抵押、担保等形式获得金融支持。住房——这一实物资产投资功能相较于股票、基金等更为稳定、可靠，这已成为共识，特别是近些年来房价飞速飙升，住房投资更是得到很多家庭的青睐，这也是居民偏好私有房产的重要经济性原因之一。在西方国家，住房产权作为一种资产，在提高家庭对经济风险的抵抗能力等方面发挥着重要作用，是家庭福利保障的核心（Groves et al.，2007）[①]。尤其在社会保障体系不完善时，住房的储蓄功能或社会保障功能就更为突出，这也是城市居民住房拥有诉求的另一个深层次原因。在当前我国的社会福利保障制度并不足以维持个人的良好生活的背景下，2013年，国务院发布了《关于加强发展养老服务业的若干意见》，提出“以房养老”新举措，在北京、上海、广州、武汉试点开展老年人住房反向抵押养老保险，缓解“4+2+1”家庭结构子女的养老压力的同时，保障老年人获得高质量的养老服务，安享晚年。因此，住房可以用以补充收入或充当养老金，减少退休后的住房成本，用于补充重大事件后的支出等，它就像是最后的生活保障，为家庭生活提供金融支持。对住房产权和福利保障之间的关系进行研究，发现住房、养老金和相关福利制度是相互作用的关系，共同为保障个人生活发挥重要作用（John

① Groves, R., Murie, A., Watson, C. Housing and the New Welfare State: Examples from East Asia and Europe. Aldershot: Ashgate, 2007.

Doling & Richard Ronald, 2010)。[①]

3.2.3　住房产权是财富代际分配的重要形式、提供“向上流动的阶梯”

前文分析已经指出，住房是居民积累财富的主要形式和福利的重要载体。不仅如此，住房也是实现居民遗产馈赠需求的主要载体。中国人历来有为儿孙遗留财产的传统观念。尽管现代社会的财富形式已经多样化，但是，数千年来沿袭下来的传统住房文化观念已经在中国人的思想中打下了极深刻的烙印。从财富分配视角来看，遗产馈赠也是财富分配的一种重要方式。中低收入家庭往往是采用租赁住房的形式，高收入的家庭基本都是住房的所有者。因此，高收入家庭的孩子往往能获得上一代所留下的巨大财富，很容易就拥有属于自己的住房；而中低收入家庭的孩子可能很难且随着房价上升越来越难获得住房产权，即使获得住房，其住房价格、建筑面积低于高收入阶层，亦影响其对其他资源获得、机会占有等，易造成不同阶层的固化与差距的扩大。英国的研究证据表明，住房的继承事实上已经加剧了英国社会财富分配的不平等程度（Lindsey Appleyard & Karen Rowlingson, 2010）[②]。住房加剧代际差异的积累，进一步阻碍了青年通过自身努力实现向上流动。住房不仅仅是一个提供居住空间的物理实体，它还承载着教育、社会交往等功能，自有住房家庭能够使孩子在稳定的、良好的社区环境中成长和接受教育（Green & White, 1997）[③]，对孩子福祉具有积极影响。自有住房让人们在稳定的社区生活，使人们建立社会关系网络，增加社会资本。阿克洛夫等人（Akerlof et al.）研究指出

① John Doling, Richard Ronald. Home Ownership and Asset-based Welfare. Journal of Housing and the Built Environment, 2010, 25 (2).

② Lindsey Appleyard, Karen Rowlingson. Home Ownership and the Distribution of Personal Wealth. Birmingham: University of Birmingham, 2010.

③ Richard K. Green, Michelle J. White. Measuring the Benefits of Homeowning: Effects on Children [J]. Journal of Urban Economics, 1997, 41 (3).

低收入家庭会陷入“居住贫困”陷阱，贫困社区无法提供高质量的医疗卫生、教育、就业等服务，加上同龄组的角色榜样的影响，可能致使下一代依然无法摆脱贫困（Akerlof，1997①；Glaeser & Scheinkman，1998②）。因此，政府帮助中低收入家庭拥有产权有助于为他们提供了“向上流动的阶梯”，减少社会发展的不平等，减少代际不公平，避免造成“富者愈富，贫者愈贫”的马太效应。

3.2.4 住房产权具有复杂的福利“嵌入性”

住房作为人类生存的基础，也是福利的基础，因此，凯梅尼在研究福利体制的这一建构与重组的过程中，把住房看作建构福利国家的一个关键领域。早川和男研究认为，住宅福利是社会福利之最。究其原因，住房产权与社会政策其他领域之间具有复杂的“嵌入性”，婚姻、就业、养老、医疗、教育、失业救济等领域均与住房产权密切相关。在城市拥有住房，不仅意味着拥有财产和资产，更是在城市能安定下来或者为城市所容纳（称为真正的市民）的最重要的标志，而不再是流动于城乡两地或为租房而经常搬家。拥有了产权住房，可以申请信用卡，享受金融服务，方便小孩上学，整个家庭才能够做生活和工作的长远规划，这是成为“市民”或者具有“市民”认可资格的、潜在的约束条件。对于当今社会，很多年轻人奉行先有房再结婚的理念，住房已经渗透到人们婚姻观之中。这未必就是现代人物质化的体现，因为住房承载的社会功能太多。从对孩子就学的影响来说，正是因为住房与享受的教育资源相挂钩，年轻人在具有一定支付能力前提下买房首要考虑的就是学区的质量，这才造就了高价学区房。

---

① Akerlof, Social Distance and Social Decisions, Econometrica, 1997.

② Glaeser, Edward L, and Jose A. Scheinkman. Measuring Social Interactions, Forthcoming in Social Dynamics, Edited by Steven N. Durlauf and H. Peyton Young. The Brookings Institution, Washington D. C. , 1998.

进一步研究发现，与住房福利性高度相关的是相关的户籍福利。中国城市化浪潮带来了东南沿海地区城市经济的空前繁荣，人口大迁徙也把城乡二元结构变得深刻而复杂。一些小镇变成中等发达城市，乡村变成城镇，但城乡二元结构并没有随着城市化而消失，城乡分割的二元户籍体制的弊端更加突出了。在个别地方，甚至形成了外来人口与当地户籍人口福利差距越垒越高的“社会堰塞湖”。住房附着户口，而户口又附着教育、社保、医疗等各个社会政策。总而言之，住房产权与其他民生领域的相互嵌入性决定了产权式保障在我国的重要意义。

综上所述，住房产权是家庭资产的重要组成部分。它具有收益性，能够改善家庭的财富积累，提升个人的社会地位，减少代际不公平，缩小社会贫富的差距。不仅如此，拥有房屋产权的业主具有更强的稳定感、社区归属感和社会责任感。因此，提高住房自有化率成为许多国家住房政策的一个重要目标。一个健康的住房市场，需要有更广泛的选择，并提供更大的灵活性，以解决许多人在获得住房方面的严重问题。

3.3　基于完善我国住房保障制度的需要分析

2012年，党的十八大报告中就确定了确保在2020年实现全面建成小康社会的伟大目标，并指出“住房保障体系基本形成”的建设目标。党的十九大报告勾画了2035年基本实现社会主义现代化远景目标，提出加快建立多主体供给、多渠道保障、租购并举的住房制度，让全体人民住有所居。不管是全面建成小康社会还是实现社会主义现代化，住房是重要指标和建设内容，而住房保障则是实现住房现代化目标的必要手段。根据中国家庭金融调查与研究中心（CHFS）提供的数据，2019年中国低收入家庭无室内卫生间的比例一线城市仍有18.2%、三线城市为27.2%，全国平均24.2%（CHFS，2019）。新市民的居住条件更差：合租户数多，合租比例高。合租户数为2户、3户、4户和5户及以上的新市民家庭比例分别高达33.6%、26.1%、18.2%和22.1%（CHFS，2019）。上述家庭绝大多数属于低收入家庭，难以通过自身努力达到住房小康，急需政府住房保障政策支持。

从全国范围来看，目前我国许多城市都加大了住房保障体系建设的力度，基本形成了实物保障和货币补偿相结合的住房保障体系，这是我国住房保障体系改革与完善的基础。然而，现行的住房保障体系仍然存在许多突出问题，还难以适应实现社会主义现代化和促进人全面发展目标的现实要求。我们认为，现行住房体系呈现出碎片化、断层问题，引入共有产权住房有利于完善我国住房保障制度，解决保障性租赁住房模式下所有者缺位的问题，构建无缝衔接的完整的住房供应体系。

3.3.1 共有产权住房可减少现有住房保障制度中存在的主要问题

美国经济学家安妮克鲁格（1974）将寻租定义为：人们依靠政府保护而进行的财富转移活动①。因此，寻租的根源在于政府制度设计的不合理，它的主要特征是不经过社会认可的相应劳动而将社会财富无偿地转移到特定的人群手中，这在根本上与社会道德和社会公平原则相背离，更是对正常社会秩序的损害。在我国目前的住房保障体系中，由于制度设计的缺陷和管理者责任的缺失以及申请与分配环节十分复杂等问题，滋生了不少的寻租现象，不仅损害住房保障的公平性而偏离住房保障的预期目标，同时也由于把住房分配给了非目标人群

① Anne O. Krueger, Political Economy of Rent-seeking Society, American Economic Review, 1974.

而浪费了宝贵的国家财政资源。寻租问题不仅发生在经济适用住房领域，也发生在公租房的分配与管理方面，但主要是集中在具有有限产权的经济适用住房上。

（1）经济适用住房制度下的寻租问题。我国经济适用房制度是住房保障系统中能够取得住房产权的模式，其以远低于市场价格的优势对中低收入购房需求者产生极大的吸引。也正因其巨大的无风险收益，容易产生寻租问题。在销售环节，由于经济适用房低廉的市场价格和退出时可能获得的较大市场收益，刺激产生庞大的市场需求。尽管我国2007年12月颁布的《经济适用住房管理办法》明确规定：一是经济适用住房购房人拥有有限产权，购买经济适用住房不满5年，不得直接上市交易，购房人因特殊原因确需转让经济适用住房的，由政府按照原价格并考虑折旧和物价水平等因素进行回购。购买经济适用住房满5年，依法取得完全产权，同时政府可以优先回购，购房人也可以按照政府所定的标准向政府交纳土地收益等相关价款后，取得完全产权。但是，不少地方政府对回购方式、回购价格、经济适用房上市流通方式等细则内容没有明确的规定或其规定不合理，出现的制度漏洞为权力预留了寻租空间。二是经济适用房退出时是按增值收益与政府分成，即若无增值收益无须上交给政府，这种无风险的退出机制事实上违背了该制度设计的初衷。

（2）公租房制度下的管理难问题。我国公租房制度规定，公租房是由政府或机构拥有，以政府核定的价格面向社会中低收入人群出租的保障性住房，承租者不拥有住房的所有权。然而，这项惠民制度在近年来不断暴露出问题。一是准入把关难。一些租户出现户口造假、伪造收入证明等骗租，例如，审计署公布2017年城镇保障性安居工程跟踪审计结果，3.68万户不符合条件家庭违规享受城镇住房保障货币补贴8639.90万元，住房2.66万套，这些家庭大部分通过伪造证明骗取保障资格。二是退出难。3.53万户家庭条件发生变化不再符合保障条件但未按规定及时退出，仍享受住房2.75万套、货币补贴1384.43万元。三是政府投资大、资金沉淀严重，加上租户破坏性使用，维修成本支出高，财政压力大。这三大问题也是各国在推行保障性租赁住房过程中普遍面临的难题。也成为20世纪80年代初英国政府推行住宅私有化，导入了“购买权”（right to buy）政策，鼓励租户购买公房的主要原因。

（3）共有产权住房可减少住房保障中的权力寻租和居民套利的空间。共有产权住房模式的产生，虽然不能说完全杜绝了住房保障中的寻租问题，但它可以克服或减轻现行住房保障模式中的一些明显的制度缺陷。

首先，产权明晰。《经济适用房住房管理办法》中将经济适用房产权定义为“有限产权”，但是没有明确个人持有的产权比例，因此经济适用住房有限产权是在收益和处分上受到限制的所有权，导致上市交易难、继承离婚析产难、抵押难。而在共有产权住房中，政府将出让土地与划拨土地之间的差价以及政府给予的政策性优惠，显化为政府出资，形成政府产权，与购买者形成共有产权，产权十分清晰，也有利于真正保护居民的利益。

其次，按照“谁投资、谁收益”原则，建立起“收益与风险共担”的机制，压缩了寻租空间。表3-2就经济适用房与共有产权住房的收益与风险作了对比，发现：如果房价不变或房价上涨，采用共有产权方式，个人的获益明显低于经济适用房方式；若房价下降，采用共有产权方式，个人需承担亏损，而对于经济适用房个人仍可能有一定的净收益。因此，可以预计，采用共有产权方式将在一定程度上抑制寻租性购房需求，有利于把有限的住房保障资源真正用于需要稳定居所的居民。

表 3-2　共有产权住房与经济适用住房收益分配与风险承担机制对比

指标	经济适用房收益分配机制	共有产权住房收益分配与风险承担机制
购买时周边商品房价格（万元）	100	100
消费者购入价格（万元）	30	30
初始登记时的产权比例	有限产权，规定上市时产权人应按届时同地段普通商品住房与经济适用住房差价的 70% 缴纳土地收益等价款	共有产权， 个人占 30% 政府占 70%
五年后若周边的商品房价格保持不变，房价 100 万元	上市交易 个人获得：51 万元 政府获得：49 万元	上市交易 个人获得：30 万元 政府获得：70 万元
五年后若周边的商品房价格上涨 30%，房价 130 万元	上市交易 个人获得：60 万元 政府获得：70 万元	上市交易 个人获得：39 万元 政府获得：91 万元
五年后若周边的商品房价格下降 30%，房价 70 万元	上市交易 个人获得：42 万元 政府获得：28 万元	上市交易 个人获得：21 万元（亏损 9 万元） 政府获得：49 万元

再次，退出机制简便易行，合情、合理、合法。共有产权住房因参照市场价确定总价，退出时按照产权份额购买和分成，更符合法律规定。由于有了规则明确、收益界定清晰的退出机制，也能够较好地体现社会公平。

最后，实现保障资金的循环利用，提高社会住房保障资源的利用效率。一方面，个人在房屋交付时应该结清建安成本费用，先期政府就回收了开发成本，高地价地区政府还加收部分土地出让收益。另一方面，因为共有产权住房有明确的比例，在退出时可以有效回收政府投资，实现社会住房保障资源投入、回收的良性循环，财政负担较轻。

从目前上海、淮安等地共有产权住房试点的实施情况来看，由于居民与政府对房屋产权的收益共享等因素，使溢价幅度显著缩小，极大地降低了不符合条件居民违规参与的激励。同时，上海等地建立居民家庭资产审核中心，严格准入条件，为真正落实“居者有其屋”的住房保障理念提供了可能。

3.3.2 共有产权住房可解决公租房所有者缺位导致的“公地悲剧”问题

公租房的产权是属于国有产权，虽然政府作为权利的行使者，但对住房资源的占有、使用不具有充分的权能，而且监督与管理成本高，因此，政府对于公租房的投入与管理的激励性较低。而拥有使用权、占有权的居民，作为一个经济理性的个体会尽其所能地使用住房，以期增加自身收益，尽量减少成本负担，从而缺乏对于房屋维护的积极性，这就是所谓的“公房悲剧”，这也是国际上保障性租赁住房普遍存在的问题。英国、美国等一些社会住房小区中的租户对保障房的破坏性使用，造成物业和社区环境恶化，社会问题增多。例如，美国芝加哥一些公共住房小区因环境差、犯罪率高经常上全国性新闻（Currie & Yelowitz，2000）[①]。尽管美国公共住房支出不断增长，从1977年的73亿美元上升到1996年的260亿美元，保障人群也从1977年的320万人上升到1996年的570万人，每套住房的年支出费用增长近一倍（1996年达到5480美元），但居民对社区抱怨和不满度增加，严重影响居民的身心健康（Currie & Yelowitz，2000[②]；Curtis et al.，2004[③]；

① Currie, J., Yelowitz, A. Are Public Housing Projects Good for Kids? Journal of Public Economics, 2000.

② Ryan Sherriff. An Introduction to Shared Equity Homeownership [R]. Center for Housing Policy, 2011.

③ Jennifer Sinclair Curtis and Berend van Wachem, Modeling particle-laden flows: A research outlook, Article first published online: American Institute of Chemical Engineers (AIChE), 2004.

Jacobson et al., 2007[①])。肮脏的环境抵消了低收入家庭住房保障的效用，影响到居住在其中的儿童的健康成长（Currie & Yelowitz, 2000[②]; Jencks & Mayer, 1990[③]）。中国香港地区在公租房占比最高城市之列，2015年统计公租房75.69万套，占全部住房的30.66%，并没有出现贫民窟现象。其背后是政府大量的资金与人力投入。2015/2016财年统计香港每套公租房直接管理成本5494港元、维修成本3250港元，全年公租房运行需补贴6.37亿港元（香港房屋委员会）。[④] 中国香港地区常住人口700多万人，房屋署共有约7500名公务员，占整个公务员队伍的约1/16，成立配备100多名工作人员的专门打击"滥用公房资源"办公室，公租房小区的物业管理人员约一半是房屋署直接派出公务员进行管理，严格实施"扣分制"对租户进行管理。我国大规模公租房建成投入使用的时间不长，问题还没有显露，如果不加强公租房管理，也可能出现社区失管、房屋加速破损的现象。

共有产权住房的引入可以较大程度地弥补上述缺陷。购买者通过出资与政府共同成为房屋的所有者，并且在一定期限后，如果自身支付能力提高，可以以优惠价格获取完全产权，因为产权共有，这种产权激励可以充分调动产权共有人，即保障对象在居住期间对住房进行适当的维护和修缮，关心和爱护社区公共设置，减少管理部门维修养护费用的投入，减少政府财政开支。而且共有产权住房在售后管理方

---

① Rick Jacobus, Burlington Assocs. Scalable Business Models for Marketing and Preserving Shared Equity Home Ownership. Presentation and Panel Discussion Before the Neighborhood Works Training Institute Symposium, 2007.

② Ryan Sherriff. An Introduction to Shared Equity Homeownership [R]. Center for Housing Policy, 2011.

③ Christopher Jencks, Susan E. Mayer, The Social Consequences of Growing Up in a Poor Neighborhood, Washington D. C. Publisher: National Academy Press, 1990.

④ 资料来源于香港房屋委员会网站。

面，可以建立物业专项维修资金制度，共有部分和公用设施设备的维修费用由按份共有人按照面积份额分别承担，在应交存的物业专项维修资金中列支。

3.3.3 共有产权住房有利于构建无缝对接的住房供应体系

住房供应体系是一个包括不同层级子系统的连续性统一体。按目标群体收入水平的高低可以划分为三个层级：即向高收入、中等收入阶层供应商品住房；向中等偏下收入阶层供应具有经济可承受能力的销售型保障性住房；对中低、低收入阶层供应租赁型保障住房。其中商品住房依据品质与价格又可分为：高、中、低三档，销售型保障性住房依据价格机制与权能结构又可分为经济适用住房或共有产权住房，租赁型保障住房依据目标群体以及租赁价格差异分为公租房、保障性租赁住房等。理想的情况下，住房体系的各子系统之间是无缝衔接的。消费者可以根据外界市场条件、自身支付能力、生活方式、就业状态或者其他因素在不同子市场之间自由转换。但在实际操作中，我国住房供应体系呈现碎片化，各子系统之间相互分割，缺乏连接机制，致使保障体系出现“断层”，造成消费者无法实现各系统之间的自由流动。尽管共有产权住房流动性与商品房相比较偏低，但相较于经济适用住房、公租房，明显具有较高的流动性。住户收入情况变动后可自由调整住房产权比例和权属，如收入情况改善后可购买全部产权，收入情况恶化后可申请政府回购，超过一定期限可上市转让，获得相应增值收益，有利于完善我国住房供应体系之间已出现的“断层”，增强住房的流动性。

（1）解决了保障性住房与商品住房之间的“断层”问题。住房改革30多年以来，我国逐步建立了符合我国国情的商品住房体系和保障性住房体系，商品住房体系旨在充分发挥市场在住房资源配置中的基础性作用，体现的是效率原则，保障性住房体系以“看得见的手”调控市场失灵问题，对住房资源进行二次分配，体现公平原则，两个体系相辅相成、互相促进。然而从现实来看，“高房价”“买房难”已经成为普遍的社会现象，而且“买不起房”不仅是低收入困难家庭的问题，同样也是大城市中等收入甚至中高收入家庭同样面临的问题，随之而来的问题是保障性住房与商品住房两大体系之间留着越来越大的“夹心层”，他们既不拥有商品住房的支付能力，又因保障性住房的刚性准入条件，或因地方政府保障能力不足而无法依靠政府实现居住保障。

（2）解决了保障性住房只租不售问题。2010年国务院办公厅下发了《关于加快发展公共租赁住房的指导意见》以后，各地陆续停止了经济适用住房建设与分配，公租房成为住房保障主要方式或唯一方式，造成部分有一定经济能力、想拥有一套自有住房的中低收入家庭失去了拥有自有住房的机会，只能通过租赁解决住房问题，加重政府的负担。也不符合党的十九大提出的构建多主体保障、多渠道供应、租购并举的住房制度，构建租购并举的住房制度不仅仅是在商品住房市场补齐租赁住房市场短板，而且在保障房体系上也应该设计出售型保障房，更好地满足人民群众的需求。众所周知，中国香港地区公租房占比很高，但香港房屋委员会在不同时期针对不同需求，推出居者有其屋计划、中等入息家庭房屋计划、可租可买计划、重建置业计划下兴建的出售屋宇，以及租者置其屋计划下出售屋宇，统称资助自置居所房屋，2015年按房屋类型分的住房住户数目，公营租住房屋75.69万户、占30.66%，资助自置居所房屋37.63万户、占15.25%，私人永久性房屋132.02万户、占53.49%，临时房屋1.45万户、占0.59%，其住房保障采取了租购并举。[①]

① 资料来源于香港房屋委员会：《房屋统计数据》（2016）。

完善我国住房体系需要考虑国家政策环境、经济发展水平、政府保障能力以及低收入居民的保障需求等综合性因素。共有产权住房作为创新型保障方式，其定价机制没有打破商品住房体格体系，其准入条件可以突破低收入家庭，覆盖中等收入家庭；其退出机制则是打通了商品住房体系与保障房体系的连接渠道；其收益共享机制解决了政府保障能力不足，赋予了低收入家庭的资产增值机会，很好地弥补了两大住房体系的缝隙，解决保障性住房实施中面临的困境。总体而言，推行共有产权制度，可以推进保障性住房产权的完整化、清晰化。通过格式统一、具有可调整性的共有产权合约模式，实现各类保障性住房内部的转换以及保障性住房与商品房之间的转换，构建起具有过渡性、整体性和动态多层次性可持续转换且实现不同住房供应模式之间合理衔接的新住房体系。

3.4　本章小结

受传统住房财产文化的深刻影响，中国人偏好房屋所有权的观念已经根深蒂固。大量的理论研究和中外经验事实也表明，与租房相比，拥有住房所有权会给社会和个人带来好处。一方面，住房产权给居民个人更大的安全感、更高的居住满意度和更多的经济优势，能增强居民对国家和社会的认同感和责任感，也是缩小家庭财富两极分化的有效工具。另一方面，随着我国商品房价格长期高位运行，越来越多的中低收入家庭甚至中产阶级都无法通过现行住房供应渠道获取住房所有权。因此，通过共有产权住房制度设计，实现向中低收入家庭提供与其经济承受能力相匹配的住房，满足其对住房所有权的诉求，不仅是政府的责任，也是对中国传统住房财产文化的尊重，是实现社会和谐、稳定，确保国家安全的重要手段，更是对现有我国住房制度的完善。总体而言，共有产权的制度安排因其共有性而超越了私有产权的独占性，因抑制贫富两极分化的加剧而有利于增进社会公平；又因共有产权安排有层次的差异性而超越了公有产权安排的无差异性而增进了社会效率。因此，政府完全有必要向中低收入住房困难家庭以共有产权的形式提供产权型保障房。

第 4 章　共有产权住房的经济性分析

任何一项社会保障制度的设计，必须关注其对居民、政府的经济性，否则就会因缺乏必要的经济基础和动力而难以可持续地运行。共有产权住房制度设计，对政府而言，政府各种投入转化为政府持有的产权份额，避免了国有资产的无序流失与大量沉淀，房源上市转让时分享的相应收益还可循环用于住房保障，有利于住房保障工作的可持续发展。对居民而言，它弥补了租房与买房之间的空白，兼顾了住房的长期可负担性与财富积累功能，拓展了受援助家庭获得住房产权的机会；有利于受援助家庭获得更高质量、可以改变家庭能力的住房资产，因而能激发他们对于积累财富的兴趣（Shapiro，2004；Jacobus，2009）。本章将分别从居民和政府的角度出发，对共有产权住房的经济性进行分析，最后采用实物期权方法进行论证。

4.1　降低消费者购房成本，保证初始的可支付性

住房问题是世界性难题。尽管各国住房政策各有特点，但总体上讲，住房政策的大趋势是以促进住房自有化率的提高为主，辅以公租房，解决住房问题（陈淑云，2012）。自 1998 年我国房地产商品化改

革以来，不断攀升的商品住房价格直接导致了中低收入家庭住房可支付能力不断被削弱。从世界范围来看，各国房价收入比的中位数为6.4，而我国中、低收入城镇家庭的房价收入比的中位数自2002年以来的所有年份都超出6.4（见表4－1），表明房价整体水平偏高，已经超出中、低收入家庭的购买能力。

表4－1　1998～2019年全国七等分收入水平家庭的静态房价收入比

年份	平均	最低收入家庭10%	低收入家庭10%	较低收入家庭20%	中等收入家庭20%	较高收入家庭20%	高收入家庭10%	最高收入家庭10%
1998	10.83	22.35	16.43	14.74	12.37	9.65	8.13	6.16
1999	10.05	20.22	15.60	13.91	10.57	8.86	7.46	5.73
2000	9.67	20.12	15.38	13.53	10.26	8.55	7.02	5.37
2001	9.18	19.85	14.98	13.15	9.86	8.05	6.65	4.89
2002	8.65	24.51	16.62	13.83	10.01	7.85	6.19	4.98
2003	8.33	24.11	16.31	13.62	9.63	7.58	5.86	4.63
2004	8.70	25.40	17.02	14.08	10.00	7.78	5.95	4.63
2005	9.18	27.23	18.12	14.70	10.52	8.11	6.18	4.75
2006	8.73	25.65	17.09	13.98	10.10	7.73	5.91	4.62
2007	8.67	25.03	16.71	13.81	10.03	7.75	5.95	4.66
2008	7.45	22.60	14.42	10.96	8.46	6.48	4.97	4.12
2009	8.49	24.38	15.98	13.33	9.63	7.40	5.69	4.58
2010	8.23	24.14	15.24	12.81	9.32	7.23	5.59	4.51
2011	7.70	22.25	14.12	12.05	8.75	6.83	5.27	4.24
2012	7.42	19.23	14.00	10.40	8.30	6.55	5.10	4.24

续表

年份	平均	最低收入家庭10%	低收入家庭10%	较低收入家庭20%	中等收入家庭20%	较高收入家庭20%	高收入家庭10%	最高收入家庭10%
2013	6.68	17.85		10.02	7.31	5.42	3.06	
2014	6.23	16.03		9.15	6.75	5.05	2.92	
2015	6.02	15.37		8.76	6.46	4.87	2.89	
2016	6.20	16.03		9.04	6.61	4.99	2.96	
2017	6.21	16.48		9.21	6.69	5.01	2.93	
2018	6.54	17.83		10.32	7.29	5.22	3.02	
2019	6.76	18.41		10.69	7.56	5.41	3.12	

注：本表格计算公式为：房价收入比 =（每平方米平均商品住房销售价格 ×90 平方米）/（人均可支配收入 × 平均每户城镇家庭人口规模）。

资料来源：历年《中国统计年鉴》。

而更为严重的是，随着近年来房价不断攀升，大城市尤其是经济发达城市的高房价与中低收入群体（包括一部分中等收入群体）住房支付能力之间的矛盾日益突出。以浙江省为例，根据《浙江统计年鉴》公布的七等分城市居民家庭收入水平，计算 1998 ~2012 年各收入阶层房价收入比情况，发现高收入家庭的收入增长基本与房价快速上升的速度相匹配，房价收入比变化不大，而购房能力弱的中低收入家庭房价收入比快速提高，其购房能力不但没有改善，反而加速恶化。如最低收入家庭房价收入比从 2000 年的 13.94 提高到 2012 年的 29.50，2012 年中等收入家庭的房价收入比也高达 13.35（见表 4 -2）。越来越多的中低收入家庭（包括一部分中等收入群体）不得不被动地退出商品住房市场。

表4－2 1998～2013年浙江省七等分收入水平家庭的静态房价收入比

年份	平均	最低收入家庭10%	低收入家庭10%	较低收入家庭20%	中等收入家庭20%	较高收入家庭20%	高收入家庭10%	最高收入家庭10%
1998	6.95	14.43	10.76	9.07	7.29	6.17	5.06	4.92
1999	6.15	13.36	9.68	8.09	6.51	5.39	4.54	4.43
2000	5.84	13.94	9.84	7.75	6.16	5.12	4.39	4.02
2001	5.49	14.28	9.43	7.49	5.91	4.73	4.75	3.93
2002	5.81	15.41	10.72	8.00	6.54	5.16	4.09	3.93
2003	5.96	15.81	12.26	8.84	6.91	5.42	4.06	3.78
2004	6.06	16.82	12.52	9.29	7.04	5.14	4.02	3.72
2005	7.84	24.76	15.26	12.99	9.37	6.87	5.40	4.61
2006	7.99	24.70	15.45	13.29	9.71	7.34	5.61	4.46
2007	8.98	27.12	17.58	14.61	10.93	8.21	6.23	4.83
2008	8.95	25.24	17.28	14.60	10.94	8.14	6.15	4.61
2009	10.77	32.00	20.34	16.74	14.50	9.74	7.34	4.42
2010	12.45	32.42	23.08	17.50	14.18	10.61	7.65	4.97
2011	10.59	34.24	19.51	15.34	13.31	9.91	7.31	4.66
2012	10.38	29.50	18.38	14.72	13.35	9.41	7.17	4.76
2013	9.90	21.48		13.88	10.91	8.55	4.81	
2012年比1998年增长	49.27%	119.69%	70.86%	63.35%	69.38%	53.42%	42.71%	22.46%

注：本表格计算公式为：房价收入比＝（每平方米平均商品住房销售价格×90平方米）/（人均可支配收入×平均每户家庭人口规模）。2013年以后浙江省不再公布按五等分划分的家庭可支配收入。

资料来源：历年《浙江统计年鉴》。

因此，如何满足中低收入阶层（包括高房价地区的中产阶级）对住房产权的需求成了我国当前急需解决的现实问题。根据经典的纺锤形的社会结构模型可知，中间阶层的比重与其稳定性直接关系到社会的安定，中间阶层往往也是社会财富创造的中坚力量，让这部分家庭拥有“财产性收入”不仅是壮大中产阶级队伍、缩小贫富差距的客观要求，而且对改善创业环境、提高城市竞争力、保持社会稳定具有重要意义。

事实上，正是认识拥有住房对社会结构的活力的重要，一些国家十分支持居民拥有自有住房。美国联邦、州政府等每年都要花费上百亿美元用于资助居民购房，包括向第一次购房者提供抵押贷款利息抵扣所得税优惠政策，其补贴的资金超过直接用于公租房保障和发放租房券的资金投入。然而，对许多中低收入家庭而言，他们依然无力在市场上购房，因此，有人建议政府住房政策以提供可负担的租赁房为主，认为租赁房屋的功能可以超越简单的庇护所，进而帮助低收入家庭和个人改善居住条件，增加所需的教育和劳动力发展服务支出，提高生活质量。但事实上，对于中低收入家庭来说，资产贫困比收入贫困更为严重，资产脱贫比提高工资收入待遇的意义更大。因为它可以使家庭有能力改变处境或渡过危机，比如失业或疾病、改变孩子的成长环境与教育条件。一般情况下，租房对于中低收入家庭来说不是最优选择，尤其是在房价处于上升通道背景下，失去了享受财产增值的机会，更难以阻止贫困现象的代际传递。

共有产权住房改变了租房与买房之间的二选一结构，成为第三种选择，扩大了选择范畴，赋予了一个拥有产权的选择机会。资助者以低价提供部分所有权，降低了购房门槛，以促进中低收入家庭能获得住房。住房的增值收益是由购房者与项目的资助者共享，可以实现积累财富的个人利益与保障住房的长期可负担性的社会利益（Rick Jacobus，2007；Rick Jacobus & Ryan Sherriff，2009；Jeffrey Lubell，2013）。简而言之，共有产权住房为购房者提供一定的补贴或共享增值贷款，从而弥补中低收入家庭对住房的初始支付能力不足问题；通过降低购房的初始成本并允许人们逐步购买政府持有的剩余产权，增加住房获取的渠道。这不仅满足了居民拥有住房和资产的愿望，而且即使是低收入者，也可以通过房价升值和强制储蓄成为资产拥有者、资产溢价分享者、改革红利和城市化红利分享者（Jeffrey Lubell，2013）。

因此，从理论上讲，共有产权住房是一种具有改变家庭经济能力的资产，它扩大了中低收入家庭获得产权的机会，满足了中低收入家庭对于拥有住房产权的经济诉求。对于我国而言，这种诉求是对于改革红利分享权力的诉求，是对城市化红利分享权力的诉求，这是公租房所无法替代的。

4.2　减少政府补贴，保持住房保障的可持续性

从 20 世纪 90 年代初进行住房制度改革以来，我国城镇住房保障工作经历了“提出、确立、缺位、发展和强化”五个阶段，城镇住房保障供应体系也经历了从以经济适用住房为主体到公租房为主体的巨大转变。以公租房为主体的租赁型保障房其核心特征是通过“租赁”方式保障居民“住有所居”，房屋所有权不发生转移（强真，2009[①]；刘玉峰，2010[②]），这对引导居民树立正确的住房消费观念，形成合理的住房梯度消费模式，具有很好的促进作用（袁秀明，2009[③]；郭士

① 强真、王燕等：《商品住宅市场前景分析及对策建议》，载于《价格理论与实践》2009 年第 3 期。

② 刘玉峰：《宏观调控与我国房地产业的可持续发展》，载于《山西财经大学学报》2010 年第 51 期。

③ 袁秀明：《我国住房保障制度设计问题剖析与建议》，载于《宏观经济研究》2009 年第 7 期。

征，张腾，2010[①]；张齐武，徐燕雯，2010[②]）。但是，租赁型保障房的建设投入大、维护运行成本高、退出难等是世界性难题，极易沦为"福利陷阱"（刘友平，虞晓芬，2012）[③]。

从海外经验来看，美国公共住房的建设成本由联邦政府承担，但运营成本靠租赁收入维持。刚开始运营期间，由于新房维护成本较低，公租房运行良好，但之后住房保障财政负担逐渐加重。联邦住房运营补助从1969年的1490万美元上升到1979年的7.27亿美元、1993年的25亿美元、2003年的35亿美元（Hays，1995；Nenno，1996；Byrne et al.，2003）[④]，2003年运营补助占公共住房总预算的一半（Byrne；2003）[⑤]。由于资金紧张，很多住房管理机构不得已停止公共住房的修缮和维护，造成公共住房成为贫民窟，居住环境恶劣，犯罪率不断上升。英国住房补贴（HB）是一个庞大而昂贵的住房保障计划，2001年补贴额度占GDP的2.2%，支出总额已超过失业保险金（Olsen，2003）[⑥]。英国政府在1996年出台地方参考租金（local refer-

① 郭士征、张腾：《中国住房保障体系构建研究——基于"三元到四维"的视角》，载于《广东社会科学》2010年第6期。

② 张齐武、徐燕雯：《经济适用房还是公共租赁房？——对住房保障政策改革的反思》，载于《公共管理学报》2010年第4期。

③ 刘友平、虞晓芬：《公共租赁房运行机制的国际比较及其借鉴》，载于《建筑经济》2012年第7期。

④ 相关数据参见R. Allen Hays，The Federal Government and Urban Housing，Albany，NY：Sunny Press，1995；G. A. Byrne，K. Day、J. Stockard，"Taking Stock of Public Housing. Paper Presented to the Public Housing Authority Directors Associations"，see http：//www. gsd. harvard. edu/research/research_centers/phocs/taking_stock_of_public_housing_16. 03. doc. 2003。National Low Income Housing Coalition，"FY 2010 Budget Chartf or Selected Programs"，see http：//nlihc. org/doc/FY10 – presidents – request. 2009.

⑤ G. A. Byrne，K. Day，J. Stockard，"Taking Stock of Public Housing. Paper Presented to the Public Housing Authority Directors Associations"，see http：//www. gsd. harvard. edu/research/research_centers/phocs/taking_stock_of_public_housing_16. 03. doc. 2003.

⑥ Edgar O. Olsen. Housing Programs for Low – Income Households［J］. National Bureau of Economic Research，2003.

ence rent，LRR）和租住单人间租金（single room rent，SRR），试图通过降低最高支付限额减少逐步补贴支出（Gibbons & Manning，2006）①。法国在过去的三十年中住房补贴支出持续增加，2002 年达到 128 亿欧元，超过法国 GDP 的 0.8%（Gabrielle & Fack，2006）②。

因此，在社会投资缺乏激励和政府保障财力有限的背景下，简单地以公租房取代经济适用房，不仅忽略了住房所有权对所有人主观福利水平（如自尊、自信等）及住房区域权利（如教育、户籍等）的影响，忽略了住房所有权对中低收入家庭财富积累的影响，而且也因为公租房存在着投资量大、资金沉淀严重、维护运行成本高等难题，难以提高我国的住房保障水平，更难以成为我国住房保障可持续运行的主要方式。课题组调研发现，各地公租房每平方米开发成本（不含地价）在 2500 元/平方米（多层）至 3500 元/平方米（小高层）之间，按每套 60 平方米计，平均每套房仅开发成本就在 15 万 ~21 万元。而且，随着出租型保障房的大量投入使用，维修、管理的成本支出也随之增大。因此，2018 年以来，全国各地新建公租房数量锐减，一年不到 20 万套的规模。

我们根据成本租金相关理论对杭州市区（田园）、台州市区、丽水市区和嘉兴市区（多层）四个不同地区的公租房成本租金进行测算。理论上，房屋租金应由房屋的折旧费、维修费、管理费、贷款利息、税金、保险费、地租和利润八项因素构成。而成本租金则由折旧费、维修费、管理费、贷款利息和房产税五项因素构成。考虑到管理费可以在物业管理费中开支，公租房房产税实行全免，公租房成本租金由折旧费、维修费、贷款利息三项构成。如果假定折旧年限为 50

① Gibbons, S. and A. Manning, The Incidence of UK Housing Benefit: Evidence from the 1990s Reforms, Journal of Public Economics, 2006, 90 (4-5).

② Fack, Gabrielle, Are Housing Benefit an Effective Way to Redistribute Income? Evidence from a Natural Experiment in France, Labour Economics, 2006.

年，残值率为零，维修费为2.00元/平方米·月[①]，贷款利率按照五年期以上个人住房公积金贷款利率上浮10%即年利率为5.39%执行。经过测算，杭州市区（田园）公租房的成本租金为29.9元/平方米·月，台州市区为19.5~23.6元/平方米·月，丽水地区为19.5元/平方米·月，嘉兴市区（多层）为17.0元/平方米·月，均远高于当地房屋市场租金水平（见表4-3）。

表4-3　土地完全无偿使用情况下的公租房成本租金测算

单位：元/平方米

区域	建设成本（含征地拆迁）	折旧费	利息	维修费	成本租金	市场
杭州市区（田园）	4700	7.8	22.1	1	29.9	23.5
台州市区	3000~3500	5.0~5.8	14.5~15.7	1	19.5~23.6	12.0
丽水市区	3000	5.0	14.5	1	19.5	15.0
嘉兴市区（多层）	2600	4.3	12.7	1	17.0	16.0

注：建设成本为2011年调研数据。
资料来源：课题组调研结果。

同时，我们以杭州（田园）地块和台州地块进行公租房的投资回收期测算，分别计算公租房租金在市场租金的60%、80%和100%情形下，假定年租金保持不变，全部租金用于回收投资，杭州（田园）地块项目的静态投资回收期（不计利息）分别为30年、22

① 目前老小区中的廉租房（无装修）维修费用约在0.50元/平方米·月。而根据《关于印发〈房地产经营、维修管理行业经济技术指标（试行）〉的通知》，直管公房租金收入的60%~70%用于房屋维修，现在公房租金为2.27元/平方米·月，现按65%的比例测算，维修费用为1.48元/平方米·月。公共租赁房的维修和维护成本会比廉租房高很多。鉴于以上因素，维修费拟安排在2.00元/平方米·月。

年和18年，内部收益率为3.39%、4.93%和5.31%；台州静态投资回收期为35年、27年和21年，内部收益率为2.54%、3.94%和4.18%。两地公租房的动态投资回收期（资金贴现率为7%）都为无限长，根本无法回收投资。如果假定年租金每年增2%，全部租金用于回收投资，杭州（田园）地块项目的静态投资回收期（不计利息）分别为24年、19年和16年，台州为27年、22年和18年；动态投资回收期（资金贴现率为7%）除杭州（田园）地块在市场租金100%的情况下，回收期为43年，其余依然为无限长，根本无法回收投资（见表4－4）。

表4－4　　杭州（田园）公租房投资回收期测算

（开发成本4700元/平方米）

公租房租金水平	静态投资回收期（年租金保持不变）	静态投资回收期（年租金每年增2%）	动态投资回收期（年租金不变，资金贴现率7%）	动态投资回收期（年租金每年增2%，资金贴现率7%）	假定租金不变的内部收益率%（按50年寿命计）	假定租金每年增2%条件下的内部收益率%（按50年寿命计）
市场租金的60%（14.5元/平方米）	30年	24年	收不回成本	收不回成本	3.39%	4.34%
市场租金的80%（18元/平方米）	22年	19年	收不回成本	收不回成本	4.93%	5.89%
市场租金的100%（23.5元/平方米）	18年	16年	收不回成本	43年	5.31%	7.29%

表4－5　　台州公租房投资回收期测算

（开发成本3000元/平方米）

公租房租金水平	静态投资回收期（年租金保持不变）	静态投资回收期（年租金每年增2%）	动态投资回收期（年租金不变，资金贴现率7%）	动态投资回收期（年租金每年增2%，资金贴现率7%）	假定租金不变的内部收益率%（按50年寿命计）	假定租金每年增2%条件下的内部收益率%（按50年寿命计）
市场租金的60%（7.2元/平方米）	35年	27年	收不回成本	收不回成本	2.54%	4.48%
市场租金的80%（9.6元/平方米）	27年	22年	收不回成本	收不回成本	3.94%	4.89%
市场租金的100%（12元/平方米）	21年	18年	收不回成本	收不回成本	4.18%	6.14%

如果在住房保障体系中推出共有产权住房，将政府的投入转化为房屋产权份额，政府作为共有产权的主体之一，会享有一定比例的投资增值收益，从而增强了政府投入的“酵母效应”。其经济性主要体现在以下两个方面：

（1）购买者出资：购买者依据自身支付能力获得部分产权所支付的购房费用，减轻了政府对保障房投入的财政压力。

（2）产权回收资金（溢价）：购房者欲获得房屋全部产权时，回购政府持有的产权份额所支付的资金。大多数情况下，房价增值可观。政府可将所获补偿金重新纳入保障住房建设资金，形成“投资—建设—销售（回笼资金）—再投资”的资金良性循环，逐步建立起保障性住房资金筹措的长效机制，扭转保障性租赁住房建设“只投入、不产出”，因而财政上不可持续的困局。从长期来看，共有产权保障房模式不但可以提供可循环利用的保障资金，而且也能够在一定程度上缓解政府大规模建设保障住房所面临的资金约束，纾解政府的财政困境。

此外，还可能有租金回收的收益，英国规定共有产权住房购买者在对房屋的使用期间，对非自有的产权部分，即政府或社会投资的产权部分价值需支付租金。我国试点城市在实践中更多体现了住房的保障性，降低中低收入家庭的住房成本，不收租金，无偿让渡使用权。

4.3　共有产权购房人的权益价值分析

共有产权住房制度是在考虑了被保障对象的利益的基础上制定的，既满足了中低收入家庭基本的居住需求，解决了老百姓购房难的问题，同时也满足了老百姓渴望拥有自己住房的诉求。共有产权住房的保障宗旨在于：在购房者无力购买一套完整商品住房情况下，以与政府共同拥有住房所有权的形式实现“居者有其屋”的目标。

4.3.1　共有产权住房的资产属性——保值增值

国内外一些学者从共有产权住房制度赋予购房人的资产权益保障的角度，探讨了共有产权住房的资产保值增值功能。共有产权住房在英国提出和实施后，格伦和詹姆斯（Glen & James）介绍了通过不同类型的低成本住房产权（LCHO）计划帮助中低收入阶层获得房屋所有权的资产保障方式①。共有产权住房赋予住户部分所有权，从资产保障的角度具有推出的必要性②。从资产建设的角度，共有产权住房

① Glen B, James M. Low Cost Home Ownership Initiatives in the UK. Housing Studies, 1998, 13 (4): 567 - 586.

② John D, Richard R. Home Ownership and Asset-based Welfare. Journal of housing and built environment, 2010, 25 (2): 243 - 262.

既能满足中低收入者的住房需求又能减少政府的补助支出，实现有效的保障①。其他国家也采用了类似的股权分担模型，重新配置了保有权属性，以提供股权分担形式，从而减轻了居民通常表现出的可负担性和存款限制（Thaden et al.，2013②；Teruel，2015③）。20世纪90年代后期，美国开始通过限制合同住房、有限产权住房等形式推出广义的共有产权住房，共有产权住房为购买者提供了获得住房增值收益的途径④。肯尼斯（Kenneth）从长期保障的角度论述了产权保障对后代资产积累的影响⑤。2007年共有产权住房开始在我国试点城市推行。国内学者对共有产权住房试点城市：淮安、上海等的共有产权住房模式研究后，基于公平和财富的角度指出：共有产权房能够实现家庭财富的积累，是一种根本的保障⑥。而且共有产权房使得购买者能获得房价上涨带来的收益，缩小贫富差距⑦。

国内外学者的研究都肯定了共有产权住房制度中赋予住户的资产权益保障，但是对共有产权住房的住户资产权益价值评估却鲜有研究。

我们认为共有产权制度设计中赋予购房人多大的资产权益，是中国共有产权住房制度设计的关键。如果没有一定的资产权益激励，难

---

① Alison W. Shared Ownership：Satisfying Ambitions for Homeownership? International Journal of housing policy，2012，12（2）：205－226.

② Thaden，E.，Greer，A. & Saegert，S. Shared Equity Homeownership：A Welcomed Tenure Alternative Among Lower Income Households，Housing Studies，2013，28（8）：1175－1196.

③ Teruel，R. The New Intermediate Tenures in Catalonia to Facilitate Access to Housing，Revue de Droit Bancaire et Financiere，2015，2：115－118.

④ Rick J，Ryan S. Balancing Durable Affordability and Wealth Creation：Responding to Concerns about Shared Equity Homeownership. Center for Housing Policy，2009，6（2）：1－35.

⑤ Kenneth M T，Brett T. Sharing Equity with Future Generations：an Evaluation of Long-term Affordable Homeownership Programs in the USA. Housing studies，2013，28（4）：553－578.

⑥ 陈淑云：《共有产权住房：我国住房保障制度的创新》，载于《华中师范大学学报》2012年第1期，第48～58页。

⑦ 吕萍、修大鹏、李爽：《保障性住房共有产权模式的理论与实践探索》，载于《城市发展研究》2013年第2期，第144～148页。

以激发中低收入居民购房热情，但如果赋予的资产权益过大，则又可能出现类似经济适用住房的寻租现象，违背“房住不炒”的定位，冲击住房保障体系建设中的公平。

因此，对共有产权住房制度实施中的购房人资产权益价值研究显得尤为必要。销售定价以及政府赋予住户规定期限内以什么样的价格购买政府产权的选择权，都是共有产权住户资产价值来源。共有产权房究竟赋予住户多少价值才能既满足中低收入人群对住房产权的需求，又保证政府的可负担性，同时能减少寻租现象？

4.3.2　不同的共有产权住房模式下购房人的权益分析

目前上海、北京、淮安等城市都推行了共有产权住房，每个城市的运行模式不相同。我们对上述城市的共有产权住房模式做了梳理总结，归纳为三类：免租金且允许买断政府产权的上海模式，免租金且鼓励买断政府产权的淮安模式，免交租金且不允许买断政府产权的北京模式。下面分析这三种共有产权模式下购房人具有的权益，并评估每种模式下共有产权购房人的权益价值。

1. 上海模式：免租金且允许买断政府产权

上海模式下购房人的产权份额，参照共有产权保障住房所在项目的销售基准价格占相邻地段、相近品质商品住房价格的比例，予以合理折让后确定；政府产权份额，由区（县）住房保障实施机构持有。购房人与政府的产权比例一般为55∶45、65∶35、70∶30。[①] 购房人在取得住房的完全产权之前，不允许把住房出租或转借他人。购房人对住房享有完全的居住权，对政府持有的产权部分免交租金。取得房地产权证 5 年内，购房人不得出让所持产权份额。取得房地产权证 5 年后，购房人可以按照市场价上市转让产权份额，按照其产权份额获得转让总价款的相应部分。如果购房人不上市转让共有产权住房，也可以选

① 资料来源于对上海市已销售的共有产权住房项目的统计。

择按照当时的市场价购买政府持有的产权份额，从而对住房拥有全部产权。上市转让或者购买政府产权份额后，住房性质转变为商品住房。转让产权份额时，政府具有优先回购权（见图4-1）。

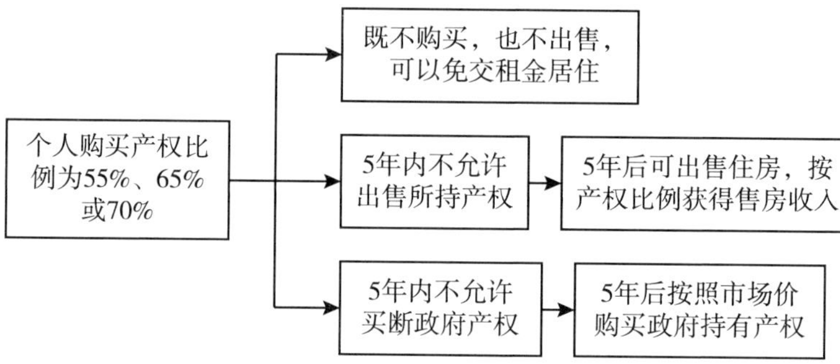

图4-1　上海模式共有产权购房人的权益

购房人持有共有产权住房，虽然只拥有部分产权，但对住房享有完全的居住权。自购买共有产权住房起，购房人就具有如下选择权利：

（1）选择居住：对政府持有的产权部分免交租金，享受政府保障的权益。取得房地产权证5年内，不允许转让其持有的产权份额。

（2）取得房地产权证5年后，可以按照市场价转让其产权份额。

（3）取得房地产权证5年后，可以购买政府持有的产权份额。

购房人持有共有产权住房后，如果选择长期居住：享有完全居住权，免交政府产权部分的租金。那么政府持有的产权部分的租金就是购房人的收益，记t时刻政府产权部分的租金为D_t，则在上海模式下，购房人始终具有正的收益D_t。购房人取得房地产权证5年后，房价上涨时，居民有权利按照市场价上市转让其持有的产权份额，按照购买时的产权比例获得相应的住房增值收益，记为W_t。房价下跌时，对居民有利的选择是按照市场价购买政府产权份额，对住房拥有完全的产权。无论何种情况下，购房人都享受对政府产权部分免交的租金，始终具有正的收益。

2. 北京模式：免租金且不允许买断政府产权

北京的共有产权住房模式中，购房人的产权份额，参照项目销售均价占同地段、同品质普通商品住房价格的比例确定，不同的项目，购房人购买的产权比例不同，一般为60%。有个别项目要求个人购买的产权比例为75%甚至85%。共有产权住房项目的销售均价低于同地段、同品质普通商品住房的价格，以项目开发建设成本和适当利润为基础，并考虑家庭购房承受能力等因素综合确定。销售均价在土地供应文件中予以明确。共有产权住房项目销售均价和共有份额比例，分别在共有产权住房项目土地上市前和房屋销售前，由代持机构委托房地产估价机构进行评估，并由市住房城乡建设委会同市发展改革委、市财政局、市规划国土委共同审核后确定（见图4－2）。

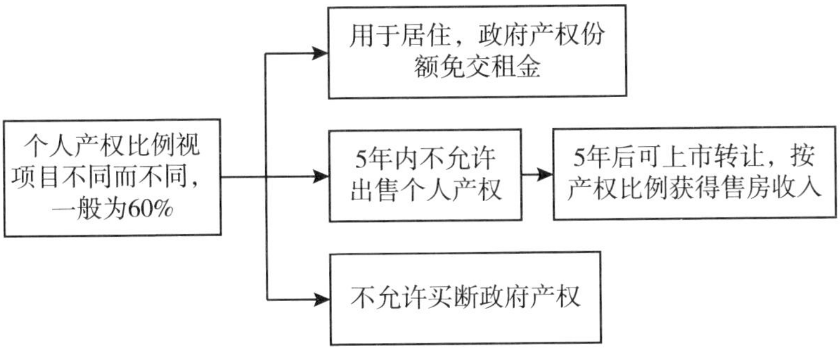

图4－2　北京模式共有产权购房人的权益

共有产权住房购房人取得不动产权证未满5年的，不允许转让房屋产权份额，因特殊原因确需转让的，可向原分配区住房城乡建设委（房管局）提交申请，由代持机构回购。回购价格按购买价格并考虑折旧和物价水平等因素确定。回购的房屋继续作为共有产权住房使用。共有产权住房购房人取得不动产权证满5年的，可按市场价格转让所购房屋产权份额，转让对象应为其他符合共有产权住房购买条件的家庭或代持机构。个人不允许回购政府持有的产权。已购共有产权住房用于出租的，购房人和代持机构按照所占房屋产权份额获得租金收益的相应部分。

根据北京共有产权住房的设计机制，共有产权住房是封闭运行，共有产权住房的交易只能在符合共有产权住房购买资格的群体中进行。购房人持有共有产权住房后享有的选择权有：

（1）取得不动产权证不满5年的，不允许转让房屋产权份额，对住房享有完全的居住权。

（2）取得不动产权证满5年的，可按市场价格转让房屋产权份额，不允许购买政府持有的产权份额。

3. 淮安模式：免租金且鼓励买断政府产权

根据淮安市共有产权住房管理方法，政府鼓励购房人把政府持有的那部分产权买回。对于政府持有的产权份额，购房人可以免交租金居住。个人购买共有产权住房后，5年内可以按照原购买价买回政府的产权份额；5年后按照当时的市场价买回。首次购买时，个人需要购买的产权比例是50%～70%。淮安模式下，购房人具有更多的选择权，享有的权益价值更大。购房人持有共有产权住房后，具有的选择权如下：

（1）购买共有产权住房5年内，可以按原购买价买回政府的产权份额；超过5年，则按市场价买回政府的产权份额；从而对住房拥有完全产权。

（2）在产权共有期间，如果居民不想继续持有产权，可以上市出让自己的产权份额，按照产权比例获得出让总价款的相应部分，从而获得住房差价收益。

（3）如果居民既不买断、也不出售，则对住房可以享有完全居住权，对政府持有的产权部分免交租金居住（见图4－3）。

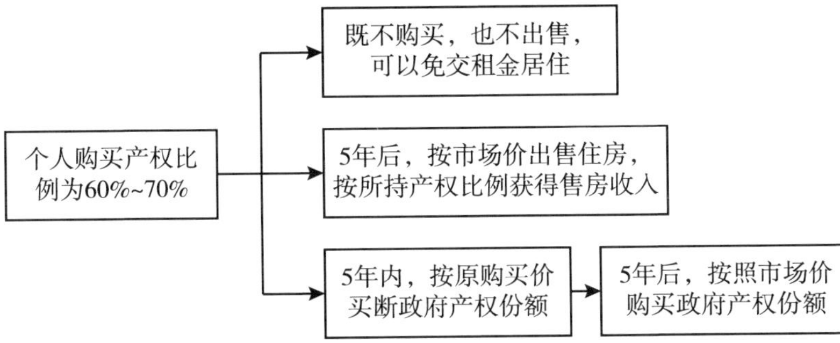

图 4－3　淮安模式共有产权购房人享有的权益

购房人购买了共有产权住房后，相当于持有了一份美式看涨期权。这里的期权根据购房时间分为两个阶段：购买 5 年内和购买 5 年后。购买共有产权住房的时刻记为 $t=0$，T 为期权到期日，假设 t 时刻住房市价为 M_t，个人购买共有产权住房的初始价格记为 G，个人购买的产权比例为 α，D_t 为截止到 t 时刻对政府持有的产权累计应缴纳的租金，无风险利率为 r。对购买共有产权住房的个人收益进行如下分析：

第一种情况，购房人选择买断政府产权。对于任意时刻 t，

$t<5$ 时，则购房人的收益为①：
$$C_t = \alpha[M_t-(1+r)^tG] + (1-\alpha)(M_t-G) = M_t - G[\alpha(1+r)^t+1-\alpha]$$

$t>5$ 时，此时购房人的收益来源于共有产权房中居民产权部分的上升价值：$C_t=\alpha[M_t-(1+r)^tG]$。

第二种情况，购房人选择出售个人持有的产权。对于任意时刻 t，居民获得的收益为：$C_t=\alpha[M_t-(1+r)^tG]$。

第三种情况，购房人既不买断，也不转售，免交租金居住。任意时刻 t，个人的收益为免交的租金部分 $C_t=D_t$。

因此，淮安模式，购房人购买共有产权住房后，持有的期权 t 时

① 从此式可知，居民在靠近临界点 $t=5$ 年时购买政府产权获得的收益最大。

刻的价值为：

$t<5$ 时，$C_t=\max\{M_t-G[\alpha(1+r)^t+1-\alpha],\ \alpha[M_t-(1+r)^tG],\ D_t\}$。

$t>5$ 时，$C_t=\max\{\alpha[M_t-(1+r)^tG],\ D_t\}$。

4.3.3 案例分析

本小节对共有产权住房三种模式分别选取一个案例，分析购房人的权益价值。然后结合现有的解决住房途径，把共有产权住房与商品住房以及经济适用住房作对比，着重从居民角度分析共有产权住房的经济优势。

1. 上海模式

上海共有产权住房模式下，购房人获得的权益来自两个方面：一是购买共有产权房时政府的让利部分；二是政府持有产权那部分免交的租金。上海市综合考虑保障对象经济承受能力和周边商品住房市场成交价格等因素，共有产权的出售价的折扣系数是0.85～0.9，即与市场价相比，政府让渡10%～15%的利益。上海市规定购房人购买的产权份额不低于55%，不高于70%，五个百分点一个档，共有四档，购房人对政府持有的产权部分免交租金。

以浦东某地块为例，计算住户在购买共有产权房时就能享受到的收益。该项目建筑总量达209万平方米，住宅面积为174万平方米，2012年8月首批共有产权住房竣工交付，6000户申请选房家庭入住。购房者与政府的产权比例为“六四开”，个人持有60%产权，政府持有40%产权。以65平方米的二居室为例，当时周边商品住房的市场均价为1.6万元/平方米，共有产权房的出售价为周边房价的0.85倍，则住户购买60%产权能够获得政府让利9.36万元。2012年该项目的平均租金为45元/平方米，根据上海市租金的历史数据估计出，租金每年按照6%的速度增长。

评估居民在租金减免上获得的收益：政府持有的40%产权，居民可以免交租金居住。假设自购买之日起，居民共居住 n 年，则居民免交租金累计值为：

$$\text{Rent}(n) = \sum_{i=1}^{n} 45 \times 65 \times 0.4 \times 12 \times (1.06)^{i-1}/(1+r)^{i-1}$$

截至第 n 年免交的租金 Rent(n) 再加上 9.36 万元就是居民获得总收益。表4－6 列出持有共有产权住房 5 年内的结果。

表4－6　　购买共有产权房 n 年居民获得的总价值　　单位：万元

持有期限 n 年	购买价政府让利部分	租金减免部分	总收益
1	9.36	1.404	10.7640
2	9.36	2.8489	12.4789
3	9.36	4.3359	13.6959
4	9.36	5.8661	15.2261
5	9.36	7.4410	16.8010

由表4－6 可知，随着持有年限的增加，租金累计减免额越大，购房人享有的总价值也越大。另外，上海房价比较高，政府在原购买价上的让利能给住户带来较大的收益。房价高的同时租金也比较高，所以租金的减免也给住户带来较大的收益。

在共有产权住房推出之前，上海居民解决住房问题的途径主要有三种：购买商品住房、通过旧城改造获得新住房和申请廉租房。由于上海市没有推行经济适用房，而旧城改造受惠居民太少，廉租房不具有产权，本书从居民的角度，对共有产权住房与商品住房的收益作了比较，两者相同点都是对住房拥有产权。

共有产权住房降低了居民拥有产权的门槛。在房价持续上涨的背景下，使得更多中低收入的居民能够有机会享有房价上涨的红利，从而脱离保障。以一套面积为80平方米的住房为例，商品住房市场价格为18750元/平方米，不管是购买共有产权住房还是商品住房，假设全部是一次性付款，不使用银行贷款，政府以低于周边商品住房的10%作为共有产权住房的定价基数，则购买共有产权住房与商品住房支付结果如表4－7所示。

表4－7　上海模式下居民购买共有产权住房与商品住房支付分析

类型	单价（元）	个人持有产权（%）	支付款（万元）	获得居住权（%）
共有产权住房	10000	60	80	100
商品住房	18750	100	150	100

假设此地段80平方米住宅的市场租金为4000元/月。随着房价的波动，购买共有产权住房和商品住房后，两者的收益比较如表4－8所示。

表4－8　上海模式下共有产权住房与商品住房收益比较

持有房屋时间t	假设住房市场价格（万元/平方米）	共有产权住房	商品住房
1年	2	潜在个人资产价值增值16万元，且节省租金开支1.92万元	增值10万元
	1.7	潜在个人资产价值增值1.6万元，且节省租金开支1.92万元	价值跌14万元
3年	2	潜在个人资产增值收益16万元，且节省租金开支5.76万元	增值10万元
	1.7	潜在个人资产增值1.6万元，且节省租金5.76万元	价值跌14万元

续表

持有房屋时间 t	假设住房市场价格（万元/平方米）	共有产权住房	商品住房
5年	2.5	上市转让产权份额增值40万元，且节省租金开支9.6万元； 买回政府产权份额，比购买价多付10万元，但节省租金9.6万元	增值50万元
	1.5	上市转让产权份额亏8万元，但节省租金开支9.6万元； 继续居住，节省租金共计9.6万元； 买回政府产权比购买价节省5.3万元，且节省租金9.6万元	价值跌30万元

注：节省的租金 = 月租金0.4万元×12×年限t×政府产权比例40%。不考虑交易税收开支。

从表4－8的分析可知，共有产权住房与商品住房相比，由于政府定价时低于同地段商品住房价格的一定比例，因此，具有低投入、低风险、收益较稳定的特点。如果房价上升快，获得的收益低于商品住房；如果房价出现下跌，其损失也小于商品住房。对于经济能力尚不能承担商品住房的上海居民来说，既能解决住房问题，又能取得较稳定的收益，共有产权住房拓宽了上海居民解决住房的渠道，是一项保障居民权益的举措。

2. 北京模式

北京的共有产权住房是封闭运行，购房人不可以买断政府产权份额。所以共有产权购房人具有的权益主要来自购房时政府的让利部分和政府部分的租金。以某项目为例，该共有产权项目2018年推出，位于北京市海淀区永丰产业基地西北旺镇，该项目均价35000元/平方米（含全装修），购房人的产权比例为70%，户型面积为78平方米和89平方米两种。面向对象是海淀区户籍无房家庭和在海淀区工作的本市其他区户籍无房家庭，房源共计431套。与其相邻的某商品房均价为5.6万元/平方米，当时周边商品住房的均价在5万元/平方米以上。该项目全产权住房定价5万元/平方米，比市场价低0.6万元/平方米。以一套89平方米的住房为例，购房人在购买70%产权时，支付的价格比市场价低了37.38万元。购房人在居住期间，对政府30%的产权份额免交租金。一套89平方米的住房市场租金大约为7000元/月，则居民享有了2100元/月的租金减免福利（见表4－9）。①

表4－9　北京模式下购房人持有住房n年的权益　　单位：万元

持有期限n年	购买价政府让利部分*	免租金累计收益	总收益
1	37.38	2.52	39.90
2	37.38	5.04	42.42
3	37.38	7.56	44.94
4	37.38	10.08	47.46
5	37.38	12.60	49.98

注：*为89×0.6×70%＝37.38万元。

除了对政府产权免交的租金，共有产权住房降低了北京居民拥有产权的门槛。允许只购买部分产权的模式，降低了购房人的资金压力。给中低收入人群和资金有限的年轻人提供了拥有产权的机会。假设首付比例为30%，与购房商品住房相比，购买共有产权住房的资金压力小很多（见表4－10）。

① 《永丰中铁碧桂园共有产权房审核结果出来了！5万户申购家庭今天下午五点可开始查询!》，搜狐热点，2018年1月23日。

表4-10　　北京居民购买住房支付分析

类型	单价（万元）	住房面积（平方米）	个人产权比例（%）	房款总额（万元）	首付款（30%）（万元）	获得居住权（%）
共有产权住房	3.5	89	70	311.5	93.45	100
商品住房	5.6	89	100	498.4	149.52	100

3. *淮安模式*

淮安模式下购房人的资产价值来自三方面：购买时政府让利部分，使用时政府产权免租金以及政府赋予居民五年内按原购买价买回政府产权的权利。

根据课题组调研结果，以淮安××花园的共有产权房项目为例，评估住户购买共有产权房获得的收益。××花园是淮安保障性安居工程的重点项目，2008年完工，出售共有产权房243套。个人与政府的产权比例有7:3和5:5两种。当时，周边商品住房的价格为2500元/平方米，共有产权房的出售价比周边房的市场价低10.6%，按照个人与政府产权比例5:5，共有产权房的销售价为2235元/平方米，在购买价格上政府让利265元/平方米，市场租金为10元/平方米。

计算居民享受租金减免的价值，假设持有共有产权n年，住房面积为80平方米，则减免的租金共计：

$$\sum_{i=1}^{n} 80 \times 0.5 \times 10 \times 12 \times (1+b)^{i-1} / (1+r)^{i-1}$$

其中，r为贴现率，b为平均每年租金上涨的幅度，通过历史租金估计出来。根据淮安的租金的历史数据，估计淮安租金每年上涨的幅度为5%。

淮安是在经济适用住房基础上推出共有产权住房，把淮安共有产权住房与经济适用住房和商品住房相比较，以说明共有产权住房的经济优势。

同样以一套80平方米的住房为例，为方便计算，假设全款支付，没有银行贷款。经济适用房出售时需补交差价的计算标准：需补交的土地收益等价款=（届时的评估单价－经济适用住房购买时单价）×按经济适用住房价格购买的面积×55%（见表4－11）。

表4－11　淮安居民购买不同类型住房的支付分析

类型	个人购买单价（元/平方米）	个人持有产权（%）	个人支付金额（万元）	获得居住权（%）
共有产权住房	2700	60	21.6	100
商品住房	5000	100	40.0	100
经济适用房	2500	有限产权	20.0	100

注：共有产权房全价比同地段商品住房价格低10%，为4500元/平方米。

假设此地段80平方米住房的市场租金为1000元/月，随着房价的波动，淮安居民分别购买共有产权住房、经济适用房、商品住房，三者的收益比较如表4－12所示。

表4－12　淮安共有产权住房、商品住房、经济适用房三者收益比较（居民角度）

购买后持有房屋时间t	住房市场价格（元/平方米）	共有产权住房	商品住房	经济适用房
1年	5500	个人资产潜在增值4.8万元，节省租金开支0.48万元	增值4万元	个人资产潜在增值10.8万元
	4000	潜在损失2.4万元，节省租金开支0.48万元	损失8万元	获得收益5.4万元

续表

购买后持有房屋时间 t	住房市场价格（元/平方米）	共有产权住房	商品住房	经济适用房
6年	5500	（1）以原价回购政府产权，个人收益8万元。 （2）上市转让个人产权份额，获得收益4.8万元。且节省租金2.88万元	增值4万元	出售经济适用房，获得收益10.8万元
	4000	潜在损失2.4万元，但节省租金开支2.88万元	价值跌8万元	潜在收益5.4万元

注：潜在损失 = 转让个人产权份额时所得款 - 购买个人产权份额时支付款；
出售经济适用房个人获得收益 =（出售时市场价 - 购买价）× 住房面积 ×45%。

从表4－12可知，从居民角度分析，经济适用房属于无风险的高收益产品，只要住房的市场价格高于经济适用房购入价，居民就有利可图，所以，必然引来众多的逐利者。共有产权住房则是一种收益与风险共担的产品，如果房价下跌，购房者也要承担一定的风险，当然这种风险小于商品住房。

4.3.4　三种模式下购房人收益对比分析

在房价上涨背景下，共有产权住房具有资产保障的功能，房价下跌情况下又相对减少损失。具体能给居民带来多少资产收益与损失，这是居民关注的问题。我们对共有产权住房上海模式、北京模式和淮安模式下，购房人的具体权益进行对比分析。上海模式和淮安模式类似，都是开放式运作，即购房人持有共有产权住房满5年后，可以按照原价或当时的市场价买断政府的产权份额，获得住房的全部产权，共有产权住房的性质变为商品住房。淮安模式与上海模式不同的地方在于，淮安模式赋予购房人更多的选择权，鼓励购房人买断政府产权，在持有共有产权住房5年内，可以按照原购买价买断政府产权份额，上海模式必须按市场价格回购。北京模式是封闭式运作，购房人不准买断政府的产权份额，共有产权住房始终属于保障性质。

三种模式下购房人被赋予的选择权不同，在持有过程中获得的权益价值也就不同。通过一个示例，我们对三种模式下购房人获得的具体权益作了数值分析。

以一套80平方米市场价格1万元/平方米、市场租金为2000元/月的住房为例，若经济适用房售价5000元/平方米，共有产权住房全产权销售基价为9000元/平方米，个人产权比例为60%，则个人需出资5400元/平方米，f_t为t时刻住房的市场价。由于投资的时间价值不影响三种模式下购房人收益分析的对比，所以我们没有考虑资金的时间价值。三种共有产权住房模式下购房人的收益如表4-13所示。

表4-13　三种共有产权模式下购房人收益对比

持有住房时间	未来住房市场价 f_t（万元）	上海购房人收益	淮安购房人收益	北京购房人收益
t<5年	1.1	个人产权增值收益为9.6万元，并且节省房租0.96×t万元	（1）个人产权增值收益9.6万元，节省房租0.96×t万元； （2）买回政府产权共获得增值收益16万元	个人产权增值收益为9.6万元，并且节省房租0.96×t万元
	0.8	个人产权价值收益为-4.8万元，但节省房租0.96×t万元	个人产权价值收益为-4.8万元，但节省房租0.96×t万元	个人产权价值收益为-4.8万元，但节省房租0.96×t万元
t>5年	1.1	（1）上市转让产权份额获得收益9.6万元； （2）继续居住，累计节省房租0.96×t万元； （3）买回政府产权，获得个人产权增值9.6万元+节省租金0.96×t万元	（1）上市转让产权份额获得收益9.6万元； （2）继续居住，累计节省房租0.96×t万元； （3）买回政府产权，获得个人产权增值9.6万元+节省租金0.96×t万元	（1）上市转让产权份额获得收益9.6万元； （2）继续居住，累计节省房租0.96×t万元

续表

持有住房时间	未来住房市场价 f_t（万元）	上海购房人收益	淮安购房人收益	北京购房人收益
t>5 年	0.8	(1) 个人产权价值收益为 -4.8 万元； (2) 节省房租 0.96×t 万元； (3) 买回政府产权，节省购房金额 11.2 万元 + 房租 0.96×t 万元	(1) 个人产权价值收益为 -4.8 万元； (2) 节省房租 0.96×t 万元； (3) 买回政府产权，节省购房金 11.2 万元 + 房租 0.96×t 万元	(1) 个人产权价值收益为 -4.8 万元； (2) 继续居住，节省房租 0.96×t 万元

注：上海模式、北京模式和淮安模式下，节省的房租 = 月租 0.2 万元 ×12× 年限 t× 政府产权比例 40%。

对比三种共有产权住房模式，在相同价格情况下，发现淮安模式下居民获得的收益最大，原因是淮安模式下政府赋予居民更多的选择权，不但可以享有购买价上政府让利的部分和政府产权上免交的租金，同时还享有 5 年内以原价买回政府产权的权利。由表 4-12 可知，在居民购买共有产权住房 5 年，如果房价上涨，居民按原购买价买回政府产权份额，此时居民具有的权益价值最大。如果房价下跌，居民则不会按照原购买价买回政府产权，此时政府赋予居民的选择权价值为 0。因此，居民虽然享有 5 年内按原购买价买回政府产权的权利，但是这个权利的价值具有不确定性，依赖于未来的房价走势。

共有产权住房具有资产保障的功能，要评估其为居民带来多少资产收益就需要对政府赋予居民的选择权估值。接下来我们应用实物期权方法评估淮安模式下住户持有的选择权的价值，为共有产权淮安模式住户的权益评估提供了一种科学方法，为住户和政府提供参考。

4.3.5　淮安模式下购房人权益评估——实物期权方法

淮安模式下，政府赋予住户 5 年内按原购买价买回政府产权的权利，这项权利的价值是住户资产权益价值的一部分。这项权利的价值具有不确定性，取决于未来的房价。当购买对象是高度不确定的项目时，实物期权方法能很好地刻画未来的不确定性①。有学者利用二叉树实物期权定价模型对新加坡的公房翻新价值进行评估②（Ho & Hui，2009）。实物期权方法也被应用于预测土地的未来价值，评估不动产项目的价值，评估公租房的价值③。虞晓芬等通过实物期权方法评估了危旧房改造中居民获得的住房增值额度④。实物期权方法能够更好地刻画未来的不确定性，定价结果更准确。这里我们应用实物期权评估政府赋予居民的选择权的价值。

1. **实物期权价值评估方法**

实物期权方法评估的关键是对标的资产即房价的波动过程建模。因为房价波动存在 AR 效应和 MA 效应，结合我国房地产市场的波动特征，本书建立 ARMA 房价波动模型，并应用最小二乘蒙特卡洛模拟（LSM）为 ARMA 模型下美式实物期权定价。

记 t 时刻房价的对数收益率为 R_t，均值为 μ，假设 R_t 是一个 ARMA(p，q) 过程：

$$R_t - \mu = \phi_1(R_{t-1} - \mu) + \cdots + \phi_p(R_{t-p} - \mu) + \varepsilon_t + \theta_1\varepsilon_{t-1} + \cdots + \theta_q\varepsilon_{t-q} \tag{4-1}$$

① Hodder J E, Riggs H E. Pitfalls in Evaluating Risky Projects, Harvard Business Reviews, 1985, 1 (2): 128-135.

② Ho D K, Hui E C, Ibrahim M. Asset Value Enhancement of Singapore's Public Housing Main Upgrading Programme (MUP) Policy: a real option analysis approach. Urban studies, 2009, 46 (11): 2329-2361.

③ Shen J, Pretorius F. Binomial Option Pricing Models for Real Estate Development. Journal of property investment & finance, 2013, 31 (5): 3.

Li D Z, Chen H X, Hui E C, et al. A Real Option-based Valuation Model for Privately-owned Public Rental Housing Projects in China. Habitat International, 2014, 43 (7): 125-132.

④ 虞晓芬、张利花、范建双：《基于实物期权的危旧房改造增值评估》，载于《管理评论》2015 年第 9 期，第 95～100 页。

利用滞后算子L，式（4－1）可写为：

$$(1-\phi_1 L-\cdots-\phi_p L^p)(R_t-\mu)=(1+\theta_1 L+\cdots+\theta_q L^q)\varepsilon_t \tag{4-2}$$

其中，ε_t 是概率P下，t时刻的条件期望，服从均值为0，方差为 σ^2 的正态分布。当方程 $\phi(z)=1-\phi_1 z-\cdots-\phi_p z^p=0$ 的根位于单位圆之外时，式（4－2）可以写为：

$$\begin{aligned} R_t &= \mu+(1+\theta_1 L+\cdots+\theta_q L^q)/(1-\phi_1 L-\cdots-\phi_p L^p)\varepsilon_t \\ &= \mu+\sum_{i=0}^{\infty}\phi_i^i\varepsilon_{t-i} \end{aligned} \tag{4-3}$$

其中，

$$\phi_j^k=\begin{cases}\beta_{j-k}\eta_1^k+1_{(j<k+q)}\phi_j^{k-1} & \text{if } j\geqslant k \\ \phi_j^j & \text{if } j<k\end{cases}$$

当 $j=1,\ 2,\ \cdots,\ p$ 时，$\eta_j^{k+1}=\alpha_j\eta_1^k+1_{(j<p)}\eta_{j+1}^k$，$\eta_1^0=1$，$\eta_i^1=\alpha_i$。当 $j>0$ 时，$\phi_j^0=\beta_j$。

因为要计算标的资产为 R_t 的期权的价格，需要推导风险中性测度Q下 R_t 的过程，由段（Duan）①的局部风险中性概率测度转换定理，推出在风险中性测度Q下，R_t的过程为：

$$\ln\left(\frac{S_{t+N}}{S_t}\right)=rN-\frac{1}{2}V_n+\sum_{i=1}^{N}K_i^N\varepsilon_{t+i}^Q \tag{4-4}$$

其中，

$$K_i^N=\sum_{x=0}^{N-i}\phi_x^x$$

$$V_N=\mathrm{Var}\left[\ln\left(\frac{S_{t+N}}{S_t}\right)\middle|F_t\right]=\sum_{i=1}^{N}(\sigma K_i^N)^2$$

$$\varepsilon_{t+i}^Q=\varepsilon_{t+i}+\lambda_i^t,\ i=1,\ \cdots,\ N$$

① Duan J C. The GARCH Option Pricing Model. Mathematical Finance, 1995, 5 (1): 13－32.

$$\lambda_n^t = D_t^N - 1_{(n>1)} \sum_{i=1}^{n-1} K_i^n \lambda_i^t + \frac{1}{2} V_n, \ n = 1, \cdots, N$$

淮安模式下住户可以在5年内任一时刻按原购买价买回政府产权，持有的是美式期权。对ARMA模型下的美式期权，使用LSM方法为其定价①。

LSM方法首先通过蒙特卡洛模拟方法把标的资产的价格路径模拟出来，然后从期权到期日倒推比较计算期权最大价值，确定最优执行时间，再对所有模拟路径的计算结果取均值就得到了美式期权的价值。假设在局部风险中性概率Q下，房价对数收益率R_t的过程为：

$$\ln(S_{t+n}) = \ln(S_0) + rn - \frac{1}{2} V_n + \sum_{i=1}^{n} K_i^n \varepsilon_{t+i}^Q, \ n = 1, \cdots, N \tag{4-5}$$

其中，K_i^n和V_n的值可以通过式（4－4）计算出来。

给定初始房价S_0，无风险收益率r，房价波动率σ，应用LSM方法计算ARMA模型美式实物期权的步骤为：

（1）利用房价的历史月度数据估计AR和MA的参数，可以通过式（4－5）模拟出房价的波动路径。

（2）模拟M条房价波动路径，每条路径上［0，T］时间段内分成N个时间点。产生$m \times n$正态分布随机数矩阵A，每一元素记为$a_{i,j}$，则在风险中性测度Q下，M条样本路径每一个时间点上房价的表达式为：

$$\ln(S_{t+n}^i) = \ln(S_t) + rn - \frac{1}{2} V_n + \sigma \sum_{j=1}^{n} K_j^n a_{i,j},$$

$$i = 1, \cdots, M, \ n = 1, \cdots, N \tag{4-6}$$

（3）选择基函数$X_k(S_t)$，$k = 1, \cdots, n$，计算继续持有期权的价

① Longstaff F A，Schwartz E S. Valuing American Options by Simulation：A Simple Least-Squares Approach. Review of Financial Studies，2001，14（1）：113－147.

值 Y_q，则有 $Y_q = a_1X_1(S_t) + a_2X_2(S_t) + \cdots + a_nX_n(S_t)$，$q = 1, 2, \cdots, M$。假设 M 条路径期权的执行时间都为到期日 T，即 $\tau_N^q = T$，$q = 1, 2, \cdots, M$。

（4）对于 N－1 时刻，M 条路径中计算选出所有期权价值为实值的价格路径，共有 L 条。在 t＝N 时刻，如果到期房价 $S_T^q > X$，X 为期权执行价格，则期权不执行，价值 V_q 为 0，如果 $S_T^q < X$，则 $V_q = X - S_{t(N-1)}^q$，贴现到 N－1 时刻，得到 Y_{qj}，和 $S_{t(N-1)}^{qj}$ 一起，应用最小二乘方法估计基函数的系数：$a_1, \cdots, a_n$，得到回归方程：$Y_q = a_1X_1(S_t) + a_2X_2(S_t) + \cdots + a_nX_n(S_t)$，然后应用回归方程计算期权继续持有的价值，如果立即执行的价值大于继续持有的价值，即 $V_q > Y_q$，则 $\tau_{K-1}^q = t_{K-1}$；否则，$\tau_{K-1}^q = \tau_K^q$。

（5）倒推计算一直到 t＝0 时刻，计算出所有路径的最优执行时间从而得到每条路径的期权价值，对所有路径取均值得到期权的价值为 $V = \frac{1}{M}\sum_{q=1}^{M}\exp(-r\tau_1^q)V_q^e(\tau_1^q)$。

2. 实证分析

继续以淮安××花园的共有产权房项目为例，共有产权房的销售价为 2235 元/平方米，个人与政府的产权比例为 5∶5，住房面积为 80 平方米。选取一年期国债利率为无风险收益率，r＝5%。

计算政府赋予居民 5 年内按原购买价买回政府产权的选择权的价值，即美式实物期权的价值。首先建立 ARMA 房价波动模型，采用淮安 2004 年 1 月到 2015 年 12 月的房价月度数据确定模型的阶数并估计模型参数，资料来源于中国房价指数网。估计结果如表 4－14 所示。

表4－14　ARMA(1，2) 模型参数

参数	估计值	标准差	t统计量
常数项	0.0988893	0.0729992	1.35466
AR{1}	0.991976	0.0069688	142.345
MA{1}	−0.36465	0.0725687	−5.02489
MA{2}	0.133513	0.0672998	1.98385
误差	0.00165687	0.00015748	10.5211

则房价对数收益率的波动过程具有明显AR(1) 和MA(2) 效应，遵循ARMA(1，2) 过程：

$$R_t = 0.0988893 + 0.991976R_{t-1} - 0.36465\varepsilon_{t-1} + 0.133513\varepsilon_{t-2} + \varepsilon_t \quad (4-7)$$

购房日期为2008年4月，记为t=0，自2008年4月起5年内，住户可以按照原购买价买回政府持有的50%产权，相当于持有了一份美式期权，期权到期日为T=5年。要计算美式期权的价值，首先需要预测未来5年内房价。按照4.2小节介绍的LSM方法为美式期权定价，本书采用房价的月度数据，所以把1年分为12个点，5年一共是60个时间点，即N=60，M选取为100000，即模拟100000条房价波动路径。通过房价历史数据估计房价波动率，则计算结果如表4－15所示。

表4－15　期权的参数以及价值

购房时的市场价 S_0	期权到期日 T	期权交割价格 X	房价波动率 σ	期权价值 c_0	估计误差
2500元/平方米	5年	2235元/平方米	0.4	1792.5元/平方米	5.6%

淮安自2008年之后房价一直处于上涨的趋势，所以对于住户来说最优执行点是在房价最高时，在房价最高时执行获得收益即为期权的实际值，模型计算结果1792.5与实际值的误差为5.6%，误差较小，说明ARMA模型的LSM方法评估较准确。

居民在期权上获得的价值，就是政府赋予居民5年内按原购买价买回政府产权的价值，即居民购买共有产权住房时就拥有的价值，也是政府对住户的保障权益。表4-16显示了住户持有不同产权比例时购买共有产权房获得的总价值。

表4-16　　购买不同产权比例时住户获得总价值

住户的产权比例（%）	持有时间T（年）	购买价格政府让利部分（元）	房租减免部分（元）	期权的价值（元）	总价值（元）
50	≥5	7950	19079	55388	82417
70	≥5	11130	11448	32265	54843

首先，由表4-16可知，住户获得价值的主要来源是实物期权的价值，因为从2008年4月购房时到2013年4月5年内，淮安的房价翻了一番，房价越高，美式看涨期权的价值就越大。住户5年内按照原购买价买回政府产权的权利价值取决于房价的涨幅。其次，由表4-16可知，住户持有的产权比例越低，其获得的价值反而越高，一方面在于房价上涨带来的期权高收益，另一方面在于房租的减免额度增大。由此，除了通过购买价格的让利，政府还可以通过提高住户初始购买的产权比例、缩短期权的期限等方式，调控对共有产权房住户的保障额度。

4.3.6　小结

共有产权住房保障模式开创了保障的新路径，给中低收入家庭住房产权保障，通过资产建设，缩小财富两极分化。共有产权住房具有资产保障的功能，具体能给住户带来多少资产收益，这是政府和住户都关注的问题。

本章节分析了我国共有产权住房的三种模式：上海模式、北京模式和淮安模式下的购房人具有的权益价值，并通过案例计算每种模式下购房人的具体权益价值，并与商品住房、经济适用房和共有产权住房对比分析，发现购买共有产权住房与购买商品住房一样，居民享有房价上涨带来的收益，同时也承受房价下跌带来的风险，但与商品住房相比，居民对共有产权住房的初始投资少，加上政府赋予居民的选择权，使得居民面临的风险远小于商品住房。经济适用房是无风险的高收益的产品，存在更大的寻租空间。无论是上海模式、北京模式，还是淮安模式，与购买商品住房相比，购买共有产权住房具有少投资、稳收益、低风险的特点，所以共有产权住房具有明显的优势。与经济适用房相比，居民具有较灵活的选择权，但压缩了寻租空间，可保证保障房对象的纯洁性。

三种共有产权住房保障模式下，居民具有的权益不同。淮安模式赋予居民的权益最多。北京模式和上海模式下，居民享有的主要权益是购买时政府在价格上适当让利和购买后对政府产权免交租金。通过分析，得到以下两点启示和建议：

（1）共有产权住房制度设计中，购买价政府让利部分越大、政府产权部分租金减免期限越长、个人持有产权比例越小，住户获得的资产价值越大。政府可以通过这三个因素调控对住户的权益保障额度。

（2）淮安模式下实物期权的价值越大，住户获得的资产价值越大。期权的期限越长，买回政府产权的价格越低，则实物期权的价值越大，政府可以通过调控期权的期限和买回政府产权的价格调整实物期权的价值。

实◎践◎篇

共　有　产　权　住　房　的　理　论　与　实　践

第5章　英国共有产权住房制度与借鉴

英国是最早提出并实施共有产权住房政策的国家，本章着重介绍英国实施共有产权住房的背景与政策演变，研究英国共有产权住房制度设计的特点，并分析其对我国共有产权住房制度设计的借鉴意义。

5.1　住房政策演变与实施共有产权住房的背景

英国是老牌的市场经济国家，其200多年的市场经济体制发展经历了三种形态：放任的市场经济体制—国家干预的市场经济体制—混合的市场经济体制（陈池，2008）。住房政策也典型地体现出这三种形态的变化：20世纪之前完全依赖市场解决住房问题；20世纪初到20世纪80年代，政府通过大规模建设公租房干预住房市场；20世纪80年代以来发展公私混合的共有产权住房保障方式。

5.1.1　第一次世界大战前，政府放任市场

19世纪，英国社会占绝对主流的观点认为，住房是一种私人财产，应该由居民私人建造，政府的职责是解决城市基础设施、卫生环境等问题，以及制定住房规划与建设的标准，例如19世纪40年代初，英国皇家委员会之一的大城镇和人口稠密地区状况调查委员会在其报

告书中提议：凡住人的大院，宽不得少于20英尺、进出口不得少于10英尺；凡新建的房屋，一律须装有适当的厕所设备等。政府不承担直接提供住房以解决住房供应不足问题的职责。

但是，伴随着以机器的应用和工厂制的产生为标志的工业大革命，城市成为经济的重心，人口大量从农村流向城市。19世纪的前50年，英格兰和威尔士整个人口翻了一倍，城市人口占比从1801年的33%上升到1851年的50%，1891年更是提高到了72%[①]，住房供应量远远跟不上人口的增长，造成英国城市住房极度短缺、过度拥挤与租金高涨问题并存，曾出现轮流使用同一住房的现象：房子白天出租给一群工人，晚上出租给另一群人。导致大批贫民生活在拥挤不堪的贫民窟，并由此产生并加剧了环境脏乱、疾病蔓延、治安混乱、犯罪猖獗等一系列的社会问题，迫使政府开始思考解决住房不足问题。1890年后，在继续改善居民住处卫生环境的同时，政府开始扩大住房建设。1890年议会修改并通过了《工人阶级住房法》，“授权地方政府占有土地，建造或者改造一些建筑以适合工人阶级居住；公共工程借贷管理局被授权为此目的而垫款”，要求英国政府机构要为工人阶级提供更多的租赁住房。1894年通过的《工人阶级住房法》进一步强调，政府不仅要提供用于购买贫民窟和补偿搬迁居民的贷款，也要为新建街道和下水道等配套设施提供贷款。但是，直到第一次世界大战前，地方政府由于财政经费问题并没有有效地解决穷人的住房问题，政府建造的房屋在住房总数中所占的比例极低，1909年仅2%的住房是公共所有，并以低租金出租，1909~1915年只有1万套住房是由地方政府自筹资金建造的，同期私人住宅公司则建造了20万套住房。第一次世界大战又进一步加剧了供应的短缺，熟练建筑工人进入军队，建筑材料用于军需品的生产，结果新的住房建设基本停止，例如，1909年英国建造了

① 约翰·克拉潘著，姚曾广译：《现代英国经济史》（上卷），商务印书馆1975年版。

1372000 套房子，到 1916 年已经下降到 17000 套，住房短缺状况更加严重①。

5.1.2 1919～1980 年，政府大规模建设公房干预市场

第一次世界大战后，特别是以工人阶级为基础的英国工党力量日益强大，并成为执政党，工人阶级住房问题作为重要议题得到广泛重视。1919 年通过了《阿迪森法》（the Addison Act），该法案包括三个部分：（1）规定地方政府有义务改善本地区的住房短缺问题；（2）住房建设应该符合社会的普遍需求，而不单只是关注贫民窟的清理工作；（3）中央政府为工程的运作支付津贴，并承诺通过以征收额外产品便士税的方式来支付所有的住房建设开支。《阿迪森法》首次确定了以公共住宅为核心的住宅政策，即由政府投资建设公共住房，然后低租或免租给居民居住的住房政策。尽管此后政府建造的公共住房数量在不同年度之间具有很大的波动性，例如 1923～1939 年地方政府建造的公共住房占同期住房建设总量的 25.5%，1946～1951 年地方政府建房量高达建房总量的 78%，但总体来看，在整个住房的供给体系中，英国政府建造的公共住房占比不断提高，1961 年地方政府出租的房屋 339.20 万套，占整个住房存量的 25.46%；1971 年地方政府出租的房屋 453.00 万套，占比 29.20%；1981 年达到 479.80 万套，占比 29.08%②，即 100 户家庭中有 29 户租住在政府提供的公租房中。政府建房也因此成为英国福利制度的重要组成部分。

5.1.3 1980 年后，推动住房私有化，发展公私混合的共有产权住房保障方式

20 世纪 70 年代，英国经济陷入困境，国际经济地位大为下降，固定资产投资增长缓慢，劳动生产率较低，出现了经济学中的“英国

① 吴铁稳：《英国住房问题与第一届工党住房政策》，湖南科技大学硕士论文，2006 年。

② Housing and Planning Statistics. Communities and Local Government.

病”，经济增长放缓、政府财力下降与大规模公租房财政支出增长的矛盾日益凸显。公租房系统的欠租问题激增，“福利陷阱”问题更加严重。另外，从市场供求情况看，经历第二次世界大战后30多年大规模公共住房建设与私人住房市场的大发展，英格兰地区住房供需已基本平衡。为此，“撒切尔政府”掀起了以市场化为核心的公共住房政策改革，主要目的在于：一是削减住房福利开支，减轻政府的财政负担；二是提高住房自有率（莫智等，2010），这对英国的住房政策产生了深远的影响。首先，改革引进了购买权计划（right to buy），议会赋予了租户购买所租住房的权利。凡租用公屋满两年者购买该住房可享受价格优惠；但所购买住宅必须是租户主要居所，不得作他用；购房者可以购后转售，但购置期不满五年的，必须退还全部或部分折价款，当年转售必须全部退还折价款，此后每年以递减20%的比例补缴折扣款，促使租户拥有住房，同时也改变了社会出租房的分配方式，使人们更为重视对住房的拥有需求。其次，在售房模式方面，为满足一部分购买力不足的居民需求，引入了租买结合的共有产权来推动居民买房，帮助部分购房暂时有困难的家庭，通过分步购买产权的方式，逐步拥有完全产权住房（home owner-ship ladder）。当时的背景是，一部分住户买不起，政府就设计共有产权，其基本思路是：你能买多少就买多少，买不起的部分先租，有了钱再买。再次，在推动公房出售的同时削减住房拨款，控制政府直接再建公租房。最后，发展了住房协会（管理住房的群众组织），并代替地方政府对住房进行管理，中央政府拨款转向住房协会，由住房协会逐渐收购政府公房成为社会房东，并依靠租金收入对其所有的公房进行维修和管理。1980年，只有8.5%的社会住房由住房协会提供，而到了2011年，大约55%的社会住房由住房协会提供，其余约45%由当地政府提供，住房协会已经取代地方政府成为社会出租住房的主要提供者[1]。此外，本次改革也实施了减免税收、金融扶持、提高房租和适度鼓励私房出租等政策。

英国实施共有产权住房最早可以追溯到20世纪70年代。约翰·斯坦利在1974年4月当选国会议员后不久出版了一本“小册子”，名为《共同购买：实现住房所有权的新途径》，并得到了时任影子内阁环境事务大臣玛格丽特·撒切尔（Margaret Thatcher）的支持（Stanley，1974）。这本鲜为人知的出版物的意义是，它转化成了国家政策，约翰从1979年开始担任第一届“撒切尔政府”的第一任住房部长，积极推进共有产权住房。杰克·斯特劳（当时是伊斯灵顿议员）1976年10月21日曾写，他遇到了新的“半个业主”（购买了50%产权的业主），这对夫妇说，他们在理解该计划的概念方面都没有困难，两人都非常感激该计划给了他们一个成为自住者的机会，否则他们不会拥有住房[2]。

上述住房政策的变化，核心是从以长期依靠政府发展公租房为主转向了鼓励自有住房的政策。英国政府（以英格兰为例）先后推出了购买权计划（right to buy）、共有产权计划（shared ownership）、居者有其屋计划（home buy）、新居者有其屋计划（new home buy）、首次购买者计划（first buy）以及当前正在普及的帮助购买计划（help to buy）。此外，也有一些地方政府实施了诸如现金激励计划以及专门为核心工作人员（教师、医生等）所准备的住房支持计划等。

数据显示，自2010年以来（截至2014年2月27日）超过112000个家庭通过政府支持的住房计划购买或保持了住房。其中，约24000个社会租户通过购买权计划实现了住房梦；约41000个家庭通过诸如共有产权等保障性住房计划购买了住房；约48000个家庭通过帮助购

---

① Mark Stephens. Social Housing in the United Kingdom，2013.

② Dave Cowan，Helen Carr & Alison Wallace. “Thank Heavens For the Lease”：Histories of Shared Ownership，Housing Studies.

买及首次购买等计划获得了住房，其中含新建住房41000个，且购房者中首次购房者占大多数。[①] 此外，对中低收入者的住房支持也使得城市实现了更新，同时在一定程度上促进了建筑行业的发展。数据显示，2013年新建住房总量为122590套，比2012年增长了23%，是继2007年以来的最高值，住房成交量也创2007年以来的新高。[②]

英国共有产权住房计划主要包括“共有产权”住房和“共享权益”住房两类，两者本质上都是按份共有。共有产权住房含“部分买部分租”性质，购房者拥有不完全的住房所有权，对不属于个人产权的那一部分要缴纳租金，其租金较低、带有补贴性质。共享权益住房是给予购房者一种金融支持，由住房协会或其他机构向符合条件的购房者提供长期免息的购房权益贷款，一旦共享权益住房重新上市交易，则原购房家庭需一次性补交全部免息贷款，并将增值收益按比例返还给住房协会。下面分别予以介绍。

5.2 共有产权保障性计划

共有产权保障性计划即租买结合的购房模式，是英国政府在20世纪80年代推进公共住房私有化时的一种创新方式，后扩大到社会住房、新建房计划。按房源不同可分为三种：公房购买资助方案中的共有产权住房、住房协会提供的共有产权住房以及市场自助模式。

公房购买资助方案中以共有产权方式出售。1980年“撒切尔政府”开始通过公房出售的方式，改革原有的公房使用制度，实施“优先购买权”政策，即凡租住公房的住户有权优先、优惠购买其所住的公房。“购买权”条款规定，租住公房的住户，住满两年后即有权以

①② Department for Communities and Local Government. Over 100000 Households Helped to Buy Their Home, 2014 (2).

优惠折扣价格购买所住的公房，每超过一年再减房价的1%；住满30年公房的房客，则可以60%的优惠折扣购房，但优惠折扣最大不超过房价的60%。对于暂时无完全购买能力的公房承租人，先购买其租住房屋最少25%的产权份额；剩下的产权份额将由公房产权人保留，并对承租人征收被保留产权资本价值2.75%～3%的费用。公房承租人可根据其经济实力逐步购买该房屋被保留产权部分，直至拥有完全产权；也可以不回购政府产权。

住房协会提供的共有产权住房，是由住房协会利用公共补贴和协会筹款新建或翻修住房并租售给住户。购房者首次购买的产权份额需在25%～75%，通常由个人储蓄和抵押贷款构成。购房者要对住房协会所持有的剩余产权支付优惠租金（通常为被保留产权资本价值的3%，最低将低至2.75%），租赁年限为99年。租金费用不包括对房屋的维修费，即房主仍需承担住房内在和外在的全部维修成本。该模式有以下特点：一是在供给对象方面，优先考虑现有地方政府和住房协会租户以及在候补名单上的中低收入人群，可以是首次购房者，也可以是拥有住房但没有能力置换的家庭。购房者的家庭年收入不得超过6万英镑（以英格兰为例），但仍需有足够的收入来确保其拥有偿还抵押贷款和支付租金的能力。政府对供给对象进行严格的资格审查，当有资格享受优惠购房的家庭以其自身经济能力仍不足以支付25%的房屋价款时，政府还可以为其提供低息抵押贷款。二是共有产权住房业主可通过阶梯化的形式来实现完全产权，每次以剩余房款的10%～25%为单位购买，产权价格取决于购买时的住房市场价格。住房协会将会对产权进行评估，购房者需支付相应的评估费用。三是住房协会保留优先购买权。在个人获得完全产权后，有上市转让权，住房协会享有 21 年（从个人获得完全产权的时间起）内的优先购买权。① 甚至在部分住房供给紧缺地区，住房协会可对住户购买的产权份额设置上限以控制房源，干预住房资源的流转。四是若购房家庭遇到突发状况如失业、生病等造成收入下降，导致自有产权部分贷款负担过重时，还可以申请降低产权份额，即向住房协会出售一定比例的产权。

市场自助模式，是指允许购房者根据共有产权条款，在市场上购买英国任何地方的住房，实行按套补贴，其余实施步骤同上。该计划施行的时间较短，于 1999 年被居者有其屋计划所代替。此外，也有一些专门为老年人、残疾人等特殊群体设计的特殊共有产权计划。年龄大于 55 岁的购房者可以通过“老年人共有产权”计划获取帮助。该计划与一般的共有产权计划执行过程相同，只是对住房销售的产权设置了 75% 上限值，当房主拥有 75% 的产权时，就不需要支付剩余产权的租金了。针对终身残疾人群的共有产权计划，是帮助购房者购买任何在共有产权计划下销售的住房。

随着公房大量移交给住房协会，目前共有产权住房的运作主体是住房协会。政府负责对共有产权住房供给对象的标准、具体的运行方式进行框架性的顶层设计，住房协会根据本地区的环境、人口、经济等特定情况来灵活地制定相关的政策，包含对住房建设过程（投资、招标等方面）的审查、供给对象的审查、共有产权住房出售等环节的审查（莫智，2010）。同时，住房协会作为产权人之一，将负责收取其所拥有的房屋产权资本价值 3% 的租金并对房屋的保护和维修进行监督。

英国共有产权模式的主要特点：一是规定了购房者的最低产权购买比例——25%；二是购房者要向政府或住房协会持有的产权支

① Graham S，Sky B. The Role of Shared Ownership in the Future Housing Market. 2010；黄忠华、杜雪君、虞晓芬：《英国共有产权住房的实践、经验及启示》，载于《中国房地产》2014 年第 7 期，第 76 ~ 79 页。

付低于市场价格水平的租金；三是允许购房者以市场价格回购政府的产权，四是在共有产权存续期间，购房者承担房屋维修与管理费用（见表5-1）。

表5-1　英国共有产权住房运作模式特点

内容	特征
购房对象	满足以下条件之一：(1) 家庭年收入低于60000英镑；(2) 首次购房者（或曾经拥有住房，但目前无力购房）；(3) 租赁住房协会的住户
房源	(1) 地方政府公房；(2) 住房协会新建或收购的住房；(3) 市场直接购买
产权关系	个人占25%~75%，政府或住房协会占25%~75%
使用权关系	个人拥有住房使用权，但需向政府或住房协会每年缴纳剩余产权的2.75%~3%作为优惠租金
维修责任	购房者负责对住房私人部分的维修，而住房公共部分由住房协会负责维修，但费用最终要分摊给每个购房家庭
回购	允许购房者以市场价值回购政府的产权，当购房者拥有100%的产权时，房屋即可直接上市销售。但是住房协会在房主拥有完全产权后的21年里都保留拥有优先购买权

共有产权计划的实施，是平衡补贴额度与建设规模、租金水平与社会住房质量、区位、目标贫困人口与新贫困人口的一个有效手段。其实施目标包括以下五个方面：(1) 提高社会的住房拥有率；(2) 降低政府住房补贴压力；(3) 满足住房需求从而释放社会租房压力；(4) 促进不动产产权结构多样性，鼓励融合居住；(5) 扩大市场对新建房的输出（Bramley，1996）。

5.3　共享权益保障性计划

1990年，英国政府出台了居者有其屋计划（home buy），该计划代表了共享权益（shared equity）模式的开端。住房协会向住户提供住房市场价值25%（在威尔士为30%，且部分地区可达50%）的无限期免息权益贷款（equity loans），其余的购房款通常由住户通过积累与申请住房抵押贷款来实现。享受该政策的住户，如果将住房重新上市，就必须一次性补交全部免息贷款，其所对应的金额为出售时住房市场价值的25%。该计划的保障对象必须是住房协会和地方政府住房的租户，或者符合公共住房要求并被列入地方政府候选名单的中低收入家庭。

2006年4月，为了进一步扩大保障规模并减少公共开支，缓解房价上涨对中低收入家庭带来的影响，英国政府将共有产权计划和“居者有其屋”计划相结合，推出了新居者有其屋计划（new home buy），以此来资助大约10万个家庭在2010年前拥有自己的住房。截至2010年3月，该计划在英格兰共实现了97350个交易量，各年销售情况如图5-1所示。该计划分为社会住房购买计划（social home buy）、新建住房购买计划（new build home buy）、公开市场购买计划（open market home buy）三个部分。其中，前两者采用的是共有产权模式，后者沿袭了居者有其屋计划，通过提供产权贷款的形式实行补贴。新“居者有其屋”计划主要解决三类群体的购房问题，分别是公房承租人、关键岗位人员（如警察、护士、教师、社会服务人员、护工、敬老院的工作人员、清洁工和一些在社会服务部门从事重要工作的人员）和其他初次购买住房的群体。

“公开市场购买计划”是针对在英国东部、伦敦和东南部工作的重要工作人员（如教师、医生、公务员等）设计的共享权益类产品，支持在市场上直接购买商品住房，且获得了私人部门的贷款支持，取代了“居者有其屋”计划中仅从公共资金中获取补贴的情况。共享收益模式的购房者在法律上拥有完全产权，并利用住房协会、抵押放贷者或开发商所提供的权益贷款来购买商品住房。该计划所提供的权益贷款为总房款的25%，其中12.5%是由住房协会（Home Buy Agent）提供，另外12.5%是由参与该项目的其中一个按揭贷款人（Advantage，Halifax，Nationwide，Yorkshire Building Society）提供①。总房价的其余75%要求购房者自己筹集。由住房协会提供的12.5%贷款，永远不需要偿还利息，但最终享受住房增值收益。另12.5%的贷款前五年也不需要支付利息，5年后最多支付3%的年利息，10年后贷款利率上升到标准变动利率。当购房者出售其所购住房、还清按揭款项或不再是关键岗位人员时，则必须归还贷款，归还额根据产权贷款比例（如25%）按房屋出售的市场价格分成计算。购房者资金来源构成以及出售收益的分配机制如表5－2所示。与此同时，在偿还住房协会的权益贷款之前必须先偿还贷款人权益贷款，也可以同时偿还。

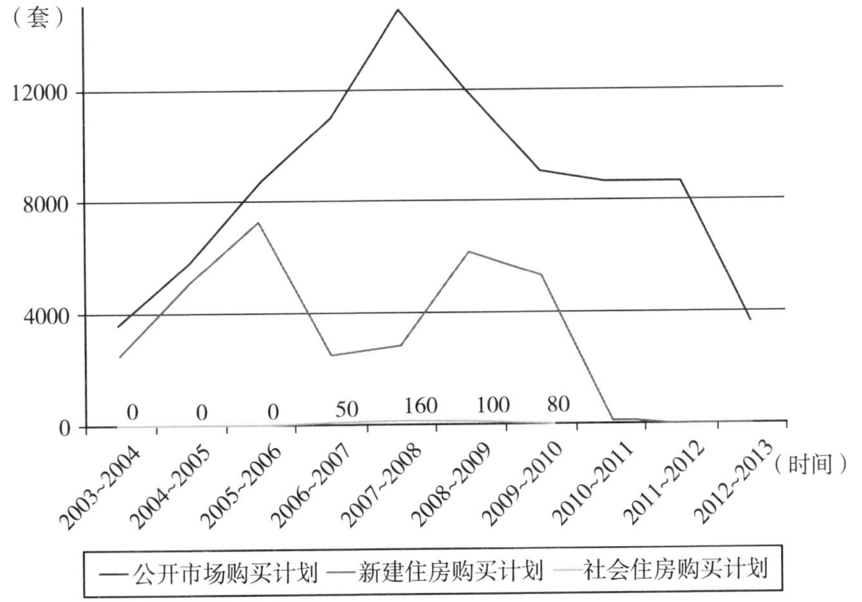

图5－1　新居者有其屋计划下的住房交易量（英格兰）

资料来源：Department for Communities and Local Government。

① Housing Corporation. Have You Heard about Open Market Home Buy，2006.

表5－2　　公开市场购买计划下权益贷款的运行机制　　单位：英镑

房款构成情况	购房	转售（房价上涨25%）	转售（房价下降10%）
房屋价格	200000	250000	180000
贷款人权益贷款（偿还）	25000	31250	22500
住房协会权益贷款（偿还）	25000	31250	7500（政府需补足房款不足部分）
普通抵押贷款（偿还）	150000	150000	150000
购房者所得	—	37500	0

资料来源：Housing Corporation. Have You Heard about Open Market Home Buy，2006。

2011年，英国政府提出了“首次购买计划”（first buy）。该计划允许家庭年收入低于6万英镑的首次购房者购买新建住房，而住房的价格不得超过28万英镑。首次购买计划要求购房者有一定的存款，并能够支付房款5%的保险金及相关费用。此外，仍需要有资格申请至少房款75%的抵押贷款。首次购买计划提供最多20%的权益贷款，此贷款由住房与社区发展机构（Homes and Communities Agency，HCA）和与HCA签订合约的房屋建造商共同提供，两者所提供的贷款额相等。前5年，权益贷款不收取利息。5年后需要支付的年利率为1.75%，并逐年增加，增加的比例由零售价格指数（RPI）加1%得到。购房后，业主拥有完全所有权，出售不受限制，但在转售时需偿还权益贷款。业主在居住满一年后，可以通过“阶梯化”的形式购买其余产权，产权价值按照市场价计算，权益贷款必须在25年内还清。现有社会租户和现役军人有优先选择该计划的权利，其次为与住房同属一个地区的申请人，最后再考虑其他合格申请者。若申请人同属于一类优先级，则按照先后顺序来分配住房。2012～2013财政年度，保障性住房的成交量为16190套，其中“首次购买计划”的成交量为

7640套，占总成交量的47%，比2011～2012年的2990套增加了156%。[①]

“帮助购买计划”（help to buy）是当下英国正在流行的一项新政策，主要分为以下三个部分：（1）产权贷款计划（help to buy：equity loan scheme），由2013年1月开始实施，是“首次购买计划”的延伸，其保障对象不再局限于首次购房者，权益贷款也调整为仅由政府机构来进行发放。（2）抵押贷款担保（help to buy：mortgage guarantee），由2013年10月开始实施，对为中低收入家庭提供高贷款价值的抵押贷款（high loan-to-value mortgages，一般为80%～95%）的贷款机构提供政府担保，帮助购房者利用住房价格5%～20%的存款，在英国住房市场上购买新建或是存量住房，住房价格上限为60万英镑，该计划在一定程度上增加了对中低收入家庭的贷款供应。（3）新型购买计划（help to buy：new buy scheme），由2012年3月开始实施，旨在帮助拥有住房价格5%存款的购房者购买50万英镑以下的新建住房。

截至2014年4月30日，超过27000个家庭通过帮助购买计划获得了住房。其中24500个家庭通过产权贷款和新型购买计划获得了新建住房，其余2500个住房通过抵押贷款担保计划获得住房。[②] 通过购买计划获得住房的大多数为首次购房者，如87%的产权贷款购买者以及82%的抵押贷款购房者均为首次购房者。2014年3月全英国的平均房价为26.2万英镑/套，与其相比，帮助购买计划下的住房均价较低，如产权贷款计划下的住房均价为18.5万英镑/套，抵押担保计划下的住房均价为14.8万英镑/套[③]。

在“帮助购买计划”的三部分中，产权贷款涉及了个人与政府的

---

① Sarah Webb. Affordable Housing Supply：April 2012 to March 2013，England. Department for Communities and Local Government，2013（11）.

②③ Department for Communities and Local Government. Help to Buy building a New Generation of Homeowners. 2014（4）.

共有产权住房制度，是本书研究的重点。2013年4月1日开始，英国的“帮助购买计划”项目取代了“首次购买计划”。其与“首次购买计划”不同之处：一是将新建住房提供给想要拥有住房的购房者，包括首次购房者和期望搬迁至新建住房的家庭，无收入约束。二是权益贷款由HCA提供，贷款额度不超过房价的20%（不低于10%），房屋建筑商不参与产权贷款的供给。该项目计划提供97亿英镑的额外投资来帮助194000个中低收入家庭获取住房，项目将持续至2016年3月31日，如果资金使用完毕，则提前停止。① 三是购房者需有足够的能力提供房价5%的保证金且负担得起房价75%的个人抵押贷款（见表5-3），一般来说，贷款额不超过家庭收入的4.5倍，贷款后住房月供支出不能超出净可支配收入的45%。四是住房必须从住房机构（help to buy agent）所提供的建筑商（help to buy builder）名单中选取，房屋价格不超过60万英镑（威尔士不能超过30万英镑，苏格兰为40万英镑），不允许转租，必须是房主的唯一住房。房屋建筑商可随时在HCA进行登记以参加该计划。住房机构主要负责保存买家信息、评估其负担能力、资格审查、对产权转让给予批准等事宜（见表5-3）。

表5-3　帮助购买计划下产权贷款的运行机制　　单位：英镑

住房市场价值	200000
购房者提供保证金（≥5%）	10000
政府权益贷款（≤20%）	40000
个人贷款（≤75%）	150000

资料来源：Department for Communities and Local Government. Help to Buy building a new generation of homeowners，2014（4）.

① Homes and Communities Agency. Help to Buy Buyer's Guide. 2013.

“帮助购买计划”的基本做法：购房者将房款直接支付给参加该计划的房屋建筑商。申请获得不高于房价20%的权益贷款，前5年无须缴纳产权使用费（威尔士的购房者在前5年需要每月缴纳1英镑的管理费），第六年起需要缴纳贷款价值的1.75%，并逐年增加，增加的比例由零售价格指数（RPI）加1%得到。售后住房机构（post sales help to buy agent）负责收取5年后的产权贷款利息以及买家出售房屋或购买更多份额产权时的相关款项，当收费开始执行时，住房机构将及时提醒购房者，并将其与银行账户联系在一起，房主每年都会收到相应的贷款明细单。

房主可以在任何时候购买更多的份额或者偿还部分权益贷款，购买和偿还的价格取决于当时的市场价值，每次最低购买或偿还数额为住房市场价的10%，权益贷款在25年内必须还清。假设住房初始购买时的市场价值为20万英镑，借款比例为20%，住房在还款时的市场价值上涨了10%，那么还款额应为44000英镑。

在“帮助购买计划”项目实施的1年时间（截至2014年3月31日）里，共完成住房交易量19394套，提供的产权贷款总额为7.91亿英镑，总房产价值接近40亿英镑。平均每套房屋价格为184995英镑，平均产权贷款为36999英镑，计划下的各项目基本上都使用了全部20%的产权贷款①。此外，该计划下的交易量大多数由首次购房者完成（88.5%），其中70.2%的交易量由存款为5%的购房者购买。

5.4 共有产权与共享收益模式比较

英国的共有产权与共享收益模式都是政府对有一定购房支付能力，

① Andrew Presland. Help to Buy（Equity Loan scheme）and Help to Buy：New Buy Statistical Release. Department for Communities and Local Government，2014（4）.

但又难以完全依靠市场途径购买住房的部分群体的一种资助方式。共有产权是利用补贴获得住房产权的普遍方式，房主以租买结合的形式获得住房，同时在适当的时候购买更多的产权份额，逐步实现完整产权，从而退出这一细分市场。共享收益模式是购房者首先拥有住房的完整产权，并利用产权贷款来支付自身没有能力购买的部分产权，产权贷款分享房屋增值收益。产权贷款可以在住房转售时还清，也可以在转售前的任何时间偿还，偿还金额按照市场价格乘以当初购房者产权贷款所占的比例得到。

共有产权与共享收益模式共同之处是：在财产权益的构成上，都是住房协会或地方政府与住户按出资份额共享，都希望通过在住房财产权益上有限的补贴带动住户以及私营机构自有资金的投入，提高住户的住房自有率，也使运营机构通过分享权益取得相应的收益。两种模式下购买者均可在任何时候转售或增加产权，政府和住房协会拥有优先购买权。在维修养护方面，不论购房人拥有房屋多大比例的产权，房屋的一切维修费用均由购房人承担。其中，房屋内部的维修由购房人自己委托专业机构来进行，费用由个人承担；房屋的公共部分可以由住房协会来维修，也可以委托专业机构来维修，但费用最后要分摊给每个购房人家庭。

共有产权与共享收益最大的区别在于：购房者对房屋产权的占有情况不同。在共有产权中，房屋产权由住房协会（其他私营机构或者私人业主）和住户共有，住户拥有不完全的所有权，并要求向住房协会缴纳剩余产权的使用费。在共享权益下，购房者拥有全部所有权，不存在租赁关系，政府或住房协会出资的价值只体现在利益分配上。

虽然共有产权业主入住后所支付的资金包括租金和贷款，也包括一定的维修服务费用，但相对共享权益所要求的准入门槛较低，共有产权允许购买低比例的产权，而且当家庭收入出现短暂性减少时，还可以申请租金补贴。而共享权益模式下购买的房屋通常更大，业主从一开始就拥有完全产权，不需要缴纳租金，因此，调查显示该模式下的业主对住房的满意度相比共有产权更高（见图 5 –2）。

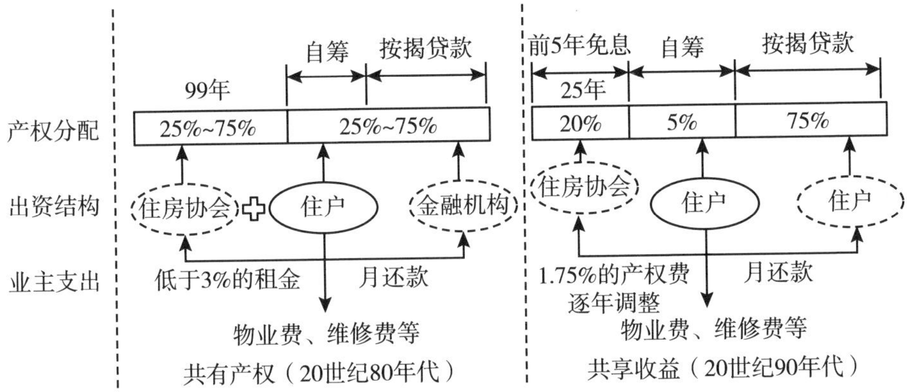

图 5 –2　共有产权与共享收益模式

近年来，私人开发商对共有产权和共享收益计划这类模式也越来越感兴趣，尤其是在市场萧条的情况下，私人开发商希望通过共有产权与共享收益计划来实现长期收益。

5.5　本章小结

5.5.1　实施成效

英国共有产权住房制度实施的成效主要体现在以下四个方面：

1. 实现更高的供给效率

相比建造社会租赁住房而言，建造共有产权住房只需政府更少的资金补助。据统计，提供一套共有产权住房耗费政府公共资金 27000 英镑，而提供一套公租房将耗费 57300 英镑，共有产权住房减少了近一半的补贴[①]。因此，在相同的政府资金投入情况下，共有产权住房供给规模是社会住房的两倍以上。所以，共有产权住房是一种既能满足中低收入家庭住房需求，又比社会住房需要更少政府补助的住房方式。

2. 满足中低收入家庭拥有住房的需求

共有产权住房帮助普通家庭通过自己的努力与政府的帮助逐步拥有一套属于自己的住房和一个稳定的家，居民住房自有化率大幅度提高，1981 年英国住房自有化率只有 59.47%，2000 年就提高到 69.76%。国外的多项研究表明，住房自有更有利于子女教育、家庭稳定、社区建设等。

3. 分享住房增值收益

房产具有较好的保值增值性，政府通过共有产权住房，让低收入家庭先拥有一部分资产，并赋予其在一定时间内原价购回政府产权的权利，改善低收入家庭的资产价值和财富分布。很多低收入家庭希望拥有住房，但其收入情况总跟不上房价上涨速度，资产积累难以支付正常的首付款，而共有产权住房正给了他们踏上住房阶梯的一个机会。当他们的收入状况改善后，可通过向住房协会购买更多的住房产权份额或通过转让自己持有的那部分住房产权后再在市场上购买商品房，以获得更多的住房产权，并享受房产增值的收益。因此，共有产权住房是实现家庭住房梦想的重要桥梁。

4. 促进社区多元和可持续发展

共有产权住房一直被视为城市更新（再生）和防止社区贫富两极分化的一个重要手段。[②] 政府推行共有产权住房的目标是确保人人享有适当住房，实现其住房类型与收入水平更好的匹配和平衡，鼓励低

① Graham S, Sky B. The Role of Shared Ownership in the Future Housing Market, 2010.

② Martin G. Swamps and Alligators [R]. Joseph Rowntree Foundation, York, 2003.

收入人群购买共有产权住房后继续住在原社区，可提高社区多元化和可持续发展水平。

5.5.2 存在问题

1. 流动性欠缺

英国政府对共有产权住房的管制非常严格，也导致共有产权住房流动性不足。共有产权住户若想将其住房出售，则必须由住房协会指定符合资格的人选，这个过程至少需8个星期。共有产权住房也不能出租，若住户暂时离开，则其住房只能空置，降低了住房的流动性。

2. 灵活性不足

共有产权住房管理的灵活性也面临不足。住房协会通常要对住户做一系列长达数月的财务评估和测试，以判断住户的可支付能力，这个过程烦琐耗时，降低了共有产权住房应有的灵活性。

3. 面临房价下降风险

旨在让居民和政府共享房价上涨收益的共有产权住房，最大的风险在于房价一旦停止上涨或出现下跌，则使居民和政府一起分担房价下跌的风险，尤其是个人要承受房价下跌带来的负资产风险和巨大痛苦，当然其损失小于购买商品住房。在这种情况下，居民可能降低购买共有产权住房热情，而由政府承担建设资金投入和持有风险。但不同于个人，政府建设共有产权住房的费用由全体纳税人负担，共有产权住房的风险又将最终转嫁给全体纳税人[①]。

5.5.3 经验借鉴

英国共有产权与共享收益模式的研究给我国共有产权模式的建立起到了很好的借鉴作用：

---

① 黄忠华、杜雪君、虞晓芬：《英国共有产权住房的实践、经验及启示》，载于《中国房地产》2014年第13期。

1. **开辟低成本住房产权（low-cost home-ownership，LCHO）市场**

政府推出共有产权与共享权益住房，旨在创造一个低成本住房产权（LCHO）市场来帮助中低收入家庭成为住房拥有者。它为中低收入家庭提供了拥有住房产权以及资产建立的机会，促进了混合型、平衡式社区的建立和城市更新，并在低公共成本的前提下，释放了社会住房存量，同时也有助于在高压的住房市场中引入与留住关键人才。英国LCHO市场有多种多样的措施，除了充当核心作用的共有产权和共享权益模式以外，还包括补助、折扣、免费权益及其他抵押方式等。每种计划都有不同的供应、资助及准入规定，不同模型下签订的合约中所包含的限制性条款也各不相同，可将其总结为以下九个方面：（1）转售价值；（2）转售过程；（3）准入标准；（4）产权贷款还清时间，转售时还是转售前；（5）房屋所有权归属，业主所有还是产权共享；（6）住房来源，由开发商还是公共部门（public provider）提供；（7）住房类型，仅限新建住房还是可在公开市场上获取二手住房；（8）风险处理，市场下跌或负资产所产生的风险如何分担；（9）产权分配，贷款人、开发商、住房协会和购房者之间的产权比例如何分配。虽然LCHO在巨大的住房市场中影响很小，只代表了1%的住房拥有者（以英格兰住房市场为例），但是在伦敦1/10的首次购房者曾经使用过LCHO计划。毋庸置疑，LCHO是英国住房政策的重要因素，阶梯化或转售中所获得的收益也逐渐成为住房协会财务商业计划中的重要成分，实现资金的循环利用。通过不同类型的LCHO计划来帮助中低收入阶层获得房屋所有权是英国住房保障政策的独特之处[①]。

2. **管理机构的专业化和市场化**

住房协会是英国专门负责组织、实施共有产权和共享收益住房的

① Glen Bramiley, James Morgan. Low Cost Home Ownership Initiatives in the UK. Housing Studies, 1998, 13 (4).

非营利性机构。根据英国政府对保障性住房在供给对象标准及具体运行机制等方面的框架性安排，住房协会负责根据当地具体情况制定灵活的共有产权住房制度，包括住房建设、准入机制、房屋保护、住房销售等方面的执行和审查。住房协会代替政府与购房者共同享有所购住房的产权，并负责收取租金或提供产权贷款。住房协会在获取政府投资时，仍需与私营机构一样通过向住房公司投标的方式申请住房建设贷款。住房销售等经营活动是住房协会商业计划的重要成分，其所产生的利润需要全部用于保障性住房的建设。我国虽然也有许多地方成立了专门的保障性住房管理机构，然而政府作为产权人之一，住房管理机构的行政性质将会给未来产权纠纷的处置带来困难。沿袭英国经验，引入行政与法律监管，与政府住房保障部门进行合作，并能自主经营的住房机构是提高政策执行效率和监管水平的有效途径。

3. 产权比例灵活

英国共有产权模式下，购房者可在25% ~75%选择任何比例的产权，相比我国所实施的共有产权模式，其产权比例的选择范围更大、灵活性更强。如我国共有产权的淮安模式中，政府与个人的权属比例包括“3∶7”和“5∶5”两种类型，相对较为丰富的上海模式也只包括了“3∶7”“4∶6”或“3.5∶6.5”三种类型。实践证明，购房者首次购买时产权比例的选择性越大，受惠群体也将越广泛。我国共有产权模式应随着准入机制和监督管理机制的不断完善逐渐扩大可选择范围，进而满足更多不同收入群体的需求。

4. 广泛的住房来源

英国共有产权与共享权益住房除了政府利用公共补贴新建或翻修而成的以外，政府也支持购房者在公开市场上以半租半买或申请产权贷款的形式直接购买商品房。英国政府将共有产权当作一种供应模式，只要购房者和住房均符合一定的标准，即可向住房协会提出申请，通过住房协会的资格审查机制即可实现共有产权住房的获取。我国的保障性住房虽然已经从集中建设为主逐步转向分散建设为主、集中建设为辅的供应方式，但其供应主体仍以政府为主导，购房者对住房的区位选择有限。借鉴英国共有产权模式的运行方式，既能扩展共有产权的住房来源，有效利用社会资源，也能实现保障房市场与商品房市场的统一。

总而言之，20世纪80年代英国开始的公房私有化，旨在减轻政府财政补贴的负担。但考虑到中低收入家庭难以一次性购买产权，英国创新性地设计了共有产权住房制度，实现了多重目标：一是缩小了公租房规模，减轻了政府负担；二是鼓励住房保有，提高了住房自有化率；三是通过发展多种产权形式促进了社区混居。

第6章　美国共有产权与共享收益住房模式

20世纪90年代后期至21世纪初期，美国房价经历了一次长时间、快速的上升，在这样的时代背景下，政策制定者和实施者逐渐开始关注社区土地信托、限制合同住房、有限产权住房等形式来帮助中低收入家庭获取住房。这些策略是将大量公共补贴的投入与转售限制或增值收益分配结合在一起，既保证了住房的长期可负担性，又维护了公共财政补贴的价值。这些方式虽然对房屋的增值收益有一定的限制，但也为购房者提供了建立财富的机会。这种模式被一些学者统称为共有产权住房（shared equity homeownership）（John E. Davis，2006）①。广义的美国共有产权模式还包括共享增值收益贷款计划，共有产权住房有时与贷款联系在一起，并要求购房者在转售时将房屋的部分增值收益连同贷款一起交还给赞助者（出资者）。尽管当前共享增值收益贷款在美国并不十分流行，但在其他国家的住房市场上依旧扮演着重

① John E. Davis. Shared Equity Homeownership：A New Path to Economic Opportunity. National Housing Institute，2006.

要的角色，包括英国和澳大利亚（Ryan Sherriff & Jeffrey Lubell, 2009）①。

共有产权住房代表着美国可负担性住房的一种独特方式。在这一方式下，联邦政府、各州和地方政府、非营利组织等提供资金来帮助购房者。这些资金可以以补贴的形式减少土地、建筑或其他相关的费用，进而减少购房者所支付的房价；也可以以沉默贷款的形式减少首次贷款的数额，进而减少了购房者的月供额度。作为投资的回报，房主必须与赞助者共同分享房屋产权或未来收益。这里的赞助者指的是使住房变得可负担的当地政府、非营利组织、私人开发商、私人借贷者或投资者。在操作中，既可以通过明确的约定，如事前规定在转售中可分享的住房增值收益份额，所得收益以资金的形式收回并将其重新投入以帮助下一个家庭；也可以通过转售价格限制的方式来分享收益，将分享收益继续、直接保留在房屋中，以减少下一个中低收入家庭购房支出。此外，已建住房单元的合作产权模式也保证了已建住房所在土地的持续利用性和保障性，同时通过允许个人转售住房来获得一定财富的积累（Rick Jacobus & Ryan Sherriff, 2009）②。

共有产权住房囊括了传统住房的大部分优势，同时也包含了其他额外价值，如在下降的市场环境下，共有产权住房能使购房者避免或减少房价下降所带来的风险。当然，也限制了房主在房价上涨时可获得的收益。通过与赞助者分享住房增值收益，共有产权模式下的保障性住房能得到持续的收益，保证了政府已投入补贴的购买力，允许政府只利用一个最初的投资就能帮助一代又一代的家庭。同时，购房者

① Ryan Sherriff, Jeffrey Lubell. What's in a Name? Clarifying the Different Forms and Policy Objectives of "Shared Equity" and "Shared Appreciation" Homeownership Programs. Center For Housing Policy, 2009.

② Rick Jacobus, Ryan Sherriff. Balancing Durable Affordability and Wealth Creation: Responding to Concerns about Shared Equity Homeownership. Center for Housing Policy, 2009.

从一个持续的低售价住房和一定比例的增值收益中获取收益。

美国共有产权住房通常由公共部门或非营利组织来管理，也有一部分住房由包容性项目来提供，即在新建社区中有适当比例的住房以低于市场价格进行销售或出租。此外，私人资助模式也在共有产权住房中起着越来越大的作用。

6.1　共有产权与共享收益模式下的补贴策略

美国保障性住房项目的设计有多种选择，它们皆落在最大限度创造个人财富与最大限度保持住房长期可负担性之间所形成的连续统一体中（见图6-1）。大多数项目的设计通过平衡这两个目标，既为购房者提供创造财富的机会，又使住房保持着长期的可负担性，为未来购房者提供低成本住房的保障。美国各地的保障性住房项目可归结为补贴赠予、补贴收回、共享增值收益贷款和补贴保留四种主要类型，它们分别处于连续统一体的不同位置（John Emmeus Davis，2006）[①]。同时，从图6-1中也可以看出传统的住房、共有产权住房以及租赁房的相对位置。

补贴赠予（subsidy forgiveness）指的是项目给购房者提供一次性的资助或优惠，最终将补贴或优惠留给购房者，这一策略通常应用于住房成本与居民收入差距不大的区域。在一些项目中，持有的住房期限不同，所抵免的补贴数额也有区别，房主若在一年内转卖住房，则可抵免20%的补贴，以此类推，5年后补贴将全部抵免，无须偿还（John Emmeus Davis，2006）。这在一定程度上减少了套利者的投机行为。补贴赠予模式最有利于个人资产的积累，由于被资助群体允许保

① John Emmeus Davis. Shared Equity Homeownership: The Changing Landscape of Resale - Restricted, Owner - Occupied Housing. National Housing Institute, 2006.

留公共补贴，因此在其他条件相同的情况下，他们甚至能比传统住房创建更多的财富。然而，随着房价的上涨，对于政府而言，保障房所需的补贴额度也将越来越大，再加上原来的补贴额已转换为个人财产而失去了原本的保障功能，需要对新申请人提供新的补贴，这极大地增加了政府的财政负担。

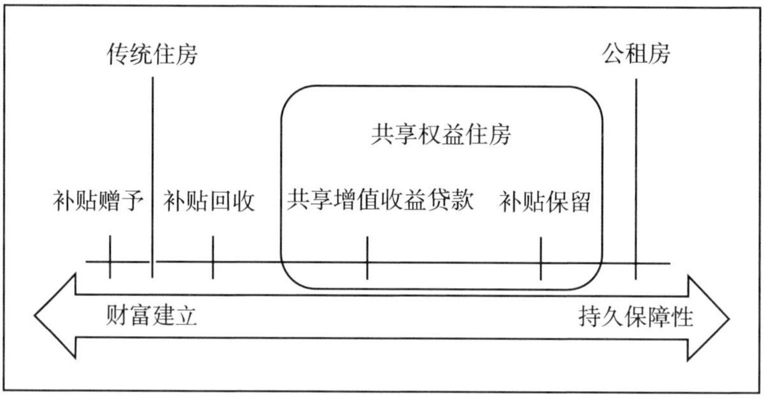

图6－1　财富建立与住房可负担性之间的连续统一体

补贴回收（subsidy capture）指的是项目允许购房者暂时使用公共津贴基金，并在一定期限后得到回收，以帮助其他购房者。在这一模式下，公共津贴以无息或低息优惠贷款的形式帮助低收入家庭购买市价房，可分为长期、短期；有息、无息；每月还、转售时一次性偿还等形式。其中，以无息、转售时一次性付清的长期贷款最为普遍。补贴收回最大的好处是使政府的投资得到了保护和循环利用，但是由于房屋的买卖都是按照市场价进行，在价格上升的市场，政府投资所带来的可负担性购买力将降低，房价的上涨也使得低收入家庭对津贴的需求更多。当政府有足够的资金可用于补充住房补贴、城市具有许多廉价的土地正亟待开发、市场上有足够多的空置房作为补给时，政府会保持这一做法。

在本书中，将分享增值收益贷款和补贴保留这两种补贴类型归结为共有产权住房的补贴策略。这两种模式下的房屋增值收益都是由提供补贴的公共或私人实体和接受补贴资助的个人购房者共同分享。在分享增值收益贷款中，归属公共部分的收益回归到政府实体中，并以现金支付的形式为下一个购房者提供补贴。在补贴保留策略中，公共收益部分留在住房价值中，以减少下一个购房者购房的花销。总而言之，共享增值收益模式的补贴对象为购房者，补贴保留模式补贴的是住房单元。两种补贴模式都提供了保持最初补贴价值的方式，并帮助政府的补贴投入跟上了住房价格的变化。

6.1.1 分享增值收益贷款

分享增值收益贷款（shared appreciation loans）是指政府或非营利组织先以无息贷款的形式支持购房者，减少其首次贷款的比例，减少购房者的月供额度，同时要求购房者在转售住房时支付原始本金和房屋增值收益的一部分以代替利息的偿还。最常用的计算公式是将最初无息贷款占原始售价的比例作为购房者所要缴纳的增值收益份额，总增值收益乘以增值收益份额加上原始贷款值，即为购房者在转售房屋时要向政府或非营利组织归还的贷款。当住房单元通过包容性单元项目建立，并以低于市场的价格出售，辖区也可以将增值收益的估价百分比与购房者购买价格所占比例挂钩。如购房者以25%的折扣购买了住房，在转售过程中，要给予辖区25%的增值收益。也有一些项目预先给转售者规定了特定的比例（如40%）来计算共享的增值收益。

分享收益贷款对政府或非营利组织而言，其优势在于：（1）房价增值收益被购买房屋的所有资金投入者按份共享，体现了公平性；（2）已投入的资金补助回报反映了住房价格的变化，而通常情况下住房价格呈上升趋势，这既保证了公共补贴的家庭数量又保持了补贴投入资金的购买力，通过取回房价增值收益的一部分，增加了政府或非营利组织可利用的补贴总额，进而相应地减少了保障资金缺口发生的可能性。其缺点在于：一是由于住房以市场价转售，这一方式并不能保证特定社区中可负担的保障性住房的持续供给，政府在得到一定收益的同时对转售的住房失去了控制权；二是在一个房价快速上涨的住房市场中，政府还需投入额外的补贴才能使中低收入购房者负担得起与之前类似的住房，若每年不增加新的补助金，项目将会服务于越来越少的家庭；三是并不能保证地方政府将回收资金完全再用于住房保障；四是补贴的循环利用增加了政府的监管成本。

对购房者的好处是：（1）借助于分享增值收益贷款，降低了自行购房直接偿还贷款的压力，可以提前实现在相对理想的地方拥有一套住房的目标；（2）没有将政府的资助补贴限制在特定的住房中，使购房者对住房有了更大地选择；（3）减少房价下跌带来的直接损失，如果房价下跌，购房者只需归还贷款的本金，因此，与传统的方式相比，购房者风险降低。对购房者的劣势是：在房价上升时，购房者只得到相对较少的收益。

由于增加的管理成本导致回收或循环利用补贴被一部分学者认为是不经济的，针对这一质疑，得克萨斯州通过在一个地区使用多种还贷款方式提供了一个很好的借鉴。如奥斯丁市以为家庭提供的补贴为基础，在首付协助项目中采取了双重标准，对于小于1万美元的小补贴家庭，采用传统的补贴赠予方式；对于1万～4万美元之间的较大型贷款，则采用分享增值收益贷款的方式，家庭在转售时不仅需要将原始贷款还清，还需支付住房增值的部分收益。

6.1.2 补贴保留

补贴保留（subsidy retention）是政府将补贴给予开发商及其他赞助者（社区土地信托住房、有限产权合作房等）以减少土地、建筑或其他相关费用，赞助者承诺提供一定数量的低售价房屋，符合条件的购房者以接受房屋转售价格限制为代价取得低售价住房。转售价格通常由契约、转售协议或土地租约中的转售公式所确定。然而，由于公式所建立的转售价格为其上限值，因此许多转售限制并不保证购房者能得到公式所决定的价格。决定共有产权转售价格的转售公式主要分为指数式、成本式、评估式、分项式四大类，其中，指数式和成本式在美国最为普遍。指数式通常将转售价格与地区居民收入增长指数挂钩，使转售住房价格在保障对象的支付能力之内，也让出售人获得一定资产的积累。成本式是为了避免利率变动对购房人长期支付负担的影响，完全根据实际购房负担成本确定，即按每期能支付的贷款上限，根据贷款利息计算贴现现值，以这一数额作为转售价格。

补贴保留项目的资助对象为供给方，而不是购房者，这种特性确保了住房对目标收入阶层的长期可负担性，也保持了特定住房单元的保障性，为在优势地段开发和维持保障性住房提供了有效的途径。补贴保留方式的关注点在于公共资金的投资，要求政府对低收入家庭提供资源并在未来仍然持有效用。总而言之，补贴保留项目的最大特性是将政府补贴永久性地保留在住房中。对政府或非营利组织而言，补贴保留的优势在于：一是通过一次性的补贴投资所创建的住房单元拥有持久可负担性，保证了特定住房的供给性，确保了住房对目标收入阶层的长期可负担性；二是不需要太多地添加额外补贴（前提是不符合条件的及时退出），避免了因房价不断上升而导致的公共补贴购买力不断削弱的情况；三是由于确保了受资助住房的持续保障性，经历房价快速上升的社区依然能保持混合收入居住的特性。其缺点主要包括两个方面：政府需要长期的监督和管理，及时劝退那些经济条件改善的居民；房主所得收益较少。常见的补贴保留模式包括限制合同住房、社区土地信托和有限产权合作房三种应用形式（Ryan Sherriff & Jeffrey Lubell，2009）。

1. 限制合同住房

限制合同住房（deed-restricted housing）是政府以投资或者提供优惠信贷的方式提供补贴，通过降低购房负担使中低收入家庭在得到住房的同时分享一定的住房权益的模式。房屋转售对象和价格将被契约中的规定所约束，如股权式的政府资助将相关转售约束与住房产权合同挂钩，政府完全控制了这部分住房资源，政府作为产权人之一，可以在住房资产长期运作中采取主动的姿态，包括优先回购房产等。债权式则是将相关条款与债务合同挂钩，政府仅控制信贷合约，当住房转让给符合保障条件的住户时，可以不用归还本金及利息，信贷直接向下家转让。当居住者完全还清贷款时，该住房就不再受政府控制了。由于相对较低的监管成本，以及政府给予一定的政策优惠鼓励开发商将楼盘的一定比例建设成为限制合同住房等原因，该模式下的住房数量是增长最快的。

2. 社区土地信托

社区土地信托（community land trust）是不以营利为目的的社区土地信托公司（CLTs），通过保留土地所有权而只出卖住房所有权的形式，向符合条件的低收入者出售其能够负担得起的住房的发展模式。第一个城市社区土地信托于1981年在辛辛那提（Cincinnati）成立，是普世教会协会为了防止低收入非裔美国人离开他们的社区而成立。CLTs主要由社区里的居民、非营利组织或者政府（政府一般在发展后期介入）等为发起人，从募集资金、购买土地或住房、建造或改造房屋、出售房屋到售后监管等各环节进行组织和管理。为了平衡CLTs涉及的各群体之间的利益，大多数CLTs的董事会成员由1/3的土地承租人、1/3居住在CLTs所服务社区里的非土地承租人以及1/3政府及提供住房和社会服务的非营利组织的职员组成（Greenstein，Rosalind & Yesim Sungu - Eryilmaz，2007）。CLTs将准入条件、转售价格、居住期间的行为管理等要求统一纳入土地租赁契约中，允许住户对租赁权进行调整，同时允许房主将住房遗赠给后代，但禁止转租房屋（莫智，邓小鹏，2010）①。租赁期通常为99年，一般可续。社区土地信托模式通过租约对住房的使用和转售进行着高度的控制，当房主出售其住房时，CLTs有优先购买权。房主也可以将房屋出售给符合购买条件的其他低收入者（一般住满8个月后便可转售房屋），出售价格要按照原房屋买卖合同中约定的方式计算，既要保证住房出售者得到合理的房屋价值补偿，又要确保出售价格在未来低收入购房者的承受范围内，以此保留这些房屋的负担能力，使未来居民也有相同的拥有可承受住房的机会。

3. **有限权益合作房**

有限权益合作房（limited equity cooperatives）是通过政府参与、提供资金并设定相应的准入、退出条件，以居民组织、政府、信贷方共同形成的住房产权共享模式（华佳，2011）。该模式由政府特许的公司所有和经营，住户只持有该公司的股份，因此，住户拥有对住房最终的控制、运营和执行的权利，但在占有和使用上与住房公司是特殊的租赁关系，需要按月支付费用，其中包括抵押贷款还款、物业税、物业费、保险费和水电支出等。转售价格也由协议中的公式所确定。该模式下的购房者通常以合作组织为名义进行整体贷款，再加上政府提供一定的资金帮助，大大降低了住房的出售价格，使购房者无须其他的贷款就能享受住房。

在上述补贴保留模式的三个基本应用中，限制合同住房受益于包容性分区计划的实施得到了快速的发展；社区土地信托从20世纪90年代仅有100个项目，已发展为遍及美国40个州及两个特区的250个社区土地信托，并服务了将近15000个住房单元；有限权益合作房包

---

① 莫智、邓小鹏：《国外住房共有产权制度及对我国的启示》，载于《住房与房地产》2010年第3期。

含了大约500000个住房单元，在近年的扩展相对减少（Ryan Sherriff，2011）。

补贴保留方式的关注点在于公共资金的投资，要求政府对低收入家庭提供的资源在未来仍然产生效用。满足以下三种情况的区域可以采用该种策略：(1) 房价比收入上涨更快；(2) 地方政府将保持住房单元的保障性比例列为主要目标；(3) 支持在转售过程中，不需要额外资金来重复补贴受资助住房。

6.1.3 补贴模式间的比较

本书分别选取补贴赠予、补贴回收（无息贷款）、共享增值收益贷款以及基于地区平均收入指数的补贴保留模式作为四类补贴策略的代表，通过数据分析对各模式的具体运行过程进行深入分析，进而比较不同模式之间的差异。如表6-1所示，以住房市场价为250000美元、中低收入家庭所能承受的价格为200000美元为前提假设。为了弥补房屋初售时所存在的购买力缺口，每个补贴模式都需提供50000美元的补贴。在前三个项目中，每个家庭在获取50000美元的补贴贷款之后得以购得250000美元的市价房，然而在补贴保留模式中，住房的出售价格即为中低收入家庭可负担的价格——200000美元，购房者无须二次贷款就能购买住房，该模式利用限制性条约代替贷款，将补贴直接保留在住房中。

表6-1　四种补贴模式的策略比较　　单位：美元

住房初售	补贴赠予	无息延期贷款	共享增值收益贷款	补贴保留（AMI指数）
最初市场价	250000	250000	250000	250000
原始补贴	50000	50000	50000	50000
初始售价	250000	250000	250000	200000

续表

住房初售	补贴赠予	无息延期贷款	共享增值收益贷款	补贴保留（AMI 指数）
7 年后转售				
转售价格	375000	375000	375000	245000
偿还首次贷款	(174051)	(174051)	(174051)	(174051)
偿还公共补贴	0	(50000)	(75000①)	0
转售花费（6%）	(22500)	(22500)	(22500)	(14700)
售房者净收益	178000	128000	103000	56000
购房者可负担价格②	245000	245000	245000	245000
回收补贴额	0	50000	75000	0
所需额外补贴	130000	80000	55000	0
第二次补贴总额	130000	130000	130000	0
14 年后转售				
转售价格	565000	565000	565000	303000
购房者可负担价格	303000	303000	303000	303000
回收补贴额	0	130000	195867	0
额外补贴	262000	132000	66133	0
21 年后转售				
转售价格	850000	850000	850000	372000
购房者可负担价格	372000	372000	372000	372000
回收补贴额	0	262000	394159	0
额外补贴	478000	216000	83841	0
28 年后转售				
转售价格	1278000	1278000	1278000	458000
购房者可负担价格	458000	458000	458000	458000

续表

住房初售	补贴赠予	无息延期贷款	共享增值收益贷款	补贴保留（AMI 指数）
28 年后转售				
回收补贴额	0	478000	718687	0
额外补贴	820000	342000	101313	0
30 年内服务 5 个家庭所需的补贴总额	1740000	820000	356287	50000

注：①括号内的数据代表支出 = 50000 + 20% × 125000 = 75000；②七年后购房者可承担价格。

资料来源：Rick Jacobus，Jeffrey Lubell. Preservation of Affordable Homeownership：A Continuum of Strategies. Center for Housing Policy，2007：1 – 35。

补贴模式的差异在房屋转售过程中表现得最为明显，主要包含对公共投资价值的保持能力和转售者所能实现的财产增值收益这两个方面。假设房屋售价的年增长率为 6%，由此得出前三种模式下，7 年后的转售价格为 375000 美元；假设收入的年增加率为 3%，则基于 AMI（Area Median Income）指数的补贴保留模式在 7 年后的转售价格为 245000 美元，住房增长对补贴保留的转售价格没有影响。

在需要偿还补贴的延期贷款和共享增值收益贷款中，前者只需偿还 7 年前的原始补贴额即可，而共享增值收益贷款除需偿还 50000 美元的原始补贴外，还包含增值收益，在该案例中，由于原始补贴所占原始售价的比例为 20%，因此政府投入的补贴的增值收益应为总增值的 20%，即 25000 美元。因此，在共享增值收益模式下，所需偿还的补贴额为 75000 美元。

售房者的纯收益由转售价格减去售房者已偿还的首次贷款额、将要偿还的公共补贴值以及转售时的相关费用得出。从表 6 – 1 中数据可以看出补贴赠予项目下的售房者所得收益最多，为 178000 美元。共享增值收益贷款模式下的售房者所得收益为 103000 美元，补贴保留模式下的售房者收益最少，为 56000 美元。然而考虑到该模式的初始投资为 15000 美元（3% 的首付和 3% 的手续费），7 年后 56000 美元的增值收益意味着年回报率达 21%。与分享增值收益相比，补贴保留的方式通过减少了一定比例的个人收益保证了房屋的可负担性，在此基础上，还能给予中低收入家庭一笔可观的收入。

由收入的年增长率得出 7 年后单个中低收入家庭的住房购买力为 245000 美元，在补贴赠予项目中，为了帮助下一个购房者购买市场价为 375000 美元的住房，政府或非营利组织需要花费 130000 美元的额外补贴。在延期贷款中，即使回收了 50000 美元的资金，仍需花费 80000 美元来保持住房的可负担能力。同样，在共享增值收益贷款中，也需投入 55000 美元的额外补贴。而对于补贴保留项目，政府或非营利组织就不需要额外补贴。按照每 7 年转售一次的频率，该住房在 30 年的时间里共服务了 5 个家庭。在传统的补贴赠予模式下，总共需要 1740000 美元的公共投资来保证住房的持续可负担性，由于房价增长速度比收入增长速度快，因此每次转售所需要的补贴额都在增加，保障房计划也相应地变得越来越困难。共享增值收益贷款模式的额外补贴相对较少，但也需要保证 360000 美元的补贴投入才能维持房屋的持久保障性。通过转售限制，基于 AMI 指数的补贴保留模式只通过一次性的补贴投入能实现住房的持久可负担性，当然，其前提是保障家庭经济条件能动态改善、及时退出保障体系，如果是长期占有，政府仍需要源源不断地增加投入。

综上所述，服务相同的家庭，补贴保留所需的公共补贴最少，当然保障对象获得的增值收益也最小。在保持住房可负担性的过程中，补贴保留将补贴与住房绑定，体现了政策的有效性，也为个人财富建立和持久可负担性的保留提供了一个相对有利的平衡点。然而，当房价增长过快时，补贴保留的购房者相比其他模式下的购房者，在转售时所获取的住房收益差距也会越大。比如：共享增值收益贷款相比补贴保留，个人所得的财富相对较多，然而，多余的个人财富增加导致了一定程度的保障性缺失和额外的补贴投入。而且，当共有产权住房项目希望与市场住房接轨，并达到补贴保留模式下所得到的长期可负担性水平时，共享增值收益贷款需要为下一个购房者提供越来越多的贷款，这对项目的实施产生了一定的障碍。

6.2 公共资助下共享权益住房的补贴来源

随着房价上涨和保障性住房规模的逐渐扩大，越来越多的项目需要补贴策略的支持，尤其是在房价快速上升的市场环境下，购房者所需的补贴额也越来越多。如何帮助中低收入家庭获取保障性住房的机会，是补贴策略的一个基本目标。如何保证足够的资金来源是保障性项目得以实施的前提和基础。

共有产权住房和共享增值收益住房根据补助的来源不同可分为公共资助模型和私人资助模型两大类。[①]

公共资助模型下的共有产权住房的补贴来源为公共实体，其中以州或地方机构最为典型。此外，也包含了来自与住房相关的非营利机构的拨款、慈善捐款、私人开发商缴纳费用（这些费用是在包容性分区单元中用以代替提供保障性住房单元所缴纳的资金）所产生的基金等。同时包容性分区和容积率红利作为一种含蓄的补贴形式在美国的应用较为广泛。在采纳此类政策的社区中，当地条例要求或激励私人开发商保留新建住房的适当比例来建设保障性住房。许多（并不是全部）社区要求这些住房单元保持长期的可负担性。

公共模式下的资助实体通常对投资收益的关注度不大，因此他们

① Ryan Sherriff, Jeffrey Lubell. What's in a Name? Clarifying the Different Forms and Policy Objectives of "Shared Equity" and "Shared Appreciation" Homeownership Programs. Center For Housing Policy, 2009.

更愿意将增值收益所得重新投入以帮助未来购房者。这也增加了共有产权住房将会保持长期可负担性的可能。同时，公共实体比私人投资者更愿意接受一个较低的共享收益，这也增加了购房者的收益比例。然而，公共补贴通常数量不多并且难以获得。由于私人模式下的投资者可以获得良好的收益，因此共有产权模式还具有吸引私人资金的潜力，这也大大增加了共有产权住房的财政支持。

通常情况下，私人借贷者或其他类似实体将补贴支付作为投资的一种形式，这些投资需要提供合理的回报率以保证吸引足够的额外资金[①]。在实际运行过程中，与传统模式下的借贷者通过贷款的定期利率来获取投资收益不同的是私人投资者将获得股权或房屋增值收益的一部分，并在转售时得到补偿。由于私人实体必须保证项目的可行性并有利可图，私人模式下的投资者对未来增值收益的收取比例一般高于公共资助项目。同时私人资助模式更加关注初始购买者的保障性，而公共模式下的投资者则倾向于住房的永久保障性。

公共资助模式包括本书所提到的补贴保留和共享增值收益贷款这两种类型，私人资助模式除了共享增值收益贷款模型外，住房产权替换（home equity alternatives）作为一种新型的共有产权模式正在被提议和介绍，这一模式以住房产权融资或反向抵押贷款为目的，为参与者提供一个没有利息费用或月供的贷款方式。私人投资者定期或一次性给房主提供资金，同时获取未来增值收益的部分份额。与共享增值收益贷款类似，房主所得的预支资金可用于支付房贷。私人共享增值收益贷款与公共共享权益贷款基本相同，贷款在转售或重新融资时被偿还，并加上预先决定的住房收益比例[②]。其主要区别在于二次贷款

① Andrew Caplin, James H. Carr, Fredrick Pollock. Shared - Equity Mortgages, Housing Affordability, and Homeownership. Washington, DC: Fannie Mae Foundation, 2007.

② Andrew Caplin. Facilitating Shared Appreciation Mortgages to Prevent Housing Crashes and Affordability Crises. The Brookings Institution, 2008.

由私人借款人（也称第三方股权投资者）借贷，而不是当地政府或非营利机构，这不利于补贴回收后的重新投入。

公共资助模式的补贴来源：在公共资助模式下，项目的赞助者提供相应的补贴来减少房屋的购买成本。购房者再通过标准的融资手段（通常是30年固定利率的抵押贷款）来购买这一低于市场价的住房。

事实上，共有产权住房补贴来源的精确数据仍无从考究，通常来自联邦的投资合伙人项目（HOME）基金、住房信托基金、州和地方债券发行基金等。慈善机构的投资以及诸如大学、医院等大型公共机构员工的善款也可以用来资助共有产权住房单元。[①] 本书将补贴分为明的和暗的两种类型，其中包容性分区项目就是一种暗的补贴来源。

6.2.1 联邦组团基金

联邦组团基金（Federal Block Grant）包括社区发展组团基金（CDBG）和投资合伙人项目（HOME）两大项目。其中CDBG于1974年设立，用来资助广泛的社区发展活动，并不局限于住房，且住房资金大多用来修缮房屋。HOME基金成立于1990年，是最大的专门为中低收入住户提供廉价住房的联邦组团基金项目，只专注住房。HOME基金给州和地方政府很大的自由度来选择如何花费项目资金，但是它们只能被用在与住房相关的项目和工程上，而且，这些项目和工程的受益者只能是低收入住户（Alex F. Schwartz，2007）[②]。

为了从组团基金中获得资金，州和地方政府必须准备一份《统一规划》（ConPlan），即满足州或市政府的住房需求的5年规划，并明确第一年计划的具体内容，同时每年对计划进行动态更新。住房与城市发展部（HUD）使用基于需求建立的公式，把HOME基金分配给单个

---

① Jeffrey Lubell. Filling the Void Between Homeownership and Rental Housing：A Case for Expanding the Use of Shared Equity Homeownership. Joint Center for Housing Studies，2013.

② Alex F. Schwartz. Housing Policy in the United States. 中信出版社2008年版。

行政区，每个行政区至少能获得 50 万美元。这些地区必须在获得资金后 24 个月内开始使用 HOME 资金，并且必须在 5 年内用完。据统计，城市和其他地方政府每年可获得 60% 的 HOME 资金，州政府获得剩下的 40%。议会要求所有参与 HOME 项目的州和地方政府每年所获得的 HOME 资金中至少有 15% 必须分配给社区非营利组织（如社区住房开发组织）。议会还规定，参与项目的行政区须将其他来源获得资金补充 HOME 资金。根据工程的不同，其他来源的资金通常占工程总支出的 25% ~30%。①

得到 HOME 最广泛资助的项目是购房者援助，它包括购房辅导、首付和其他手续费资助、提供低息第一或第二抵押贷款以减少月供、资助自有房开发等。其中，资助自有房开发主要指面向中低收入家庭的住房开发，也包括购买或修缮现有住房以出售给中低收入家庭。住房与城乡发展部（HUD）要求参与 HOME 项目的司法管辖区通过在转售时取回 HOME 基金或在住房中实行转售限制来保持公共投资。然而 2/3 由 HOME 资助的住房项目并没有采用长期的保障性约束，而是设定一个保障性的最小期限，一般在 5 ~15 年之间，同时给予地方辖区设定长期限的自由裁决权。联邦 HOME 项目每年大约为 35000 个低收入家庭提供财政支持。如果将短期可负担性改为持久保障性的共有产权战略，保障房将以每年 35000 套的新增数目增长（John E. Davis，2006）。

HOME 项目是许多实行共有产权模式的社区中公共投资的主要资金来源，同时也是其他地方资金项目的一个设定标准。HOME 以及 CDBG 给予州和地方政府根据自身需求和优先权制定住房项目的极大自由权。其最主要的局限在于很少能提供足够的补助来为最需要住房

① Kenneth Mark Temkin，Brett Theodos. Sharing Equity with Future Generations：An Evaluation of Long－Term Affordable Homeownership Programs in the USA. Housing Studies，2013.

资助的所有极低收入住户提供住房。

6.2.2 住房信托基金

除了组团基金外，很多州和地方的住房项目也获得了其他途径的资助，这些资金常常以住房信托基金的形式出现。住房信托基金（Housing Trust Fund）一般由政府或半政府机构执行，运行董事会指导。董事会的代表成员范围广泛，包括银行、地产经纪人、营利或非营利住房开发商、廉价住房拥护组织、劳工组织、服务提供者和低收入住户。通常，董事会扮演着顾问的角色，有时也承担管理资金的正式职责。

大多数住房信托基金有专门的资金来源，通常来自房地产交易过程的税收和费用。由于州、县和市政府各自负责的税收和费用各不相同，这些资金来源取决于基金所涉及的不同政府机构。州级信托基金的最常见资金来源为房地产交易税，县级信托基金则主要来自文件记录费。州政府通过立法允许地方对私人房地产开发征收相关费用，帮助了地方政府获得资助中低收入住房开发的资金，从而也满足州公平住房法案规定的地方必须承担廉价住房的责任。由于资金来源由州和地方政府控制，面临限制较少，因此，住房信托基金为解决地方住房需求提供了更加灵活的资助形式。

住房信托基金通过各种不同的方式为保障性住房提供了金融支持，其中最常用的方式是对保障性住房单元的建设和修复进行补贴或是首付资助项目（Ryan Sherriff，2010）。作为协助的条件，每个受助家庭都将保持永久的住房可负担性。通过将住房信托基金中的部分资金贡献给长期的保障性住房，各州用于共有产权住房的资金有了重要的来源。

6.2.3 包容性分区

许多州或地方政府利用土地使用或住房计划来控制和鼓励保障性

住房的发展，其中以包容性分区（Inclusionary Zoning）计划最为普遍。这些基于土地使用和住房计划的保障性住房项目的有效运行，主要依赖于两个方面的原因：（1）项目主要被私人的发展活动所驱使，这些私人发展活动在健康的住房市场周期中可以使保障性住房形成显著的规模；（2）这些项目通常不要求州或地方政府的直接补贴，主要使用非货币的激励方式来代替，因此，比起直接补贴来说，减少了州和地方政府的开支。与国家住房补贴项目类似，这些项目下的住房单元通过契约限制、条款或其他价格限制对长期可负担性提出了要求。因此，这是创建共有产权住房单元的一个高效率、低支出的方式。

包容性分区项目通常要求一个住宅小区或行政辖区内的特定比例单元必须为低收入家庭提供保障性住房。这些项目也可以被设计成激励的形式来代替硬性要求。容积率红利就是一个基于激励的项目，不同于强制性的要求保障性单元的数量，该项目允许开发商在土地使用和分区津贴上增加项目的开发密度从而增加房产的潜在收入。一些项目要求地方政府对保障性住房的需求进行评估，并将其结果纳入住房计划。最后通过利用包容性分区、容积率分红等其他手段来实现这一住房计划。以下从三个州的实际案例出发，对项目的具体实施进行深入剖析。

新泽西州——1985 年，新泽西州建立的新泽西保障性住房委员会（COAH）通过土地使用和分区权利为中低收入家庭提供公平分享住房，同时该委员会对公平分享计划提供保证。为了提供一个新单元的建设机会，政府可以对特定的区域实行分区并用于私营部门的住宅开发。而开发商必须留出建设单元的固定百分比（通常是 20%）用于提供低价格的可负担的保障性住房，其保障性期限必须至少维持 30 年。

伊利诺伊州——2003 年，保障性住房计划和呼吁法案在该州签署成为法律。该法案要求全州所有的自治市都要保证至少 10% 的住房是保障性住房。2005 年，该法案通过允许政府间的社区发展而被强化，即相距10英里以内的县市，若其保障性住房的比例低于25%，则可一同发展保障性住房。在这项法律下，该州的所有社区都可以建立社区土地信托和住房信托基金，利用当地分区权利创建保障性住房，接受资金或土地的捐赠来应对保障性住房的需求。

加利福尼亚州——该州的密度红利法提供了一个基于土地使用的选择，进而促进保障性住房发展的经济可行性。该法律要求所有的县市采纳容积率红利法规。法规规定地方政府应该给予房地产开发商至少25%的容积率红利以及额外的财政刺激。开发商则需要保证至少将单元的20%提供给较低收入家庭，或10%给极低收入家庭或用于建设老年公寓（Ryan Sherriff，2010）。

6.2.4 其他补贴类型

补贴项目的主要目的就是为了帮助购房者降低购房费用，从而使房价达到可支付的水平。联邦HOME项目和住房信托基金为低收入家庭的购房者提供了首付协助，包容性分区项目以暗的补贴形式鼓励保障性住房的开发。除此以外，仍存在着许多不同的补贴类型，如税收增量融资、精明增长项目等。

税收增值融资（TIF）是指在一个指定的区域中，通过贡献或提取一定时间内的税收增量来资助区域中保障性住房或公共环境的改善性发展。州政府可以决定TIF的相关规定，如TIF基金的资助类型等。一些州（如加利福尼亚州）明确规定TIF基金必须投入保障性住房中的最小比例，也有一些州允许建立TIF区域，专门为保障性住房提供资金支持，如得克萨斯州通过家园保留法令（HPA）建立了一个专门为社区土地信托提供资金的TIF区域。HPA规定通过TIF区域筹集到的资金中，至少80%需用于社区土地信托中房屋的购买、建设、修复以及基础设施的建设，其余20%用于社区土地信托的管理或TIF区域的日常管理。

精明增长项目要求在优质区位的住房单元，如交通便利、邻近工作中心、超市等，划出一定比例作为保障性住房。拥有精明增长要求的长期保障性住房项目在马萨诸塞州和康涅狄格州中尤为突出。2004 年，马萨诸塞州采用了精明增长立法，州政府预先给社区提供 1 万～60 万美元不等的无限制资金，并给每个建立在精明增长区域中的居住单元 3 千美元的额外资金。这个方式极大地鼓舞了市民采纳精明增长计划的行为并简化了开发审批流程。该区域中 20% 的住房必须为收入水平在地区收入 80% 以下的家庭提供，限制性契约至少维持 30 年。

此外，州政府可实施相应的利好政策来增加补贴来源。如密歇根州、明尼苏达州和威斯康星州所实施的“个人改善”条款阻止了资金用于个体改善和其他传统实体企业的发展，将更多的州基金用于创建和保持保障性住房单元。密歇根州和明尼苏达州对个人拥有的保障性住房实施了免税政策，州税收能用于发展保障性住房。威斯康星州尽管没有类似的免税政策，州基金不用于保障性住房的建设和修复，但首付援助取而代之在该州广泛使用，这使政府资助资金形成了住房补贴而非流入实体企业市场。

6.3　共有产权住房机制设计与运行管理

相对于共享增值收益模式，补贴保留模式在美国得到了较好的发展，普及率高，其中限制合同住房受益于包容性分区计划的实施得到了快速的发展；社区土地信托从 20 世纪 90 年代仅有的 100 个发展为遍及 40 个州及两个特区的 200 个社区土地信托，并服务了将近 15000 个住房单元；限制产权合作房包含了大约 500000 个住房单元[①]。而针

① Ryan Sherriff. An Introduction to Shared Equity Homeownership. Center for Housing Policy, 2011.

对这类补贴保留的共有产权模式，美国在其保障时间的持续性、准入与退出机制、使用限制、住房维护、融资监管和使用监督管理等方面都进行了详细的规定①。

6.3.1 保障的持续性设计

持续性指住房在使用和转售上将维持多长时间的限制。永久的可负担性是社区土地信托和有限产权合作房在设计中不可分割的一部分，尤其是在社区土地信托中，土地租约的存在使得限制条件比住房和组织存在的时间还要长。此外，永久的可负担性也通常是限制合同住房的目标之一，在该模式中，通常设立一个控制期限，并在转售等情况下重新计时。由于许多房主都在期限内进行了房屋的置换，因此，这种有期限的合同住房也就相当于具有永久的可负担性。

政府通常支持尽可能地延长保障性时间。永久保障性政策可以促进共有产权住房的扩张，使得政府对低收入家庭的现行住房援助保有未来的可利用性。但现实中美国的一些州或城市的政府虽然保证房屋的持续保障性，却不愿意对永久性进行承诺，这主要受市场影响、管理负担和法律可执行性等方面的影响。

（1）市场影响：持久保障性有时被认为与市中心的社区建设不兼容，有时被认为不利于贫困家庭的财富建立，甚至会造成一定程度上的“福利陷阱”。也有一些地区将转售限制的期限与市场的冷热对应，市场好的地区比差的地区期限相对要长。

（2）管理负担：政府不希望长期背负管理负担，因此并不愿意承诺一个永久的保障性。共有产权的支持者推行了行政议程，希望政府机构能对持久的保障性有一个公开承诺，并通过住房计划，住房信托基金或者其他住房协助项目来履行这一承诺。

---

① John Emmeus Davis. Shared Equity Homeownership: The Changing Landscape of Resale - Restricted, Owner - Occupied Housing. National Housing Institute, 2006.

(3) 法律可执行性："rule against perpetuities"和"rule against unreasonable restraints"是两个习惯法。前者规定对房产未来处置权的控制不能比房主的寿命再加21年还长；后者规定禁止阻碍房主传递他们的所有权权益的行为。事实上，长期保障性限制和这两个传统房地产条例拥有同样的目的，即避免房产集中在个人手中，扩大了房屋接受者的群体。支持者在一些地区推行了立法议程，希望去除传统法律障碍，获得长久保障性控制的法定批准。

总而言之，美国对于这类共有产权的持久保障性策略主要分为两种类型。一种类型是，一些州项目对保障性的持续时间做出了明确的要求，可以是永久性，也可以规定一个特定的时间段；其他的一些项目则提供特定的指导方针、激励政策等方式来促进长期保障性标准的生成，通常实施短期的调控。另一种类型是，有关项目并不明确提供指导方针，而是给予受资助的地方政府实施长期保障性限制的自由选择权。

6.3.2 准入与退出机制的设计

美国在准入与退出机制方面，主要从早期的信息披露、资格审查、退出方式、转售条件等方面都进行了全方位探讨和规范。

1. 信息的披露

为了提高人们对共有产权的认识，推动共有产权的广泛利用，一些州或者共有产权的赞助者在对于保证购买者的知情方面做了大量的前期推广工作，努力帮助潜在的购买者理解共有产权住房的所有私人权利和社会限制，主要通过以下五个途径。

(1) 会议引导：为了进一步地引导潜在的购买者，许多限制性住房的赞助者会利用一般的信息会议给公众专门介绍这些住房的特点。当购房者有强烈购房意愿时，赞助者将安排其对各类条款进行更全面的复习。会议一个重要的部分就是充分披露阻碍这些自住型住房的使用和转售的规定。

（2）法律文件的分配：不管是否被法律所约定，提供给潜在购房者的信息必须揭露在使用和转售上的所有合约文本上，这些限制性文件在房子被售之前会保证与所有的潜在购房者共享。

（3）描述性的宣传册：许多赞助者利用宣传册作为法律文件的补充。为了避免法律术语，这类宣传册描述的关注点在于共有产权住房的权利和责任与普通住房的区别、转售限制以及其存在的原因等。

（4）独立顾问的咨询：共有产权住房的赞助者（尤其是CLTs）要求潜在购房者在购房之前咨询律师。律师被要求给售房方提供一个说明购房者已经受到了法律咨询并对相关文件进行了了解的信件。

（5）理解并签订契约：在签订住房合同时，购买者需要签订知会契约，并将该契约归档以便行政实体的检查。知会合同必须出现在每一次转让的过程中，每个买家都必须完全地了解和自由地接受住房的条件和限制，继承者也一样。

2. **资格审查**

资格审查主要包括准入机制、放宽机制、再审核机制三个层面，具体内容如下所示。

（1）准入机制：家庭收入同样是美国最常用的审查指标，如首先规定购房者的家庭收入不能超过特定城市或区域地区平均收入的特定百分比（60%～150%）。其次是居民的住处，此指标通常用于公共投资下或利用公共权力建造的受限制住房，如包容性分区等。因此，城市在一定程度上给原先就居住或工作在这一区域内的居民以优先选择权，包括警察、消防员、教师或者其他在该区域工作的核心工作人员。

（2）放宽机制：当没有符合要求的购买者愿意购买共有产权住房时，虽然也有一些赞助者认为资格高于一切，尽管会导致房屋的空置，也不能将房屋直接卖给不符合条件的人。但也有部分赞助者认为，如果住房进行几个月的积极营销后仍无果，那么原有的资格限制条件就应该被放宽。当然最终被允许改变资格要求的项目都需要满足一定的前置条件，即一般要进行至少 60 天的针对性营销，也有的地方长达 1 年，若仍无果，资格审查机制就被放宽（主要是调整地区人均收入的比例）。如部分项目一次性取消了申请者的人均收入比例限制，即房屋可以卖给任何一个愿意花这样的价钱，且能接受控制和转售限制的人。也有部分项目，要求放宽的程度分阶段进行，如家庭收入在平均收入水平 80% 的买家不能在 60 天内找到，可将房屋授予收入水平在 100% 的买家，如果再过 60 天，仍然没有找到符合资格的买家，比例变成 120%。当项目的资格含有多个指标时，很可能放松一个（如家庭收入），并保持另一个（如家庭住址）。

（3）再审核机制：共有产权住房的业主在入住期间，并不要求保持原先购买共有产权住房时的资格标准，当他们的收入增加时，并不需要受到处罚。然而一些案例中，虽不要求其搬出，但在家庭收入和成员改变的情况下所引起的持有成本需要房主承担。这种类型在有限产权合作房中更为常见，由于公共资助的租赁证明在有限制性产权合作房中的广泛使用，它覆盖了成员每月在占用共有产权单元中的持有成本，因此当房主的收入提高时，这样的公共补助将对低收入居住者提出更高的贡献要求。相反，社区土地信托和限制合同住房在房主增加其收入之后并不会被收取更高的费用。

3. 退出的方式

不管共有产权的持续时间是长还是短，由于合同到期后的失效、房主的违约行为、行政实体不再执行控制等原因，房屋在使用和转售上的控制总会有终结，这将面临补助金失效、房屋增值等问题。其具体的退出方式有以下五种做法：一是允许房屋直接入市，取消房屋限制并且不进行重新利用。房主在转售时获得房屋增值收益，可负担性伴随着补助金一同消失。二是在控制失效后的第一次转售中保持优先购买权。共有产权住房的赞助方有权获得该有限购买权，其他的组织只有在市场价格的前提下才能拥有购买权。三是在控制失效后的第一次转售中取回原始补贴。如一些控制失效条款要求房主按恰当的利率缴纳原始补贴，通常是一年 5%。四是在控制失效后的第一次转售中，取得部分的房屋增值收益。五是在房屋控制失效后，依旧控制土地的使用。在社区土地信托模式（CLT）下，当屋主没有按照规定期限还清贷款，房屋被取消赎回权后，允许放贷方在公开市场上转售该住房。转售成功后，CLT 将土地租赁给新房主，同时由于新房主所要缴纳的费用已经不是原先的可负担性地租，因此 CLT 将会劝说新的租赁者以低租金为条件重新接受使用和转售限制。

4. **转售设置**

在所有转售设置条件中，最基本的就是转售价格的确定，不同的计算公式其目标都是为了保证房屋的一个持续可负担性。许多转售公式的设计允许房主收回原始的定金，并获得抵押贷款中已经被摊销的部分支付款项，实现一个房主投资的合理回报。值得注意的是，许多转售限制并不保证房主能得到公式所决定的价格，因为公式建立的只是一个上限值。目前美国设定共有产权住房的转售价格共有指数式、成本式、评估式和分项式 4 类方法，其中最具广泛运用的是指数式和成本式。

（1）指数式：以中低收入家庭的原始购买价为基数，利用特定的指数进行计算，其中指数的选取分为由家庭收入决定和由家庭花销决定。前者通常利用地区平均收入的变化百分比为指数，也有部分项目利用某些群体的收入作为指数，如蓝领的工资、社会福利支出或教师、护士、警察等特殊职业工资等。在成本方面，通常选用 CPI 为指数进行计算。此外，还有项目利用现存住房的售价来确定相关指数或结合收入和支出的指数共同决定转售价格。

（2）成本式：根据地区人均收入的一定比例（确定中低收入居民收入状况）确定其有效的住房支付能力（如前者的 30%），并在此基础上扣减购房所需的税费、保险费，根据贷款利率，贴现计算满足完全购买力的贷款金额，加上一定的资产积累数额作为首付，合计确定住房转让价格。这一价格完全基于购房人的支付能力，并规避了利率变动对贷款人造成的支出影响。但其确定的价格可能随着利率的上升而下降，因而出让住房者面临潜在的房价下跌的风险。

（3）评估式：在购买和转售时对房产进行市场估价，通过给予房主房价增值的特定比例收益，以原始房价为基数确定转售价格。这个比例由在房产中所增加的任何价值所决定，可以是10%、25%、50%或者是一个由居住时间长短决定的百分比，如一个房主居住时间不超过2年，则房屋增值中房主可获得的份额为10%，然后每增加一年，百分比就增加1%，直到50%的最高值。评估价格的方式又分为两种：一是以评估为基础的公式对房主的改善性支出给予了回报，其给予房主在增值上的份额仅限于房主在当初购买时所占的份额部分价值。在转售中，房主不仅接收了房地产增值的特定百分比收益，而且也获得了对特定（预先受批准的）改进的投资支出。二是认为房主所得到的产权增益的份额应该与原先购买房产时的份额相当。这一类型通常发生在有补贴的受限制住房中，若在最初购买时除去补贴，购买者的花费是原始价格的60%，则得到增值收益的60%。最终转售的价格为购买者所花的钱加上增值收益。

（4）分项式：以原始房价为基数，增加或减少特定的因素来增加或减少房屋的价值。分项式的独特之处是对所有者权益进行直接调整，转售价格是所有者权益在转售当日的总和，包括住房者的首付、抵押贷款中的本金以及购买房产后任何改善所增加的价值。影响因素可分为以下几类：改进的价值——对住房的资本改进可以作为所有者权益的一个附加值；维修养护和折旧——维修养护和折旧对房屋造成的影响刚好可以相互抵消，因此维修养护对所有者权益的增加通常不需要计入，除非同时减去折旧的价值，但需要赞助者对分散在长时间内的小额维修工作进行监督；不寻常损伤的处罚——该价格将由赞助者在房主离开之后，负责修理完成后的总价格决定，并从转售价格中进行扣除；通货膨胀调整——保护房主的投资价值，一些项目利用固定比例的通货膨胀因素，如每年2%。

在转售过程中，通常遇到的三个问题分别为符合资格的买家如何参与交易、受限制房产如何从卖方过渡到买方、赞助者在管理转售过程中的角色是什么。以下分别从买家参与机制、房屋转售机制及赞助者角色三个方面给予解答。

买家参与机制：一方面，可由诸如公共机构、非营利组织或者负责监管住房的社区土地信托、住房合作社等代表的第三方去设立一个候补名单，卖家必须在该名单中进行挑选。另一方面，第三方也可以使用独占权将房产卖给任意指定的买家，或者使用其优先购买权，甚至一些项目中，卖家可以自己选择买家。

房屋转售机制：通常由卖方直接过渡给买方。部分项目是由第三方加入，即卖方先将房产过渡给第三方，再由第三方过渡给买方，这使得第三方可以对房产进行改造修复，也使第三方能够更好地行使转售控制。

赞助者角色：在转售前对房产进行检查和修复、计算房价、营销房产、对购买者实行资格审查、制定候补名单、选择潜在购买者、为潜在购买者安排可负担融资、为潜在购买者提供咨询、对潜在购买者实行信息披露、购买和转售房产等。

6.3.3 住房使用限制的规定

在共有产权住房中最常见的使用限制是对房主持续居住的要求以及遗赠限制。

1. 空置和转租限制

一般而言，在美国共有产权住房中，空置和转租都是被禁止的。具体可分为以下三种类型：

（1）要求全部时间的居住，禁止转租。如果房主没有遵守规定，将被公开宣布其违约行为，经过正当程序之后，将被要求搬出房屋。

（2）建立入住率的最低要求，禁止转租。若房主将共有产权住房看作他们的主要法定住房，可以离开房屋1个月或赞助者所设定的时间范围。在一些社区，当房主需要离开的时间超过1周，需要得到赞助者的预先许可；另一种情况是房主只需要简单地通知赞助者这间房屋将要在一段时间内闲置。在这段时间里，房主不能将房屋借给其他人居住，就算是免费的也不行。

（3）建立入住率的最低要求，控制转租。房主必须将转租意图通知给负责监督和实施使用控制的行政实体，必须确保行政实体对将要入住的人员和该单元的转让条款进行批准。此外，房屋的租金也受到了限制，不能超过契约中所规定的最大值。转租价格与转售价格的限制目的一样，都是为了保持房屋的可负担性。

2. 遗赠限制

共有产权住房作为一种财产，具有一定的可继承性。因此，当住户的子女符合相关政策时，可以直接作为房产继承，即继承被继承人拥有的相应权利。但是，由于共有产权住房存在着政策性优惠，当住户的继承人不具备这样的条件时，被继承人应退出共有产权住房，被要求卖掉他们的所有权权益，再从转售中获益，转售限制与过世的房主所接受的一样。美国对遗赠限制做法具体有三类：

（1）对任何继承者的占用都没有限制：但是要求继承者需要遵循原先房主所遵循的使用和转售限制。

（2）对于家庭成员的占用没有限制：几乎所有的共有产权模型都允许过世房主的配偶和儿女继承并入住保障房，尽管继承者不符合准入标准。有时这一标准会扩大到与继承者没有血缘、婚姻或收养关系的人员中，但是该人员要在房主过世前有至少1年的时间入住在该房屋中。

（3）占用权只给符合准入标准的继承者：尽管这种方式很稀少，

但是这种限制通常会发生在合作住房中，共有权权益可以成功转移给家庭成员，但是新的房主若没有达到标准，则不能允许居住在房屋中。

6.3.4 住房维修养护和改善的要求

为了保证住房的可持续利用以及保值增值，美国许多形式的共有产权住房一般会要求房主必须对房屋进行定期的小型维修，甚至还会要求房主对房屋进行改善以增加房屋的使用和转售价值。

1. 住房维修养护的要求

根据赞助者的不同标准，以及不同标准下实行的不同方法，可将对维修的要求分为以下四个层面：

（1）根据市政法规的要求：赞助者要求房主将住房按照市政规定的可适用标准进行维修养护。赞助者不定期检查房屋，但不对维修工作进行干涉，全权交由公职人员去判定屋主是否遵循了可适用法规。当政府机构证实房主没有按照当地法规进行房屋维修的时候，赞助者才开始介入。如果后续情况仍没有改善，赞助者可以公开宣布房主对房屋的契约、土地租约或产权租约产生了违约。再根据具体情况，对违约的住户给予罚款，或者更严重的，直接让其搬离住所。

（2）要求维修养护程度足以维持保险：赞助者的原始关注点即共有产权住房的可持续保险性。房主必须维持其房产使其能一直处于保险范围以内。由于这种类型很少见，虽然保险公司作为制定维修标准的一方，但是定期检查的工作通常从保险公司的代理商手中转到监督和执行住房使用和转售限制的行政实体中。

（3）要求维修养护足以避免后续房主的主要成本：许多共有产权住房的维修标准定为下一个低收入家庭保持房屋的可居住性和可负担性。由于后续的房主会在入住房屋之前被要求对房屋进行主要的复原和系统置换，因此，现任房主将被要求对房屋结构和体系进行维修，以至于不会使随后的房主产生主要成本。通常，赞助者会在转售的期间检查房屋，为了确定维修是否被忽略，房屋是否在正常磨损的情况下遭受了过多的损害。如果答案是肯定的，那么房主在售房之前需要对过失进行弥补或是在房屋转售的收益中扣除维修的评估成本。

（4）要求维修养护足以达到社区支持：社区兼容性是一些赞助者非常高远的目标，一个维修标准设定主要是为了保证周围居民对特定项目的接受和支持。通常要求业主满足维修建筑和场地的标准，这些标准比当地政府所要求达到的水平高，还可能延伸到审美考量，如房屋外表的状况、颜色等。

2. 住房改善的控制

对于住房的改善控制分为是否需要被审批和是否在转售时增加附加价值两个维度。

（1）改善的控制程度：若共有产权住房房主的任何建筑改善都被允许，没有限制也不需要被批准，只要使管理使用和转售的行政主体在开工之前被通知到即可。若房主的任何资产改良都被禁止，如果确实有改良需要，则由合作性住房合作公司、社区土地信托或者其他分享住房所有权的组织进行完成。在这两个极端情况中间，又有多种组合形式。

（2）对附加价值的控制：在共有产权住房中，并不是由市场决定哪个改进可以增加房主的收益，而是通过转售公式来计算。在设计公式时，首先要确定哪些资本改进可以计入收益中，区别改进是增加了房屋的效用（如添加了浴室或另一间卧室）还是被看作是可以被自由支配的奢侈品（如游泳池、镀金水龙头等）。赞助者并不会制止这些私人奢侈品的安装，但也不会使转售价格随之增长。其次是给这些改进评估价值，赞助者必须决定是用改进的投入还是改进后的产出来计算这一评估值。开发商需要认识到这些评估都是不精确的。特别是有些改进是由多年的小改变积累下来的。

根据住房改善的两个维度，可以将住房改善分为四种类型，分别为不要求被批准且转售价格没有增加、不要求被批准但转售价格可增加、需要被批准且转售价格有增加、需要被批准但转售价格没有增加。其中不要求被批准且转售价格没有增加指房主允许进行任何改进，并没有赞助者的介入，也不需要赞助者的许可，只要他们拥有必需的许可证并满足当地辖区内的基本规定即可；改进的价值没有被计算到房主的权益中，也没有增加转售的价格。需要被批准且转售价格有增加指赞助者在建设之前对改进计划进行审查和批准，这样不仅使其在将要实施的改进措施中施加了质量控制，也使其能决定改进后所增加的价值。赞助者通常会限制有资格获得资本性改良收益的改进措施。

6.3.5 抵押融资监管

贷款购买限制性住房的最大障碍是附加在房屋上的限制，尤其是房屋的占用、资格、可负担性管理。放贷人允许在贷款期间对屋主实行的契约限制，也会同意转售或转租的价格限制，但是当取消房产的赎回权时，放贷人希望这些限制条件都能去除。赞助者的通常做法是使这些限制条件服从抵押贷款条件。当房主违约或当放款人取消房屋的赎回权时，借款人允许直接将房屋收回并将其上市。然而这一情况的发生不利于房主、赞助者以及放款者，因此赞助者在尽可能使融资变为可能的同时，也尽可能地避免取消抵押贷款赎回权这一现象的发生。具体采取以下五种方法进行处理：

（1）事先批准抵押贷款和留置权：赞助者在使房主免受掠夺性贷款侵害的同时，也保护了自己行使管理和限制的能力。在一些项目中，赞助者的权威是受限制的，他们必须同意任何满足协议或租约中所规定的特定条件或者包含特定特征的贷款。在一些共有产权项目中，赞助者权威是没有限制的，拥有其自由裁决权，购房人必须经过运作机构的批准才可以申请抵押贷款。

（2）违约的通知：当房主在他的抵押贷款支付中发生拖欠的行为，或者房主已经出现了违约状况，需要告知赞助者。通常通知要求被列入贷款程序中，通过借贷机构与赞助者的及时沟通，做好前期的沟通、风险预警和信息披露共享工作。

（3）补救的机会：在赞助者接到住户违约通知之日起，赞助者将被授予30～90天的停滞时间用以代表房主去解决违约情况。在这一时期中，放款人必须延迟取消赎回权的时间，如果解决无效，则通过回购产权等方式控制住房房源。

（4）取消赎回权发生之后取回房产的机会：一些房屋赞助者（尤其是在社区土地信托模式下）在借款人取消赎回权之后希望取回房产，价格可能由市场价决定也可能由房主在贷款中的未清余款加上放款者在执行取消抵押贷款赎回权的过程中所发生的任何费用所决定。

（5）取消赎回权发生之后控制房产的机会：在社区土地信托中，房屋被取消赎回权之后，社区土地信托依然保留土地的所有权，因此可对新的房主收取市场租金，社区土地信托可以用降低租金的筹码来换取房屋的控制权。

一些赞助者反对房主利用房屋进行抵押贷款，尤其是在限制产权合作房中。然而，在限制合同住房和社区土地信托中，却是完全相反的例子，房主被要求获得个人的抵押贷款来购买房屋，当后期的改进被允许后，买家必须自己负担改进的资金，这类受限制住房的赞助者将不会妨碍屋主去增加个人或公共的资金来源。

6.3.6　监督管理

补贴保留模式下的住房存在着限制性条件和各类要求，其通常包含在各项目所执行的合同中，不同类型的补贴保留模式拥有不同的合同控制方式。如独立契约的主要目标是保证转售价格的可负担性并决定转售过程，一些赞助者认为契约能“自动运行”，因此很少进行监督和管理，大多数赞助者则很好地控制了契约的运行；抵押契约限制随着债务和贷款的结清而消失，放贷人可以公开宣布其违约行为并对没有处理好的违约行为案例取消其赎回权；在土地租约中的使用和转售限制是指在社区土地信托中，土地的所有者对土地的使用以及对房屋的占用、遗赠、维修、改进和融资进行监督，收取土地月租费、定期检查可以让土地所有者了解承租人的表现，并对违约情况进行及时处理，当违约严重时，可以将承租人赶出，买回房屋再卖给下一个承租人；合作住房文件中的转售限制以及产权租赁中的使用限制是指在限制产权合作房中，转售限制通常出现在合作住房公司的章程、认购合同的条款以及股票说明上，合作住房的使用限制则在产权租约中，对产权租约的违约可以通过罚款和一系列包括驱逐的制裁手段，由于转售过程有合作社的参与，因此违约情况较少，一旦出现，合作社可阻止其转售行为的发生。

共有产权住房的赞助者，无论是负责建造的非营利组织、负责提供资金的公共机构还是负责管理的社区土地信托或有限产权合作社，都需要保持着对合同控制的责任和监督。当然，这一责任也可以委托给其他方。以下根据监督的程度以及监督实体的不同，将监督行为归纳为以下四种类型：

（1）尽职调查：赞助者认为使用和转售的违约行为会通过买家、借款人、保险公司和其律师的尽职调查来发现，并没有进行监督。

（2）告知情况：大多数时候，赞助者并不干涉房屋的买卖过程，只有在房主违反了市政规定、对其贷款进行了违约、保险被取消、公共设备被关闭或者是潜在购买者反映房价过高时，赞助者才会出面调查并迫使房主服从合同或租约中的规定。

（3）通过共有产权住房中的管理实体进行监视：许多限制产权合作房和社区土地信托有权对房主是否违约贷款、是否违反市政规则、房屋损害后的保险以及转售过程进行定期检查。如本书所述，每月所有缴纳的费用也可以作为一个预先报警系统来判定房主是否有财政上的危机。

（4）通过外在组织进行监督：通常发生在大型的合作社，指不享有共有权以及不运行转售限制的政治实体，如董事会雇用房地产管理公司进行监督，计算转售价格，批准潜在购买者，以及以特定的价格购买房地产等。州政府通常通过建立一个公共部门来支持质量管理并对地方层面上的共有产权住房项目进行监督。专门的管理机构或职员能够对项目进行更好的监督并实现房主需求与公共利益之间的平衡。包含多个单元（200～400个单元）的社区通过项目间的结合或与单独的管理实体合作，不仅能实现成本效益，而且能得到更好的管理[①]。

监督和实施合同控制的成本来源有多种途径。可由中央或地方政府提供，也可通过组织的其他运营生产所得。此外，受限制住房家庭的每月缴纳费用也是成本来源之一，尤其是在社区土地信托和限制住房合作社中，合同限制住房也可以在市政赞助者提供低息贷款的基础上，增加几个点用于抵消贷款的服务成本及监督和运行保障性契约的成本。最后，成本还能从转售中补偿，可以从卖方的获取权益中扣除，也可以选择把这一部分成本增加到转卖价格中。

每个社区土地信托、限制性产权合作房以及限制合同住房的开发商都面临着管理平衡的调整。管制过多会减少共有产权住房的满意度和吸引力，过少则会丢失长期保障性。一旦政府不能有效地管理和监督相关项目的实施，保证长期保障性住房的法律法规就显得没有意义。共有产权模型保持可负担性和公共补贴的能力依赖于成功的管理与监督。尽管一些地方政府和组织对其实施的项目已经进行着有效管理，对各自的单元和用户也提供了相对全面的监督，州政府仍旧可以通过在过程中提供的管理指导来进行帮助。

合理的管理计划、可靠的专业技术、充分的财政和员工资源是增加和保持管理能力所必需的，同时也能确保项目在长期运行过程中实现稳定的管理状态。一些州通过将管理功能合并到一个特定实体中来

① Rick Jacobus, Burlington Assocs. Scalable Business Models for Marketing and Preserving Shared Equity Home Ownership. Presentation and Panel Discussion Before the Neighborhood Works Training Institute Symposium, 2007.

增加共有产权住房项目的管理能力。如特拉华州创建了一个遍及全州的社区土地信托，将其作为唯一的管理机构，对全州范围内的所有受转售限制的土地信托住房进行监督。还有一些州通过金融和技术上的协助增加了地方政府的管理能力。如华盛顿在2007年拨款20万美元用于社区土地信托的监督管理能力建设。又如明尼苏达州的住房融资机构为地方行政管理人员提供了培训和技术上的支持，并与一些第三方咨询公司等组织进行合作在各地扩展此类服务，尤其一些监督能力较弱的地方。

6.4 本章小结

通过对美国共有产权与共享收益模式的研究，其在补贴策略和补贴来源两个方面都给我国建立共有产权住房模式带来借鉴作用，本章节从以下两个方面进行阐述：

（1）通过制度设计，保证政府掌握一定数量与中低收入家庭支付能力相适应的低价房源是必要的。通常，中低收入家庭的收入增长低于社会平均收入增长，也低于平均房价的增长，如果政府不掌握一些与中低收入家庭支付能力相适应的低价房源，将导致中低收入家庭买不起住房，出现政府的补贴越来越大的现象。如图6－2所示，假设初始阶段一套市场价为30万美元的住房，中等偏下收入家庭在没有政府资助的情况下就能买得起，在5年时间里房价增长率为50%，收入的增长率为25%的假设前提下，5年后的住房售价为45万美元，然而中等偏下收入家庭只能买得起37.5万美元的住房，在这种情况下，需要政府补助7.5万美元。假设房价、工资继续保持这样的增长率，由于房屋价格增长显著高于家庭的工资上涨，再过5年，市场价格上涨为67.5万美元，中等偏下收入家庭可承受的价格为46.9万美元，政府补贴增加至20.6万美元（见图6－2）。美国补贴保留模式下的共享权益住房对转售价格有着严格的限制，并广泛运用指数式和成本式等转售公式来确定转售价格，目的是将政府的补贴收益一直沉淀在住房资产里，保证住房市场一直有一定数量的与中低收入者购房能力相匹配的低价住房的供给，确保新住户的购房开支在能够承受的范围之内，实现权益在前后保障户之间的“共享”。我国的保障性住房也可以尝试改变 5 年后上市交易（导致政府不停地建造经济适用住房）的现状，转而对转售价格、转售对象作出更严格的规定，延长封闭运作时间。

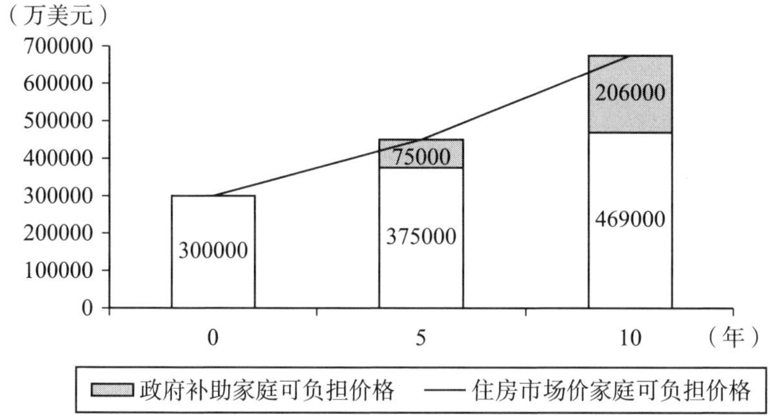

图 6－2　逐渐增长的保障性缺口要求不断提高的补贴水平

（2）拓宽低成本住房开发补贴来源的渠道。如何多渠道提供低成本的住宅，美国共享权益住房提供了思路：一是各级政府应该建立稳定的住房保障基金，专用于低成本住宅的建设与购置；二是要通过立法或城市规划的强制性手段，在商品住房开发中配置一定比例的保障性住房，这是减少政府直接投资与直接建设的有效办法；三是利用单位存量土地（土地使用权依然属于单位），建设一些面向本单位无房或住房困难的中低收入家庭，购房者只承担建安成本，拥有建筑物的所有权，今后只能转售给单位或本单位符合条件的家庭（类似于美国的社区土地信托）。

第 7 章　共有产权住房的“上海模式”

2007 年下半年开始，上海市着手研究制定共有产权住房（经济适用住房）政策，在充分吸取各地实施经济适用住房经验，调研淮安共有产权住房实施情况，广泛听取社会各方面意见基础上，2009 年 6 月发布了《上海市经济适用住房管理试行办法》，明确提出按照“共有产权”的方式，完善经济适用住房“有限产权”的运作机制。同年，在徐汇、闵行两区开展申请供应试点。截至 2020 年底，上海已累计开展了户籍八个批次和非沪籍两个批次的申请供应工作，累计签约购房 12.75 万户，其中 2011 年 28390 户，2012 年 13131 户，2013 年 24872 户，2014 年 24833 户，2016 年 10495 户；2018 ~ 2020 年 25779 户。[①]

共有产权住房的推出完善了“住房消费梯队”，与公租房、租赁型商品住房、销售型商品住房等形成不同产权形式和梯度消费的住房模式，有助于满足不同的消费需求，在上海市住房保障体系中发挥了举足轻重的作用。上海共有产权住房的主要特点：用地性质为行政划拨；购房人产权份额按出资额与周边房价的比例关系确定；政府让渡租金收益；购房者 5 年内不得上市和出租；取得不动产权证满 5 年，

① 资料来源于上海市房地产科学研究院。

购房人、同住人可以购买政府产权份额，也可以上市转让共有产权住房。5 年后上市转让的，保障机构有优先回购权；购房人和保障机构按各自的产权份额分配上市收益。这种制度设计充分发挥保障对象的经济能力，实现住房产权保障，既彻底地解决了保障对象的居住困难问题，又为保障对象创造了享受一定财富增值的空间，同时又减少了政府建设资金沉淀，压缩了现行经济适用住房制度普遍存在的寻租空间。

7.1　政策出台背景

1998 年全面停止住房实物分配制度后，上海一直没有积极实施经济适用住房制度，2003 年上海市撤销了经济适用房管理中心，此后，上海市政府曾宣布上海不建设“经济适用住房”，取而代之的是配套商品房（动迁房）和中低价商品房。[①] 因此，当时本地居民解决或改善住房问题的路径：购买或者租赁商品房；申请政府的廉租住房；若原住区列入旧城改造，则通过动迁安置房改善居住条件。由于廉租住房的保障面很窄，旧城改造的范围也十分有限，大多数居民只能被迫通过市场解决住房困难。恰巧 2003 年以后，上海商品住房价格快速上升，加上 20 世纪 80 年代的“结婚潮”，出现了大批既不符合政府廉租住房申请条件，又买不起或租不起商品住房的“夹心阶层”家庭，形成巨大的社会压力，迫切要求上海政府创新住房保障方式，加大住房保障供应力度。

7.1.1　普通居民收入增长滞后于房价，住房消费压力剧增

2003 年以后，上海的房价进入快速上升通道，全市商品住房成交均价从 2000 年的 3565 元/平方米，上涨到 2004 年的 6385 元/平方米，2007 年的 8253 元/平方米，2009 年的 12364 元/平方米。2000 ~ 2009

① 《上海经济适用房调研报告》，道客巴巴，2014 年 7 月 11 日。

年，房价上涨了3.47倍，而同期人均可支配收入仅增长2.46倍，尤其是低收入家庭、中低收入家庭收入分别仅增长1.92倍、2.19倍（见表7－1），远小于房价上涨的幅度。

表7－1　上海市2000年和2009年商品住房均价与城镇居民人均可支配收入

年份	商品住房均价（元/平方米）	人均可支配收入（元/年）	低收入家庭人均可支配收入*（元/年）	中低收入家庭人均可支配收入（元/年）
2000	3565	11718	6888	8815
2009	12364	28838	13205	19320
2009/2000	3.47	2.46	1.92	2.19

注：＊为2000～2003年的数据是根据最低收入户与低收入户加和的平均值。
资料来源：历年《上海统计年鉴》。

2000～2009年，上海住房均价的上涨速度远高于人均可支配收入的增速，而全市人均可支配收入的增速又远高于低收入家庭人均可支配收入和中低收入家庭人均可支配收入的增速。按家庭平均人口2.7人计算，低收入家庭、中低收入家庭购买一套70平方米的普通住房，房价收入比分别从2000年的13.4倍、10.49倍扩大到2009年的25.3倍、16.59倍，大大高于我国房价收入比极限值11倍以内的标准（虞晓芬，2012）。

2014年，上海房价基本形成“5321”格局，即内环内新房均价基本达到5万元/平方米，内中环间3万元/平方米，中外环间2万元/平方米，外环外1万元/平方米以上。到2020年，上海最外围的嘉定区住房均价接近4万元/平方米，奉贤区的住房均价也接近3万元/平方米。在上海房价快速上涨的20年里，低收入家庭和中低收入家庭人均可支配收入的增速远远滞后，必然导致大量低收入家庭、中低收入家庭被挤出商品房市场，难以通过自己的力量解决住房困难，需要政府的帮助（见图 7－1）。

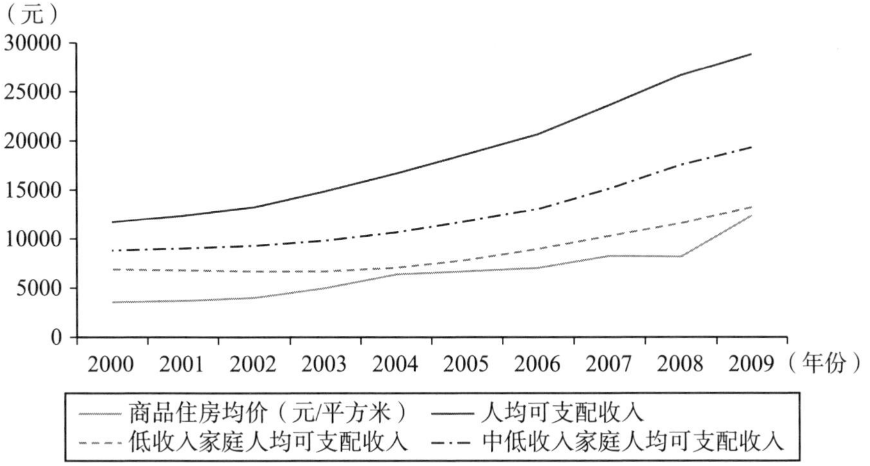

图 7－1　2000～2009 年上海住房均价与人均可支配收入的走势

7.1.2　“结婚潮”到来，对拥有产权型住房的诉求强烈

中华人民共和国成立以后，我国出现了三次人口高峰，第一次出生高峰发生在 1950～1957 年，约有 94% 的妇女生育 3 个孩子，近半数的妇女生育 6 个孩子，平均生育率高达 35.56%，平均每年出生的人数均为 2088.5 万人；第二次出生高峰发生在 1962～1971 年期间，平均每年出生人数高达 2796.2 万人；第三次出生高峰则发生在 1981～1990 年期间，平均出生人口 2274 万人①。1981～1990 年出生高峰期的人口，正常的结婚时段在 2006～2015 年，产生巨大的购房刚性需求。

1985～1990 年，上海年平均出生人数 17.21 万人，是人口出生高峰期②，到 2006～2013 年进入结婚高峰期。表 7－2 显示上海市

---

① 资料来源于历年《中国统计年鉴》。1991 年以后我国新出生人口就持续回落，1991～2000 年平均出生人口下降到 1591 万人。

② 1991～2000 年下降至年平均 8.45 万人。

1999~2019年结婚、离婚人数，清晰地反映出第三次人口出生高峰期的影响。

表7-2　　1999~2019年上海市结婚、离婚人数

年份	准予登记结婚（万对）	初婚（万人）	再婚（万人）	离婚人数（万件）
1999	9.05	15.07	2.46	—
2000	9.31	15.08	2.89	3.18
2001	9.30	16.23	2.68	3.15
2002	9.10	14.60	3.05	2.96
2003	10.82	18.20	3.97	3.30
2004	12.49	20.27	5.18	3.63
2005	10.27	17.44	4.09	3.93
2006	16.56	28.29	5.83	4.72
2007	12.01	19.10	5.93	4.69
2008	15.16	22.04	7.28	4.68
2009	14.99	23.33	6.65	4.83
2010	13.03	20.10	5.96	4.67
2011	14.89	23.94	5.84	4.78
2012	15.42	22.96	5.88	5.29
2013	14.95	22.17	7.74	6.96
2014	14.19	20.14	8.25	6.15
2015	14.18	19.89	8.47	6.66
2016	12.52	13.79	11.25	8.26
2017	10.87	13.84	7.90	5.72
2018	10.37	14.23	6.51	5.41
2019	9.87	12.01	7.72	6.17

资料来源：历年的《上海统计年鉴》。

2006～2013年平均每年登记结婚14.63万对，比1999～2005年上海市年平均登记结婚10.048万对增长43.6%，2014～2019年又回落到10.27万对。当时，出现了一大批“老上海”居民子女的住房问题，[①] 这批“老上海”居民大多数是20世纪50年代出生，上过山下过乡，文化学历层次低，又经历了下岗，面临子女结婚需要分户居住，而自身的购房能力十分有限。这些子女又将长期在上海工作与生活，因此，对居住的稳定性、产权的保障性诉求强烈，倒逼政府考虑提供出售型的产权保障性住房。

7.1.3　经济适用住房制度存在寻租空间，需要完善

停止住房实物分配制度后，上海一直没有积极实施经济适用住房制度。我们认为上海之所以没有按照国务院《关于进一步深化城镇住房制度改革加快住房建设的通知》提出的建立和完善以经济适用住房为主的多层次城镇住房供应体系，可能的原因为：一是2000年前后上海商品房库存量极大，市场疲软，担心经济适用住房的建设会冲击房地产市场；二是经济适用住房用地采用行政划拨，与商品房市场形成了双轨制，没有得到占主流的市场学派政府官员的支持；三是当时上海商品住房均价整体水平不高，住房保障压力没有显现；四是各地在实施经济适用房制度过程中多次曝出经济适用住房被“权贵阶层”“有门路者”瓜分以及售后被用来出租牟利等问题，影响政府实施的决心。

但随着2003年以后房价快速上升，一方面，上海出现大量既不符合廉租住房申请条件又消费不起商品住房的“夹心阶层”，这些“夹心阶层”对拥有自有产权住房需求强烈，不得不迫使政府思考政策的调整；另一方面，2007年中央开始重视居民住房保障工作，出台《关

① 上海市房地产科学研究院：《上海住房保障体系研究与探索》，人民出版社2012年版。

于解决城市低收入家庭住房困难的若干意见》。上海市人民政府根据中央精神，发布了《贯彻国务院关于解决城市低收入家庭住房困难若干意见的实施意见》（以下简称《实施意见》），明确建立健全经济适用住房制度，值得注意的是，提出经济适用住房在向低收入住房困难家庭供应的同时，向中低收入住房困难家庭和市政府认定的特定对象供应。不同于《关于解决城市低收入家庭住房困难的若干意见》提出的经济适用住房供应对象为城市低收入住房困难家庭的表述，《实施意见》反映出当时上海中低收入家庭（“夹心层”）住房困难矛盾异常突出。上海住房保障和房屋管理局于2007年10月开始着手《上海市经济适用住房管理试行办法》的制定工作，历时20个月，先后修改八十多稿。2009年6月，上海市人民政府颁布《上海市经济适用住房管理试行办法》，与其他城市经济适用住房管理办法不同的是，上海版首次明晰了经济适用住房有限产权的内涵，“其产权份额为购买经济适用住房时购房价格占相同地段、质量的普通商品住房市场价格的一定比例，在《经济适用住房预（出）售合同》中约定，并在房地产登记信息中予以载明”。并规定“取得房地产权证满5年后，房地产权利人按照其拥有的有限产权份额获得总价款的相应部分，其余部分上缴原住房保障机构所在区（县）的财政部门”。尽管文件中只字未提共有产权住房，但实质是个人与政府形成了共有产权关系。2016年正式下发《上海市共有产权住房管理办法》，同时废止《上海市经济适用住房管理试行办法》。2016年《上海市共有产权住房管理办法》允许居民在购买共有产权住房5年后，以市场评估价把政府产权份额买回来，将住房的性质转变为商品房。2019年版重大的修订是，允许非本市户籍家庭同时符合居住证持证和积分、住房、婚姻、缴纳社会保险、缴纳个人所得税、收入和财产等条件的，可以申请购买共有产权住房，面向对象从户籍居民向非户籍居民开放。表7－3展示了上海共有产权住房政策出台与变化的历程。

表7－3　　上海市共有产权住房政策出台过程

年份	内容	文件号
2007	《贯彻国务院关于解决城市低收入家庭住房困难若干意见的实施意见》	沪府发〔2007〕45号
2007	《上海市经济适用住房管理试行办法》开始制定	住房保障和房屋管理局
2009	《上海市经济适用住房管理试行办法》正式出台	沪发〔2009〕29号
2011	《上海市经济适用住房价格管理试行办法》	沪发改价督〔2011〕002号
2016	《上海市共有产权住房管理办法》	沪府发〔2016〕39号
2016	《上海市共有产权住房供后管理实施细则》	沪府办〔2016〕78号
2019	《上海市共有产权住房管理办法》	沪府发〔2019〕26号
2019	《上海市共有产权住房申请、供应实施细则》	沪房规范〔2019〕22号
2020	《上海市共有产权住房准入标准和供应标准》	沪房规范〔2020〕5号

7.2　共有产权住房制度设计

上海共有产权住房制度设计脱胎于经济适用住房。有两大特点：一是对申请人的收入、资产、住房状况作出明确的规定，面向中低收入住房困难群众，突出保障性。2009年试点时，收入限额人均月可支配收入2300元，财产限额人均7万元，人均住房建筑面积低于15平方米。2010年、2011年收入限额放宽到2900元、3300元，财产限额放宽到9万元、12万元。[①] 二是保留经济适用住房建设与管理特征，但在产权管理上依据政府在住房开发中的各种投入（如免收的土地出让金、免收的行政事业性收费、城市基础设施建设费用、其他税费的减免等）和购房人购房款投入所占的不同比例，设定政府住房保障机构和购房人不同比例的产权份额，显示政府的投入价值，既满足中低

①　根据上海市历年共有产权住房申请须知整理。

收入家庭基本的居住需求，又着力解决经济适用房权属模糊、寻租空间大的问题。

7.2.1 用地与建设政策

1. 行政划拨供地

凡是经上海市房屋土地资源局认定为共有产权住房建设项目，不管是单独选址还是配建的，都采取行政划拨方式供地。同时，为鼓励“退二进三”企业提供土地建设共有产权住房，对在同一地块上既建设商品住房、又建设共有产权住房的项目，可以采用邀请招标方式确定建设单位；企业提供两幅地块分别独立建设商品住房和共有产权住房的，允许采取两幅地块一并以邀请招标的方式确定建设单位，商品住房建设的地块以出让方式供地，共有产权住房建设的地块以划拨方式供地。

2. 免交城市基础设施配套费与行政性收费

对在上海市行政区域范围内建设的共有产权经济适用住房项目免收城市基础设施配套费、行政事业性收费、政府基金，建设单位直接向市住房保障房屋管理局申请办理配套费等免缴手续，享受国家规定的经济适用住房开发的各项优惠政策，现延续至共有产权住房，见《关于共有产权住房（经济适用住房）免缴城市基础设施配套费的通知》和《关于免收经济适用住房城市基础设施配套费的通知》。

3. 政府主导、市场运作

政府主导规划与供地保证，结合市重大工程配套商品房基地已建成的市政、公建配套设施，在宝山共康基地、顾村一号基地，闵行区浦江基地、颛桥基地，浦东新区曹路基地、周康航配套商品房基地、三林基地，嘉定区三林基地、江桥基地，青浦区华新基地，松江区泗泾基地，以及徐汇区、静安区等地单独选址落实一大批共有产权住房用地。并出台区（县）每年度配建的共有产权经济适用住房面积原则上不低于该行政区域内商品住宅建设总面积的5%等政策，保证一定的供应量。然后，由区（县）政府为主，通过项目招标形式，由建设单位按照建设项目协议书建设，并按照保本微利为基本原则，确定政府与开发商之间的结算价格，结算价格由开发建设成本、利润和税金三部分构成，项目利润率不高于3%。

7.2.2　供应与销售政策

1. 准入条件

上海共有产权住房保障的覆盖面主要为在上海居住、现有的财产积累低的中低收入家庭。上海市规定的申请条件：具有上海市常住户口达到一定年限，且户口在提出申请所在地的区（县）达到规定年限；现住房面积、人均可支配收入、人均财产均需低于规定限额；在提出申请前的规定年限内，任何成员未发生过住房交易行为。政府根据其保障能力、中低收入家庭住房困难状况、房源供应等条件和因素，动态调整共有产权住房的准入标准，2009～2020年上海市共有产权住房准入条件如表7－4所示。

表7－4　　2009～2020年上海共有产权住房准入条件

时间	户籍要求	住房面积、收入和财产的要求
2009年	上海户籍：家庭成员在本市实际居住，上海户籍连续满7年，且户籍在申请区5年以上	（1）人均住房建筑面积低于15平方米（含15平方米）； （2）人均可支配收入低于27600元（含27600元）； （3）人均财产低于70000元（含70000元）； （4）家庭成员提出申请前5年内未发生过住房出售行为和赠与行为
2010年	上海户籍：同2009年	（1）家庭人均住房建筑面积低于15平方米（含15平方米）； （2）3人及以上家庭人均年可支配收入低于3.48万元（含3.48万元）、人均财产限额9万元； （3）2人及以下家庭人均年可支配收入低于（含）3.828万元、人均财产低于9.9万元（含9.9万元）； （4）家庭成员提出申请前5年内未发生过住房出售行为和赠与行为

续表

时间	户籍要求	住房面积、收入和财产的要求
2012年	上海户籍：家庭成员在本市实际居住，具有本市城镇常住户口连续满3年，且在提出申请所在地的城镇常住户口连续满2年	（1）人均住房建筑面积低于15平方米（含15平方米）； （2）3人及以上家庭人均年可支配收入低于6万元（含6万元）、人均财产低于15万元（含15万元）； （3）2人及以下家庭人均年可支配收入和人均财产标准按前述标准上浮20%，即人均年可支配收入低于7.2万元（含7.2万元）、人均财产低于18万元（含18万元）； （4）家庭成员提出申请前5年内未发生过住房出售行为和赠与行为
2014年	上海户籍：同2012年	（1）人均住房建筑面积低于15平方米（含15平方米）； （2）3人及以上家庭人均年可支配收入低于7.2万元（含7.2万元）、人均财产低于18万元（含18万元）； （3）2人及以下家庭人均年可支配收入和人均财产标准按前述标准上浮20%，即人均年可支配收入低于8.64万元（含8.64万元）、人均财产低于21.6万元（含21.6万元）； （4）家庭成员提出申请前5年内未发生过住房出售行为和赠与行为
2018年	上海户籍：同2014年	在2014年准入条件（1）~条件(4）的基础上增加一条：家庭成员之间具有法定的赡养、抚养或者扶养关系，且共同生活
	非上海户籍	（1）持有《上海市居住证》且积分达到标准分值（120分）； （2）在本市无住房，在提出申请前5年内，不得在本市有住房出售或赠与行为； （3）结婚满一年； （4）在现工作单位工作连续满一年且工作单位在提出申请所在地注册连续满一年； （5）在本市连续缴纳社会保险或者个人所得税满5年； 同时满足2014年的准入条件（1）~条件(3）
2020年	上海和非上海户籍	准入条件同2018年

资料来源：根据《上海市共有产权住房（经济适用住房）准入标准和供应标准》整理。

与其他城市经济适用住房的准入条件相比，上海模式有三大特点：

一是增加了对人均财产的规定。财产包括：汽车、保险、股票、银行存款、在本市非居住房屋或本市以外房屋（含非居住房屋）、公司股份等。人均财产指标比人均收入具有更好的稳定性，更能全面反映家庭的经济状况与住房消费实力，因此，增加人均财产这项审核指标，能更精准地界定保障对象。

二是共有产权住房保障面逐步扩大至财富积累低的中等甚至中高收入家庭。譬如：根据 2014 年上海统计年鉴公布的城市居民收入数据，2013 年人均可支配收入 43851 元，其中：中等收入户人均可支配收入为 36989 元，中高收入户 48141 元，高收入户 87676 元，而 2013 年共有产权住房准入的人均收入限额为 6 万元，从收入水平看，申请对象已放宽至中高收入户，但由于存在着人均财产不超过 18 万元的限制，因此，实质只是把那些收入处于中等甚至中高水平但家庭财产积累少、家底薄的家庭纳入了保障范围。2020 年上海城镇常住居民人均可支配收入 76437 元，申请共有产权住房准入的收入条件为 7. 2 万元。其政策设计充分考虑了上海市商品住房价格高、青年人住房刚性需求大但财产积累有限的特点。

三是共有产权保障面扩大至非沪籍居民。2018 年上海市共有产权住房准入标准中把非户籍上海居民纳入保障范围中，这是一次有温度的保障：旨在有序解决持证年限较长、学历层次高、符合上海产业发展导向、为上海经济社会发展作出贡献的非户籍家庭的住房困难问题。本次扩展是在继续做好上海户籍中等或中等偏下收入住房困难家庭基本保障，保障力度只增不减、保障房源确保供应的基础上，按照既尽力而为、又量力而行的原则，聚焦在上海创业、稳定就业的，长期为上海经济社会发展做出贡献的新市民，有序把为上海经济社会发展做出贡献的非户籍的住房困难家庭纳入保障范围。

2. 供应标准

上海共有产权住房的供应标准突出基本功能，共有产权住房设计的总体原则：建筑面积不大、功能齐全，每套都配有卧室、起居室、厨房、卫生间、阳台等基本空间。根据家庭人口规模申请相应户型的住房，具体的供应标准如表7－5所示。

表7－5　2009～2020年上海市共有产权住房供应标准

时间	供应标准
2009年	单身申请人士或者2人申请家庭，购买一套一居室； 3人申请家庭或者原有住房建筑面积低于规定限额（即人均15平方米建筑面积限额×申请家庭人员数－申请家庭原有住房建筑面积）在15平方米（含15平方米）以上的2人申请家庭，购买一套两居室； 4人及以上申请家庭，购买一套三居室
2012年	同2009年
2013年	单身申请人士，购买一套一居室； 2人或者3人申请家庭，购买一套两居室； 4人及以上申请家庭，购买一套三居室
2014年	同2013年
2018年	同2013年
2020年	同2013年

资料来源：根据上海市共有产权住房历年的供应标准整理所得。

现有的供应标准为单人购买一居室，2～3人购买两居室，4人及以上购买三居室。对于申请家庭人员较多、申请家庭人员代际结构较复杂，或者经区（县）住房保障机构同意，申请家庭将原有住房交政府指定机构收购的，区（县）政府可以酌情放宽住房供应标准，但须报市住房保障房屋管理局备案。共有产权住房的套型设计如表7－6所示，每种套型对应的建筑面积的标准如表7－7所示。

表7－6　　共有产权住房（经济适用房）家庭结构与套型分类、套型模式

<table>
<tr><th>套型</th><th>分居住空间</th><th>套型模式</th><th>家庭结构</th></tr>
<tr><td rowspan="2">Ⅰ</td><td>1</td><td>单人卧室兼起居、餐厅</td><td>1</td></tr>
<tr><td>2</td><td>（1）双人卧室兼起居＋餐厅；
（2）单人卧室＋单人兼起居、餐厅；
（3）单人卧室＋单人卧室兼起居、餐厅</td><td>2</td></tr>
<tr><td>Ⅱ</td><td>3</td><td>（1）双人卧室＋单人卧室＋起居兼餐厅；
（2）双人卧室＋单人卧室兼起居＋餐厅（过道厅）；
（3）双人卧室兼起居＋单人卧室＋餐厅（过道厅）</td><td>2人或3人</td></tr>
<tr><td rowspan="2">Ⅲ</td><td rowspan="2">4</td><td>（1）双人卧室＋2×单人卧室＋起居兼餐厅；
（2）双人卧室＋单人卧室＋单人卧室兼起居＋餐厅（过道厅）</td><td>4人</td></tr>
<tr><td>（1）2×双人卧室＋单人卧室＋起居＋餐厅（过道厅）；
（2）双人卧室＋单人卧室＋双人卧室兼起居＋餐厅（过道厅）</td><td>5</td></tr>
</table>

资料来源：上海市保障性住房设计导则（经济适用住房篇，2011）。

表7－7　　共有产权住房（经济适用房）套型建筑面积标准 单位：平方米

住宅层数	中心城区内套型建筑面积		中心城区外套型建筑面积		
	Ⅰ	Ⅱ	Ⅰ	Ⅱ	Ⅲ
多层	40	50	45	60	70
七～十一层	42	55	47	64	75
十二～十八层	45	58	49	66	77
十八层以上	46	61	52	70	80

资料来源：上海市保障性住房设计导则（经济适用住房篇，2011）。

3. **产权设计**

产权按个人与政府共有的方式设计。购房人产权份额按照销售基准价格与周边房价的比例关系确定，计算公式为：

购房人产权份额 = 销售基准价格 ÷（周边房价 × 折扣系数）

政府的产权份额 = 100 − 购房人产权份额

其中，销售基准价格：是指共有产权住房楼盘销售给居民的平均价格。

周边房价：是指共有产权住房项目周边（一般取3公里）同类型普通商品住房在最近两年内的成交均价（不少于8个项目，若不能达到8个项目，则由评价机构提供评估价），周边同类型普通商品住房不包括低容积率和高档住宅。

折扣系数：以上海市共有产权住房的开发建设成本为基础，综合考虑保障对象经济承受能力和周边普通商品住房市场成交价格等因素确定。一般在0.85～0.9之间，实质上是政府对购买共有产权住房对象的利益让渡。

上海市规定购房人购买的产权份额不低于55%、不高于70%，五个百分点分档，共有四档（见表7－8）。

表7－8　上海市共有产权住房个人与政府产权比例（2012年、2013年）

类型	个人：政府产权比例（%）	具体项目	销售基准价格
第一类	70∶30	浦东周浦，浦东航头1号、3号地块、4号地块，闵行浦江7号地块、10号地块，松江泗泾新凯项目	5200～5800元/平方米
第二类	65∶35	青浦诸光路，江桥，嘉定南翔，宝山顾村	6700～7000元/平方米
第三类	60∶40	浦东三林1号、3号地块，浦东三林2号、4号、5号、6号、7号地块，宝山庙行共康项目	8000～8500元/平方米
第四类	55∶45	恒高家园一期－1、恒高家园二期、晶采坊	9300～9600元/平方米

单套销售价格是根据销售基准价格和上下浮动幅度确定。单套房的上下浮动幅度，根据楼层、朝向、位置来确定，上下浮动幅度不得超过10%。以单套销售价格计算的项目住房销售总额，与以销售基准价格计算的项目住房销售总额相等。

4. 审核管理

实施严格的“三级审核、两次公示”的审核程序。根据2019年《上海共有产权住房管理办法》，本市城镇户籍家庭或者个人申请购买共有产权住房的，应当向户口所在地的乡（镇）人民政府或者街道办事处提出申请；非本市户籍家庭申请购买共有产权住房的，应当向工作单位注册地所在的乡（镇）人民政府或者街道办事处提出申请，签署同意由住房保障部门指定的机构对其住房与经济状况进行核查和对审核结果进行公示的书面文件，并提交相关材料后。具体流程如表7－9所示，共有五个环节，每个环节通过后才能进入到下一个环节。

表7－9　　上海共有产权住房购买资格的审核流程

初审	由街道（乡、镇）住房保障机构负责初审，家庭收入和财产情况要委托“上海市居民经济状况调查评估中心”进行
首次公示	在申请家庭的户籍所在地和实际居住地进行首次公示
复审	报区（县）住房保障机构进行复审
再次公示	由区（县）住房保障机构通过指定媒体向社会再次公示
申请完成	由区（县）住房保障机构向申请家庭出具登记证明，并报市住房保障机构备案

申请通过后，即可进入轮候选房程序。在选房前，市住房保障机构还将对已登记的申请户进行抽查，抽查发现不符合申请条件的，将取消该申请户资格。根据2018年的《上海市共有产权住房申请户排序工作规则》，申请家庭的轮候序号需采取公开摇号方式，通过计算机程

序确定。

“上海市居民经济状况调查评估中心”在把握准入标准、防止不符合条件的申请人通过隐匿收入与财产骗取共有产权住房方面发挥了十分重要的作用。2009 年 6 月成立“居民经济状况调查评估中心”，市政府专门出台《上海市居民经济状况调查评估暂行办法》，授权调查评估机构可以运用入户调查、邻里访问、信函索证以及调取政府相关部门信息等方式开展工作。2009 年率先与人保、民政、税务、公积金、银行、房管、银监、证监等 14 个部门建立“电子比对专线”，至 2014 年底已发展到 28 个部门，调查评估中心查看社保基金、个税缴纳、存款账户、股市账户、纳税记录、房产登记、车辆登记、公积金缴纳情况、工商注册登记、商业保险等，其中，银行存款核查已覆盖全市 51 家中资银行及外资银行，证券信息查询已实现沪深证交所的信息全覆盖，可以全面掌握申请家庭的实际经济状况。市民政局、市住房保障和房屋管理局共同发布了《共有产权住房申请家庭经济状况核对实施细则》，明确界定了人均年可支配收入与申请材料填写的不相符合，金额超过（含）5000 元的，或拥有机动车辆、非居住类房屋未申报等 7 种“不诚信”情形，审核机构可以中止核对。2010 年共有 2418 户家庭进入核对系统，有 201 户家庭不符合申请条件，检出率约 9.1%，避免公共财政损失约 6600 万元。2011 年，全市 31452 户申请共有产权住房，经过核对，2645 户家庭不符合条件，检出率约 9.4%，避免公共财政损失约 86850 万元。2012 年下降到 3.4%，2013 年为 6.5%（因社会上传言要取消共有产权住房，给特定人群造成了心理恐慌，申请户数飙升至 2.9 万户，很多家庭期望赶上末班车，不符合申请条件的家庭增加）①。

① 《上海“居民收入核对中心”5 年减损 20 亿　杜绝“开宝马吃低保”》，载于《新民晚报》，2014 年 8 月 25 日。

2020年，上海在新一批次申请供应工作中推出一系列便民利民举措。第一，精简申请材料。根据上海市“一网通办”要求，推动各受理单位开展试点，对能够通过信息手段调取的材料，或者能够通过数据互认共享手段获取的资料，不再需要申请家庭提交。第二，缩短供应周期。力争较大幅度提高审核效率，缩短申请供应各环节用时，计划于年底前部分区就能开展摇号、选房和签约工作。

5. **供后管理**

上海共有产权住房制度2011年在全市推开，2016年允许购房人购买政府产权，2018年允许非户籍居民购买共有产权保障房。供后管理的相关实践逐步开展，基本的政策思路逐步明确。

（1）使用。规定共有产权住房的房地产权利人、同住人在未获得完全产权之前，不得将共有产权住房擅自转让、出租、出借、赠与或者改变房屋使用性质。如果发现擅自转让、出租、出借、赠与、改变房屋使用性质或者设定除共有产权住房购房贷款担保以外的抵押权行为的，按照《共有产权住房预（出）售合同》约定，采取书面通知改正、要求支付违约金、在指定媒体通报、记录不良信用，直至收回房屋等处理方式。

（2）回购与上市。分三种情况：一是对于取得房地产权证未满5年，如果共有产权住房的购房人购买其他住房的，住房保障中心有权按照规定程序实施回购，回购价格 = 总房价款（原购房价格）+ 同期银行存款利息。如果购房人迁离本市、夫妻离婚析产、家庭经济发生重大变故等特殊情形，需要转让该房屋的，向住房保障中心申请，住房保障中心同意回购该房屋的，回购价格 = 总房价款（原购房价格）+ 同期银行存款利息。二是取得房地产权证满5年，需要转让该房屋的，共有产权住房的购房人及同住人之间要达成书面一致意见，并书面征询住房保障中心行使回购权的意见，住房保障中心如果行使回购权，回购价款 = 届时转让总房价款 × 购房人拥有的产权比例，向购房人支付回购款。届时转让总房价款由评估公司执照相同地段、质量的普通商品住房市场价格确定。住房保障中心决定不回购的，购房人向他人转让该房屋，购房人所得等于转让总房价款乘以购房人拥有的产权比例的款项，住房保障中心所得等于转让总房价款乘以政府拥有的产权比例的款项。三是取得房地产权证满5年，2016年前，不允许居民购买政府产权；2016年，政府允许居民按当时的市场价购买政府产权，取得全部产权，住房的性质变为商品房。

根据上海市房屋土地资源管理局提供的资料，截至2019年6月底，全市共审核通过购买政府产权份额774户、政府优先购买236户，两项合计1010户，绝大多数家庭仍与政府共同持有产权。

（3）管理。为保证共有产权住房规范使用，政府在售后管理中采取“组合拳”：在房地产权证上进行注记，锁定权利主体，限制交易；在预（出）售合同中，将住房保障机构作为合同第三方，为住房使用的监督管理提供依据。2020年户籍居民和非户籍居民的共有产权住房供后管理机制并轨。上海市对非沪籍共有产权住房的供后管理“封闭流转”模式做了进一步优化，只能转让给符合条件的对象，非沪籍家庭购买共有产权住房后取得本市户籍，并取得所购房屋不动产权证满5年的，可以按照上海市户籍共有产权住房供后房屋转让管理相关规定执行。

（4）继承。从上海现有的文件看，没有明确共有产权住房如何继承问题。例如《上海市共有产权住房（经济适用住房）申请、供应和售后管理实施细则》（2012）只字未提继承问题。《上海市共有产权住房（经济适用住房）预售合同示范文本》也没有对继承作出规定。《上海市经济适用住房管理试行办法》（2009）第三十二条则规定，经济适用住房依法发生继承的，房地产权利人、同住人依据本试行办法、《经济适用住房预（出）售合同》等法律文件所确定的其他权利义务关系不变。但对什么是“依法继承”、怎样“依法继承”又不明确。

2018 年 10 月，非户籍居民被纳入共有产权住房保障范围，其售后管理如表 7－10 所示。与户籍居民相比，最大区别是实行封闭管理，取得不动产权证满 5 年，自有产权份额部分，只能向其他符合购买共有产权住房条件的居住证持证人转让或由区住房保障机构回购，体现“房住不炒”。

表 7－10　　非户籍居民共有产权住房供后管理

阶段	主要内容
使用	居住证持证人购买共有产权住房，必须用于家庭自住，区住房保障机构不收取政府产权份额部分租金
转让和回购	居住证持证人取得不动产权证未满 5 年，不得转让共有产权住房或购买商品住房
	居住证持证人取得不动产权证满 5 年，并同期在本市累计缴纳社会保险或者个人所得税满 5 年，自有产权份额部分，可向其他符合购买共有产权住房条件的居住证持证人转让或由区住房保障机构回购
户籍变化	非沪籍家庭购买共有产权住房后取得本市户籍，并取得所购房屋不动产权证满 5 年的，可以按照上海市户籍共有产权住房供后房屋转让管理相关规定执行

7.3　政策成效

上海推出共有产权住房以来，受到了市民普遍欢迎，根据 2021 年 7 月，在社区干部的协助下，笔者对上海市恒高家园、依水园、玉兰清苑等三个共有产权住房小区进行了现场居民调查结果显示，高达 85.4% 对共有产权住房表示非常满意和比较满意，只有 0.3% 的表示不太满意；89% 的受访者认为购买共有产权房的决策是正确的；认为购房后对城市的归属感、家庭稳定感和生活幸福感提升的分别占 89%、85% 和 81%；83.4% 的受访者认为应该在全国大城市推广共有产权住房。调研结果充分显示，上海的共有产权住房受到购房者的高度认可，上海市实施共有产权住房制度是非常明智而正确的。上海共有产权政策的成效主要表现为以下四个方面。

7.3.1 完善住房梯度消费，满足居民拥有自有住房需求

上海商品住房价格单价高，而且涨幅大。2013 年，除了比较外围的嘉定区、奉贤区，其他区的新房单价基本都在 2 万元/平方米以上。2017 年黄浦区、静安区、杨浦区、普陀区、浦东区和虹口区的新房单价则均在 6 万元/平方米以上。连外围的嘉定区新房单价也达到3.5 万元/平方米，更偏的奉贤区新房单价也达到2.6 万元/平方米（见图7－2）。

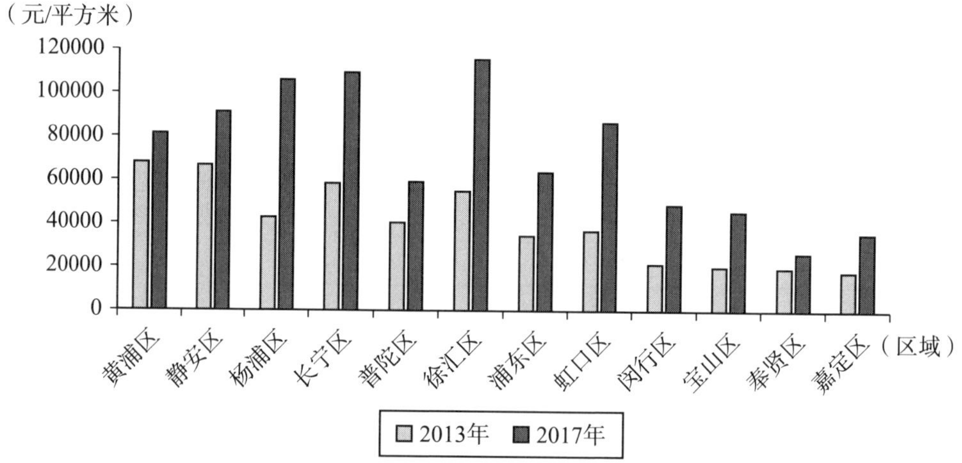

图7－2 2013 年和2017 年上海各区的新建商品住房均价

资料来源：根据易居上海市房地产市场研究报告年报整理。

高价位商品住房几乎充斥了整个上海市场，而与中低收入家庭相适应的中低价位商品住房严重短缺。共有产权住房以政府与个人产权共有的方式，居民能以比市场上低得多的价格实现拥有一套长期的、稳定的居所的需求。例如：以2013 年上海市销售的六个共有产权住房

项目为例（见表7－11），个人持有的产权比例为55%～70%，销售基准价格从6400元/平方米到9600元/平方米不等，与周边商品房销售价差少则8000元/平方米，多则16000元/平方米。如果按照平均每套70平方米计算，相当于居民以比商品房至少低56万元的价格拥有了一套住房长期使用权，因此，极大地提高了居民的购房能力。按国际上通常认为的房价收入比在3～6倍，取值6倍的标准计算，购买如表7－11所列的一套70平方米共有产权住房，居民家庭人均年可支配收入只需要27654～41481元就有经济能力购买。上海市统计局公布的2013年上海市中低收入家庭的人均年可支配收入为30221元，其收入水平正好落在能购买得起一套70平方米共有产权住房的经济能力范围。因此，面对上海高房价，共有产权住房显现出极大的吸引力。这是与湖北黄石、江苏淮安推广共有产权住房完全不同的市场环境，后者因商品住房价格与共有产权住房购房者价格差距小，需求偏少。

表7－11　　2013年共有产权住房销售均价与周边商品房价格比较

项目	销售基准价（元/平方米）	购买70平方米，按房价收入比6倍计，要求居民家庭人均收入水平（元）	个人产权比例（%）	周边商品房价格（元/平方米）	交付时间
嘉定区嘉绣路955弄瑞和云庭	6900	29814	70	16000～18000	2015年6月30日
青浦区龙联路59弄城投玉兰清苑二期	7500	32407	65	15000～17000	2015年12月31日
嘉定区德园路1437弄翔和雅苑（02－09地块）	7400	31975	65	16000	2014年4月30日
浦东新区林展路411弄依水园	8500	36728	60	22000	2012年8月31日

续表

项目	销售基准价（元/平方米）	购买70平方米，按房价收入比6倍计，要求居民家庭人均收入水平（元）	个人产权比例（%）	周边商品房价格（元/平方米）	交付时间
浦东新区三彩路59弄、和融路55弄士韵家园一期	8600	37160	60	22000	2012年8月31日
闵行区业祥路111弄晶采坊	9300	40184	55	27000～29000	2013年7月30日
宝山区高境路477弄恒高家园二期	9600	41481	55	26000～28000	2015年10月31日

上海共有产权住房的实施，不仅直接解决了购房者的居住条件问题，而且间接改善了原来与购房者挤住在一起的父母、子女、亲戚的居住条件。因此，尽管从统计数据看，截至2020年底，共有产权住房供应累计12.75万套，按其中60%复合家庭计算，实际惠及家庭约20万户。

上海共有产权住房的实施，有效弥补中低价格商品住房短缺。2020年上海新建住宅销售均价36741元/平方米，从区域均价看：内环线以内118510元/平方米，内外环线之间53718元/平方米，外环线以外26737元/平方米。若剔除征收安置住房和共有产权保障住房等保障性住房后，市场化新建住宅的区域均价分别为：内环线以内高达118510元/平方米，内外环线之间83023元/平方米，外环线以外40184元/平方米（上海市统计局），共有产权住房和征收安置住房对拉低新建住宅销售均价的贡献率达到69%，效果是明显的。[①]

7.3.2　充分调动居民的经济能力实现保障，共享城市发展的红利

上海商品房价格上涨速度快，2012～2019年上海各区的二手房成交均价基本上都翻了一番以上，如图7－3所示。

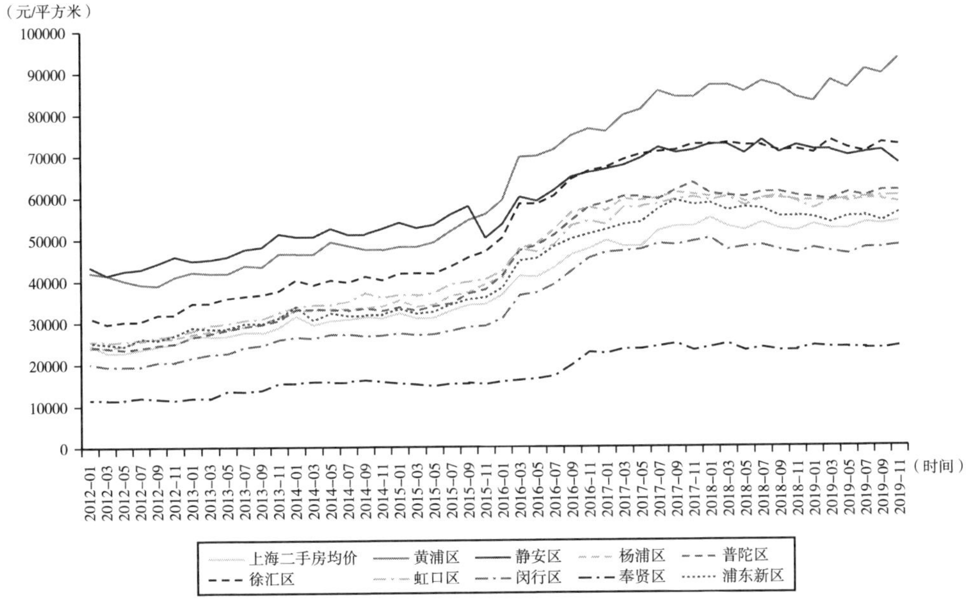

图7－3　2012～2019年上海各区二手房价趋势

从上海全市的情况来看，2007年以来，上海的商品住房成交均价的增长幅度高于上海居民人均可支配收入的增长幅度（见图7－4）。这就意味着，如果上海居民在2007年买不起商品房，那么在2019年能买得起商品房概率进一步下降。2019年上海市房价收入比的平均值为23倍，除外围的金山区和奉贤区外，各区房价收入比基本上都在20倍以上（见图7－5），普通居民拥有一套住房的压力变得更大。

① 《2020年房地产市场综述》，上海统计局网站。

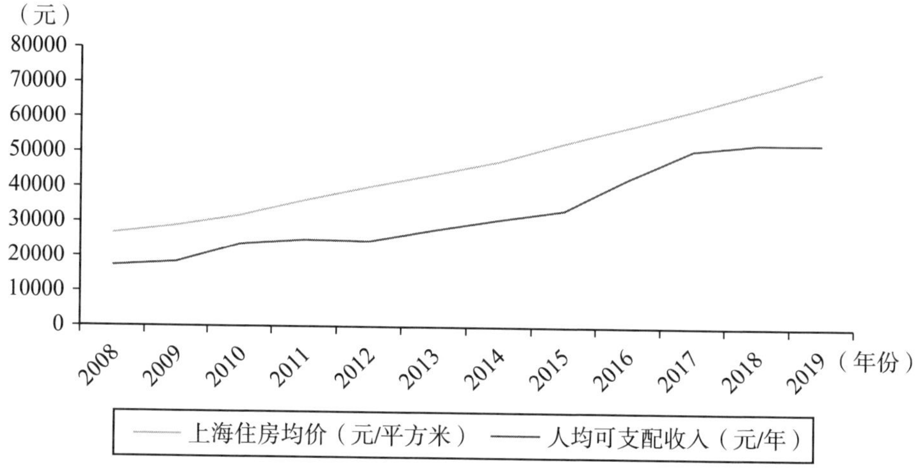

图7－4　2008～2019年上海住房均价和人均可支配收入

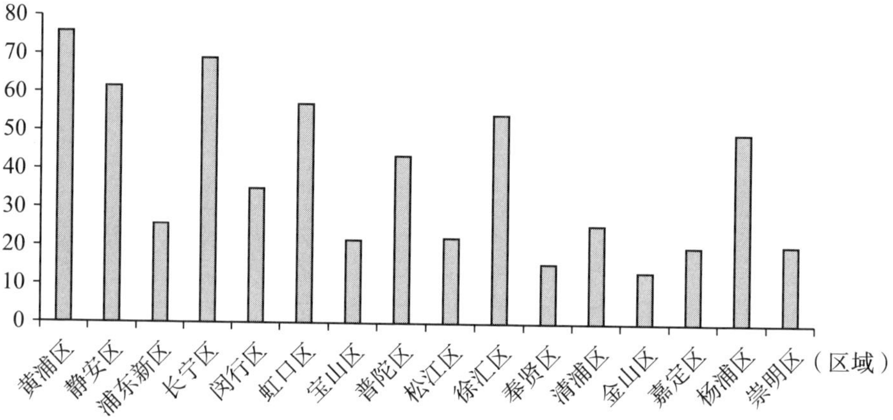

图7－5　2019年上海各区的房价收入比

共有产权住房保障制度降低了普通居民购房的门槛，为中低收入家庭提供了拥有产权的途径，并能够享有房价上涨带来的资产增值，表7－12是统计了部分共有产权住房楼盘在2020年底的二手住房价格，个人资产价值涨幅在2.65～3.93倍，实现了城市发展的红利惠及中低收入家庭居民。课题组追踪的一个样本——上海闵行区退休居民郭某某家庭，夫妻俩与儿子一直居住在一间30多平方米老房子里，相当拥挤。2015 年底下决心以 8800 元/平方米的单价申请购买了一套建筑面积为 72 平方米的浦江瑞和城共有产权经济房用于儿子结婚，个人拥有产权 70%。郭某某说：像我们这样普通收入的家庭，如果不是政府推出共有产权住房，不可能有属于自己的住房。购房时周边商品房价格已接近 14000 元/平方米，2017 年已上涨到 26000 元/平方米以上，在短短两年不到时间里，属于个人 70% 产权的资产价值已从 63. 4 万元增长到 130 万元以上。如果当时不买共有产权房，不可能实现资产的快速增值，也不可能有两个家庭居住条件的改善。根据 2021 年 7 月笔者对上海恒高家园、依水园、玉兰苑三个共有产权住房小区中的 300 位业主调查显示：高达 93. 7% 的受访者表示房产已增值，只有 6. 3% 的受访者认为不确定。其中有 36. 3% 的受访者表示已增值 50% 以上。

表 7 – 12　　部分共有产权住房楼盘价格的变化

项目	销售基准价（元/平方米）	个人产权比例（%）	2020 年末二手房挂牌均价（元/平方米）	交付时间	个人资产增长（%）
嘉定区嘉绣路 955 弄瑞和云庭	6900	70	27500	2015 年 6 月 30 日	2. 646
青浦区龙联 59 弄城投玉兰清苑二期	7500	65	40000	2015 年 12 月 31 日	3. 289
嘉定区德园路 1437 弄翔和雅苑（02 – 09 地块）	7400	65	42000	2014 年 4 月 30 日	3. 497
浦东新区林展路 411 弄依水园	8500	60	49000	2012 年 8 月 31 日	3. 282
浦东新区三彩路 59 弄、和融路 55 弄士韵家园一期	8600	60	46000	2012 年 8 月 31 日	3. 042

续表

项目	销售基准价（元/平方米）	个人产权比例（%）	2020年末二手房挂牌均价（元/平方米）	交付时间	个人资产增长（%）
闵行区业祥路111弄晶采坊	9300	55	70000	2013年7月30日	3.933
宝山区高境路477弄恒高家园二期	9600	55	55000	2015年10月31日	2.987

资料来源：二手房价格资料来自安居客，按挂牌价的95%计算价格涨幅。

2018年，共有产权住房保障面扩至非上海户籍的居民，让更多为上海社会经济发展做出贡献的居民拥有住房产权的机会，极大地促进城市的和谐稳定。

7.3.3 共有产权住房保本微利的定价原则，减轻了政府的财政压力

上海市共有产权住房定价是以保本微利为原则，在综合考虑建设单位的建设、财务、管理成本、税费和利润的基础上，兼顾相邻区域、地段内共有产权住房项目的价格平衡。尽管可能出现个别项目因为拆迁成本高而亏本，但从总体来看，共有产权住房的销售收入能平衡开发成本，且略有盈余。因此，与公租房建设沉淀政府大规模资金相比，其优势十分显著，大大减轻了政府财政上的压力。以2012年销售的浦东三林基地瑞康苑共有产权住房小区为例，包含征地拆迁在内的做地成本为2300元/平方米，建筑安装成本为2700元/平方米，小市政配套400～500元/平方米，大市政配套1000元/平方米，绿化成本350元/平方米，建设成本（不含利息）总计6750～6850元/平方米，2012年销售基准价为8000元/平方米，能平衡所有的开发成本、利息、税费。政府不需要为共有产权住房垫付资金，而且能实现收支平衡、略

有积余，财政负担小。因此，相比于公租房，政府更乐于投资建设共有产权住房。

案例7－1

浦东三林是上海的经济适用住房建设基地，建筑总量达209万平方米，住宅面积为174万平方米。2012年8月，首批共有产权住房竣工交付，首批约6000户申请选房成功家庭入住。

浦东三林共有产权住房基地交通方便，轨道交通8号线通过。8号线是上海市的南北大动脉，可换乘除5号线外的其他地铁线路。

浦东三林共有产权住房基地房源中，20%是50平方米的一居室户型，65平方米的二居室户型占70%，还有10%是80平方米的三居室户型。购房者与政府的共有产权比例为“六四开”，即个人持有60%的产权，政府持有40%的产权。2012年经济适用房的销售基准价格为8000元/平方米，而当时基地周边的二手公寓房价已接近2万元/平方米。[①]

7.3.4　有效地疏散了市中心人口，带动了周边发展

第六次人口普查资料显示，2000年以来，上海总人口以年均3.4%的速度增长，使得人口密度由2000年的2588人/平方千米，增加到2010年的3631人/平方千米，为全国人口密度最大的城市。按城镇用地计算，上海人口密度高达9589人/平方公里，其中，中心城区16828人/平方千米，每平方千米的密度远高于东京的6992人，巴黎的3540人，以及伦敦的4762人。[②] 虹口区首次成为上海人口密度最大的区，该区2010年人口密度为36307人/平方千米，明显高于全市平均水平。人口高密度给城市生活用水、供电、污染排放、公共交通等各

① 资料来源于上海市房屋管理局。

② 《上海市政协调研报告》，人人文库。

个方面带来巨大压力。共有产权住房项目通过提供质量有保证、价格实惠的住房，吸引了中心城区居住拥挤的家庭主动分流到郊区：一是缓解了中心城区的压力；二是带动了郊区的城市化。近年来，上海在松江区、嘉定区、青浦区、闸北区、普陀区、闵行区、宝山区、浦东新区等地选址大型共有产权住房基地，并配合地铁工程的延伸与产业的导引，已经将一些城乡接合部特征明显的区块成功开发成为基础设施完善、交通方便、就业有一定保证的“产城共融”的相对成熟区域，并带动了“城中村”改造步伐加快，全面改善了外围区域的环境面貌，加速向现代化中心城区迈进（见表7－13）。2020年，第七次人口普查数据显示，上海市人口的空间分布呈现内减外增的变化格局，中心城区常住人口比2010年减少了30.25万人，浦东新区和郊区比2010年增加了251.43万人。

表7－13　　截至2020年上海市共有产权住房主要基地

区域	基地
松江区	泗泾基地、松江南站基地
闵行区	浦江基地、颛桥基地
嘉定区	江桥基地、云翔基地、菊园新区32－01地块、云翔拓展大居
青浦区	华新基地
闸北区	367街坊彭浦十期C块
普陀区	曹杨污水厂地块、仪电和医药集团地块、上粮二库地块、李子园地块、沪嘉北块等5块土地
宝山区	共康基地、高境基地、顾村拓展基地
浦东新区	曹路基地、周康基地、三林基地
徐汇区	华泾基地
奉贤区	南桥基地

但共有产权住房往上海郊区和外围发展的趋势也导致共有产权住房供需的区域不平衡，部分郊区楼盘需求较少、配建房源存在阶段性结构剩余。针对这一问题，上海市 2018 年修订配建政策时明确，允许将供应剩余的配建房源通过规定程序将用途调整为征收安置房使用（但需将同等数额的房源交市保障中心作为市统筹共有产权房使用）。此外，金山区作为上海市扩大共有产权房受益面的试点区，将在原有供应规模基础上，进一步新增非沪籍住房困难家庭的需求。

7.4　上海模式的特点分析

上海共有产权住房制度设计有自己明显的特点，比如：让渡政府产权份额的住房使用权供居民免费居住，政策上，逐步放宽共有产权住房申请和售后管理的限制，把非沪籍居民纳入保障范围，实行沪籍和非沪籍共有产权住房保障的并行运作模式。总体来看，上海模式更偏向于原来经济适用住房制度的完善，既保留了经济适用住房制度在政府无财政压力情况下满足居民“居者有其屋”的需求的优势，又压缩了寻租空间。

7.4.1　显化政府实际让利，明晰有限产权的比例

2007 年住建部颁布的《经济适用房管理办法》明确经济适用住房购房人拥有有限产权，“有限产权”主要体现在两个方面：一是处置权受到限制，5 年内不得上市交易；二是按照届时同地段普通商品住房与经济适用住房差价的一定比例向政府交纳土地收益等相关价款，具体交纳比例由市、县人民政府确定。前一条是通过控制处置权把住房真正用于自用性需求；后一条主要体现政府投入应当获得的回报，但由于按照届时同地段普通商品住房与经济适用住房差价的一定比例上交给政府，首先是购房者无需承担财务风险，带来放大购房需求的结果，一些不急于改善的、或有能力购买商品房的也挤入购买经济适

用房的队伍，其次一个城市不同的经济适用房项目按照相同的差额比例向政府交纳土地收益金有失科学性。

上海共有产权住房制度设计将政府土地出让金、配套费用等投入量化为政府拥有的产权比例，明晰了有限产权的具体产权比例关系。其好处：一是改暗补为明补，让居民一目了然，居民在购房前就会综合分析是否需要购买。二是体现了不同项目的特点，每一个项目由于所处的地段不同，开发成本不同，但为了保证居民的购房能力，一些项目政府实质的投入或补贴多、一些项目相对较少，因此，将不同的政府投入量化成不同的产权比例，改变了“一刀切”的做法，更科学、更合理、更公平。三是今后保障对象随条件改善上市转让住房时，双方按照约定的产权份额分配收益，是真正按照现代经济的规则体现“谁投资、谁收益”，购房者既享受房产增值收益，也承担了房价下降的风险，减少了投资性需求。

7.4.2 让渡政府名下份额的使用权，购房者无偿享受全部使用权

不同于英国共有产权住房购房者每年还需要向政府交纳政府持有的产权价值的3%作为对使用政府产权的补偿，上海共有产权住房制度设计中，购房者可以无偿使用政府持有的那一部分产权，即不管个人持有的产权份额比例是多少，不管是办理产权证5年内还是5年后，都不需要向政府交纳租金，可以无偿享受到“百分之百”的使用权。

从理论上说，政府持有的那部分产权是有价值的，从公平使用政府财政资源的角度看，个人应该向政府支付使用权租金，既体现有偿使用公共资源的原则，也可以促使居民按需使用住房资源，节约集约利用。但反过来分析，如果个人向政府交纳政府持有的那部分产权的租金，就会弱化保障性，也削弱共有产权住房的吸引力，而是否对保障对象具有吸引力也是共有产权住房政策成功与否的重要内容。符合共有产权住房申购对象，绝大多数是中低收入者或者是资产低积累的

群体，在住房消费市场，他们是相对弱势群体，需要政府更多的扶持，如果政府把经济账算得过于清楚，每年向购房者收取政府持有的那部分产权使用费，可能造成的结果：一是与政府住房保障的目标定位相左，没有明显减轻中低收入家庭住房消费压力；二是操作很难，每年要向规模庞大的共有产权住房购房者收取租金，投入的人力成本高，且收缴率可能不甚理想。

因此，上海方案的核心内容之一是将住房的产权与使用权分离。从产权关系看，政府与个人各自按照出资额或投入额获得相应比例的产权，并通过售房合同约定份额，明晰了双方的产权关系。但从使用权关系看，政府是无偿让渡了政府出资部分的使用权，购房者可以无偿享受完整的房屋使用权，体现政府对住房困难家庭的住房救助，减轻他们的住房消费压力。

7.4.3　逐步扩大共有产权住房保障面，非户籍居民纳入保障范围

2018 年 10 月，非户籍居民被纳入共有产权住房保障范围。在继续做好上海户籍中等或中等偏下收入住房困难家庭基本保障，保障力度只增不减、保障房源确保供应的基础上，按照既尽力而为、又量力而行的原则，为在上海创业、稳定就业的、长期为上海经济社会发展做出贡献的新市民提供住房保障。2019 年，在上海市 16 个区推开新一轮非沪籍共有产权住房供应工作。从居住公平的角度，更多的居民享有拥有住房产权的权利，有利于维护城市的和谐稳定。

7.4.4　户籍居民可以购买政府产权份额，开放式运作

2016 年《上海市共有产权住房管理方法》中明确指出，购买共有产权住房的本地户籍居民，在取得房地产权证满 5 年后，可以按照市场价购买政府产权份额，取得全部产权，取得全部产权后，住房性质变为商品房。

从理论上分析，政府既可以赋予居民回购政府产权的权利，也可以不赋予其回购产权的权利。原因是：政府与个人是两个独立的产权主体，他们都对自己拥有的那部分产权拥有完整的、独立的处置权，因此，政府有权决定是否赋予居民回购政府产权的权利。

但是，从共有产权住房性质出发分析，我们认为应该赋予居民回购政府产权的权利。这是基于以下三大原因：一是设计共有产权住房制度的背景是因为存在着这样一些群体，他们对拥有一套自有住房的诉求强烈但暂时又买不起房，所以先通过政府与个人共有的方式解决住房困难，最终达到拥有完整的、独立的个人产权的目的，只有赋予居民回购政府产权才能满足其最终诉求。二是如果赋予居民回购政府产权的权利，就可以盘活政府大量的沉淀资产，回笼的资金又可以投入更多的保障房建设。三是如果不让购房者回购，等于允许让保障对象无限期、无偿使用政府的资源，有失公平，尤其是当一部分家庭经济条件改善后，通过回购政府产权建立退出机制是有必要的。

7.4.5 产权不满5年，只能由政府回购，满5年，政府仍拥有优先回购权

不管是对于取得共有产权住房房地产权证不满5年、还是满5年的，政府保留优先回购权。其政策设计的出发点是保证满足居民基本的居住需求而非投资性需求。

不满5年的，无论是因为已经买了商品房，还是因为夫妻离婚需将住房变现后分割财产，或是家庭成员重大疾病急需资金支付医疗费用等特殊原因，只能由政府回购，回购价格为共有产权住房原销售价格加银行存款利息，保证居民投入资金享受与银行存款的收益回报，但不享受房产增值收益，当然也不承担房价下跌风险。取得共有产权满5年的，需要转让的，房地产权利人首先需要向原住房保障机构提交《共有产权住房转让申请审核表》，原住房保障机构在15个工作日内进行审核，决定是否回购。房地产权利人接到原住房保障机构决定

不回购的书面通知后才可以向他人转让。上海这样的规定，既与《民法典》规定“按份共有财产的每个共有人有权要求将自己的份额分出或者转让。但在出售时，其他共有人在同等条件下，有优先购买的权利”。以及“共有人转让其份额时其他共有人享有优先购买权”的规定相一致，也使政府处于主动地位，可以根据保障房源情况、轮候家庭规模以及管理的便利性等作出相对灵活的处理。

7.5　本章小结

上海共有产权住房的推出有很深的市场背景，它填补了上海商品房市场中低价位房源严重短缺的空白，满足了中低收入家庭包括一部分低资产积累的中高收入群体拥有一套稳定的住房的诉求，在高房价的上海显现出巨大的吸引力。在政策设计上，突出满足居民基本的居住需求，适当保护购房者经济利益，去投资化、压缩寻租空间的用意十分明确。从上海市住房保障局调研结果看，5年后有上市交易意愿的居民不到10%，到2019年6月底购买政府产权份额和政府优先购买两项合计只有1010户，证明绝大多数居民出于自住目的购买共有产权住房，回归了保障房政策的本色。政策实施过程中，逐步放宽准入条件，扩大保障面，使得更多的户籍居民和非户籍居民享有住房保障。

第 8 章　共有产权住房的“北京模式”

北京市推出共有产权住房晚于上海市。2017 年 8 月初北京出台共有产权住房征求意见稿，9 月细则落地。北京市共有产权住房制度是在 1998 年以来实施的“经济适用房”“两限房”“自住型商品住房”基础上，一次系统性的政策升级。主要特点包括：土地市场化供应，限房价竞地价，由开发商建设与定向销售；高比例放开非京籍家庭申购；购房人产权份额按评估销售均价与周边同品质商品住房价格的比值确定；政府让渡使用权，保留收益权；购房人 5 年内不得转让所持份额，5 年后可以按市场价格出售，政府（代持机构）优先回购；购房人不得回购政府所持份额，房屋转让对象除政府（代持机构）外，只能转让给符合购买共有产权住房资格的购房人；职住平衡，以区为单位实施与分配。这种制度设计巧妙地利用了市场的力量，大幅降低了政府在保障性住房上的资金压力，同时降低了购房者的置业压力。通过优先满足户籍在本城区或在本城区工作的购房人的需求，有序引导了人口外迁。最后，购房人产权份额的封闭式运行，确保了共有产权住房只提供给特定保障对象，抑制了投机冲动。

8.1　政策出台背景

从1998年全国停止实物分房开始，北京一直在探索对中低收入家庭住房保障的思路与对策，产权类保障住房方面有过经济适用房、两限房、自住型商品住房的尝试，总体来看，这些保障性住房政策的推出是一个不断完善的过程。一方面，从2016年下半年开始，北京房价的涨幅明显加快，房地产市场调控的压力陡然加大，原有的住房供应体系很难在稳定房价上发挥作用；另一方面，北京市常住人口经历了15年的快速增长，人口呈现巨量化和密集化，大城市病不断涌现。面对高企的房价和不断增长的人口规模，购房困难家庭已经从原有的低收入家庭开始向中低收入、中等收入家庭扩散，同时部分在京工作的非京籍家庭也面临巨大的购房压力。在2016年中央首次明确“房住不炒”的定位的背景下，北京市通过梳理前期政策，及时作出调整，堵上漏洞，推出了《北京市共有产权住房管理暂行办法》。

8.1.1　房价快速上涨，居民住房消费压力不断加大

中国房价行情网的数据表明，北京房价从2011～2017年末有一轮快速的上涨，新建商品住房均价从28956元/平方米上涨到61143元/平方米，上涨幅度达到111.16%，各个城区涨幅不一，东城区从45976元/平方米上涨到137250元/平方米，涨幅达到198.53%，海淀区从34887元/平方米上涨到85620元/平方米，涨幅达到145.42%，远郊城区上涨幅度相对较小，顺义区、昌平区和平谷区平均房价分别达到26361元、17718元和12000元，涨幅分别为62.04%、142.76%和120.83%。而同期北京人均收入从36365元上涨到62406元，涨幅仅为71.61%，仅高于顺义区的房价涨幅。从房价收入比看，2011年

为12.54倍，到2017年时已经高达17.80倍，[①] 北京居民的住房消费能力进一步被挤压，尤其是在核心城区内，大量中低收入家庭已经很难通过自己的收入来解决住房问题，住房困难家庭的范围从低收入家庭逐渐外扩到中等收入家庭（见图8-1）。

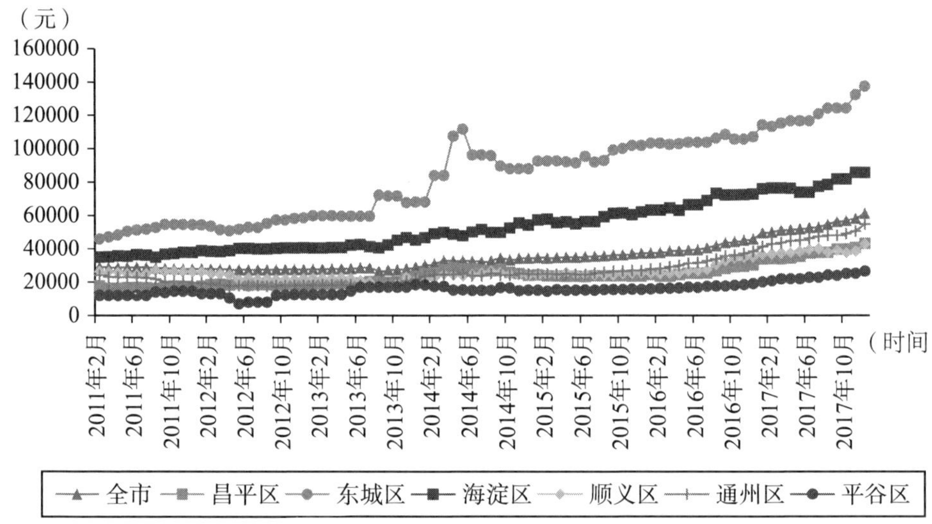

图8-1　2011~2017年北京市部分城区新楼盘销售均价趋势

资料来源：中国房价行情网。

8.1.2　人口过于集中，需要疏解北京非首都功能

由于叠加人口出生高峰和快速城市化进程，北京在进入21世纪后，常住人口迅速增加，2003年以后几乎每年超过40万人口快速增加，直到2015年出现人口增长拐点。常住人口从2000年的1363.6万人增加到2015年的2170.7万人，15年时间里净增加约807万人（见图8-2）。

---

① 按当年北京市城镇居民人均住房面积为32.56平方米计算。

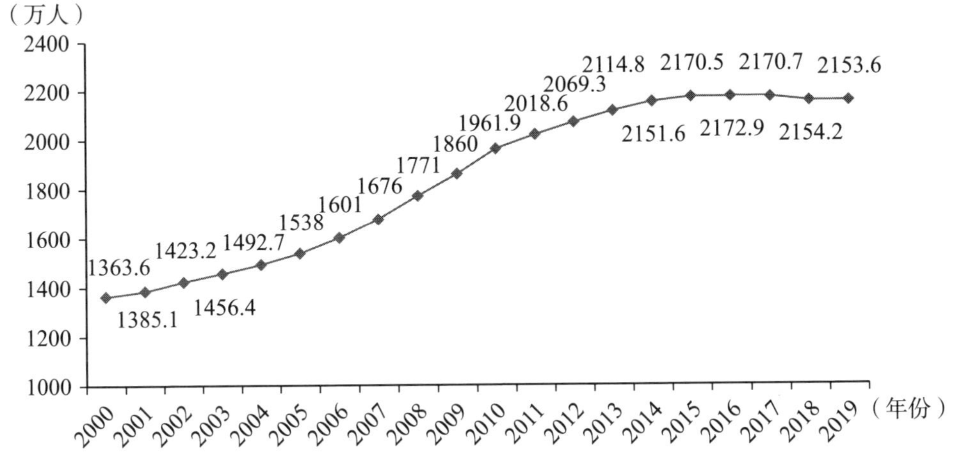

图8-2　2000~2019年北京市常住人口变化趋势

资料来源：北京市统计局。

北京市作为首都，由于城市发展历史的原因，各项功能都高度集中在城市中心区，大量的人口都聚集在中心城区，而远郊城区人口集中度相对较低。2015年，北京核心城区（东城区和西城区）的人口密度是近郊城区（房山、门头沟、通州、昌平、顺义、大兴等区）的15倍以上，是远郊城区（怀柔、平谷、密云、延庆等区）40倍以上。一方面，随着城市不断蔓延，由于核心区没有及时疏解部分功能，导致核心区交通拥堵和大气污染更加严重，另一方面，随着核心区房价高涨，许多人开始居住在核心区以外地区，但是其工作仍然集中在核心区，于是开始出现“睡城”（2016年之前北京有三大睡城：朝阳区的望京、昌平区的天通苑和回龙观），白天空无一人，晚上灯火通明。如何疏解北京的非首都功能，引导人口有序外迁，成为北京市政府的重要议案。为这些人口提供一套买得起的住房，成为引导人口有序外迁的重要手段之一。

8.1.3　覆盖更多人群，原有住房保障制度需要升级

1998年全面停止实物分房，同年年底，北京以回龙观、天通苑等

为代表的19个首批经济适用住房项目在北京市房地产交易中心集中展示，拉开了经济适用房在北京大规模开发的序幕，当时的价格为2650元/平方米。[①] 随着商品住房价格的快速上涨，每平方米销售价格一直保持在4000元/平方米以下的经济适用房吸引了众多购房者，加上没有建立严格的准入制度，让一些不属于经济适用房分配对象的人钻空子，好政策走了样，备受各方质疑。2015年1月北京市住建委正式宣布解决完已备案的轮候家庭居住问题后，经济适用房将不再建设，正式退出历史舞台，转向限价房、自住型商品住房建设。

其实，在2013年北京市为平抑房价过快上涨，先后下发《贯彻落实〈国务院办公厅关于继续做好房地产市场调控工作的通知〉精神进一步做好本市房地产市场调控工作的通知》《关于加快中低价位自住型改善型商品住房建设的意见》等文件，对原来以“经济适用房”为主体的保障住房体系升级，提出按照“低端有保障、中端有政策、高端有控制”的总体思路，完善住房供应结构，下大力气做实中端，支持居民自住性、改善性住房需求的重要举措。这里“低端有保障”指的是公租房，“中端有政策”指的是推行“自住型商品住房”，其直接的动因是为了完成新建商品住房价格保持稳定的控制目标。

自住型商品住房购买对象为符合限购政策规定在本市具有购房资格的家庭，包括已拥有1套住房的本市户籍居民家庭（含驻京部队现役军人和现役武警家庭、持有有效《北京市工作居住证》的家庭）、持有北京市有效暂住证在本市没有住房且连续5年（含）以上在本市缴纳社会保险或个人所得税的非本市户籍居民家庭，意味着名下无房或仅有一套住房的北京户籍家庭以及符合购房条件且名下无房的非京籍家庭，都可以购买，没有收入与资产准入门槛。套型建筑面积以90

① 《北京人的住房从福利分房到经济适用房，再到商品房……》，载于《北京晚报》2018年12月13日。

平方米以下为主，最大套型建筑面积不得超过140平方米；销售均价原则上按照比同地段、同品质的商品住房价格低30%左右的水平确定（见表8－1）。

表8－1　　北京经济适用房、两限房和自住房的申请条件

申请条件	经济适用房	两限房	自住型商品住房
身份	取得京籍满3年	京籍	京籍或非京籍5年连续社保
住房条件	人均住房面积小于10平方米	人均住房面积小于15平方米	三年内无住房转出记录的无房家庭
家庭收入	(1) 家庭年收入须在2.27万元及以下； (2) 家庭年收入须在3.63万元及以下； (3) 家庭年收入须在4.53万元及以下； (4) 家庭年收入须在5.29万元及以下； (5) 家庭年收入须在6万元及以下	3人及以下家庭年收入8.8万元及以下； 4人及以上家庭年收入11.6万元及以下	无要求
家庭资产	(1) 家庭总资产净值须在24万元及以下； (2) 家庭总资产净值须在27万元及以下； (3) 家庭总资产净值须在36万元及以下； (4) 家庭总资产净值须在45万元及以下； (5) 家庭总资产净值须在48万元及以下	3人及以下家庭资产低于57万元； 4人及以上家庭资产低于76万元	无要求

资料来源：对北京市住建委发布的相关文件整理。

尽管对北京自住型商品住房购买之后有5年的锁定期要求，并规定购房人取得房屋所有权证5年以后转让的，如有增值，应当按照届时同地段商品住房价格和该自住型商品住房购买时价格差价的30%交纳土地收益等价款，但这种规定存在着明显的无风险套利空间。如果届时同地段商品住房价格申报价等于真实的市场成交价格，购房者能获取70%的增值收益，且根据北京二手房交易计税价格明显低于市场价格的现实，购房者获利空间远大于70%。对自住者来说，能以比市场价格低30%的幅度获得一套完全产权商品住房，即使5年后不上市交易，也是具有极大的吸引力。因此，自住型商品住房一经推出立刻成为市场热点。首个自住房项目——恒大“御景湾”于2013年11月30日开放申购，项目总建筑面积约29万平方米，其中自住型商品住房面积约18万平方米，单套建筑面积约为80～90平方米两室、三室户型，总套数约2000套。申购开放第一天，申请网站就遭遇巨大流量冲击，导致网站崩溃，该项目最终有14.8万户家庭申请，供需比高达1∶74[①]。2013年底前北京宣布完成不低于2万套自住型商品住房供地，这一供给与巨大需求相比是杯水车薪，14.8万户申购者中既有真正的刚性需求，也激发了大量投资性需求或提前引发巨大的自住性需求。

从1998年住房制度改革以来，北京推出了一系列产权类保障性住房，在推进过程中出现一些明显问题：一是随着时间推移保障房品种繁多，政策碎片化、管理难度大的问题逐渐显现，影响了住房供应体系的规范性和稳定性。二是随着商品住房价格不断升高，保障房价格日益与市场脱节，保障房定价过低导致政府投入难度越来越大，且产生投机、寻租空间，影响社会公平。若定价过高，则又会导致家庭承受困难。三是由于缺乏有效的管理手段，出租等后期管理难问题逐渐显现。这需要对原有的住房保障政策进行升级，对政策中的“漏洞”打上“补丁”，尤其重要的是压缩套利空间，回归住房居住属性。

① 自住房刚推出时申请条件中对住房的要求是：京籍无房或一套房，非京籍无房。

2014 年、2017 年习近平总书记两次视察北京，明确要求坚持人民城市为人民，以北京市民最关心的问题为导向，以解决人口过多、交通拥堵、房价高涨、大气污染等问题为突破口，提出解决问题的综合方略。面对新形势、新战略、新要求，北京市在总结产权型保障房工作经验及存在问题的基础上，加强住房制度的顶层设计，深化住房供给侧结构性改革，加快建立购租并举的住房供应体系，形成基础性制度和长效机制，2017 年发布《北京市共有产权住房管理暂行办法》，正式推行共有产权住房制度，原有的还未申购的自住型商品住房项目全部转为共有产权住房。

8.2　制度设计

北京共有产权住房制度设计的基本思路是：通过科学评估确定销售基准价格和同地段同品质商品住房的参考价格，划分购房人与政府（代持机构）各自所持比例的份额，并限定购房人不得回购政府所持份额，5 年后只能转让给符合条件的购房对象。这种制度设计既降低了首次置业家庭的购房压力，满足了真正的刚性需求，同时也有效抑制了通过共有产权住房套利投机的冲动。

8.2.1　用地与建设政策

北京共有产权住房工作遵循“以区为主、全市统筹”原则，各区政府负责组织本行政区域内共有产权住房的土地供应和建设，优先配售给：一是项目所在区本市户籍无房家庭；二是在项目所在区工作的其他区本市户籍无房家庭；三是符合本市住房限购条件的、在项目所在区稳定工作的非本市户籍无房家庭。对于供地不足的东城、西城，在大兴、房山、昌平、顺义等发展新区统筹一部分房源用于弥补东城、西城房源供应不足。2018 年初昌平区就拿出了绿海家园共有产权住房项目的665套房源面向东城、西城无房家庭配售。①

建设用地采取“限房价、竞地价”“综合招标”等多种出让方式，遵循竞争、择优、公平的原则优选建设单位，并实行建设标准和工程质量承诺制。选址上要求结合城市功能定位和产业分布进行布局，优先安排在交通便利、公共服务设施和市政基础设施等配套设施较为齐全的区域，推动就业与居住的合理匹配，促进职住平衡。2017～2020年底，北京共出让用于建设共有产权住房的土地共60宗，共计5041亩。从分布看，除东城区和西城区没有供地外，其他14个区都有供应，其中属于城六区的朝阳、海淀、石景山、丰台四区合计供地19宗，共计1448亩，城六区供地相对较少，也基本符合通过共有产权住房疏解首都功能的目的。土地出让方面，由于采取的是“限房价、竞地价”的招拍挂方式，市场竞争激烈，部分地块溢价率水平较高，2017年土地溢价率超过30%的地块有12宗，接近当年出让共有产权住房地块的一半。另外，楼面均价也逐步走高，城六区以外的供地中，楼面均价普遍超过1万元/平方米，且大部分已经接近2万元/平方米。为了筹集更多的用地，同时进一步疏解首都功能，北京住建委在2019年和2020年推出了“集体土地建设共有产权住房试点”，在大兴区先后出让了三宗集体土地用于建设共有产权住房，另外，在出让土地配置上，从过去简单的任务式供地向更科学地供地转变，要求项目选址应注重去化率，对一些远郊区、不承担疏解首都城市功能的城区，不再要求推出共有产权住房项目。

8.2.2 供应与销售政策

1. 申请条件

北京市规定申请家庭应同时具备以下条件：一是申请人应具有完全民事行为能力，申请家庭成员包括夫妻双方及未成年子女；单身家

① 《北京共有产权房申请全攻略》，北京本地宝，2021年3月11日。

庭申请购买的，申请人应年满 30 周岁。二是申请家庭应符合北京市住房限购条件且家庭成员在北京市均无住房。

北京市规定一个家庭只能购买一套共有产权住房，且有以下情形之一的家庭不能申请购买共有产权住房：（1）申请家庭已签订住房购房合同或征收（拆迁）安置房补偿协议的。（2）申请家庭在本市有住房转出记录的。（3）有住房家庭夫妻离异后单独提出申请，申请时点距离婚年限不满三年的。（4）申请家庭有违法建设行为的，申请时未将违法建筑物、构筑物或设施等拆除的。另外，申请家庭承租公租房、公有住房（含直管和自管公房等）后又购买共有产权住房的，应在购房合同网签前书面承诺腾退所租房屋。2020 年北京市住房限购条件如表 8 –2 所示。

表 8 –2　　　　北京市家庭购房条件（京籍和非京籍家庭）

家庭分类	购房条件
京籍家庭	（1）已婚京籍家庭（除通州外）：无房的可购买两套住房，已有 1 套住房的可再购买 1 套。 （2）单身京籍家庭（包括未婚、离异、丧偶家庭）：在京无房的，可购买 1 套住房。 （3）想在通州买房的京籍家庭，符合限购政策的前提下，还需要满足下列条件之一，可在通州购买一套住房： ①已有 1 套住房、落户通州 3 年（含）以上的京籍家庭。 ②已有 1 套住房、近 3 年在通州区连续缴纳社保或个税的京籍家庭。 ③京籍无房家庭
非京籍家庭	（1）在京无房且已连续五年在京缴纳社保或个税的非京籍家庭，可购买 1 套住房。 （2）若想在通州区购买房屋，还必须符合近 3 年在通州连续缴纳社保或个税的要求

资料来源：北京市住房和城乡建设委员会。

与自住型商品住房申请条件相比，申请共有产权住房的门槛明显提高，要求申请家庭应符合北京市住房限购条件且家庭成员在北京市均无住房。与其他城市申请共有产权住房条件相比，北京模式有以下几个特点：一是北京既没有对家庭财产也没有对家庭收入做出规定。由于北京共有产权住房是基于自住型商品住房演变过来、加上北京房价总体水平较高，这样的制度设计有利于扩大保障的范围，特别是降低“夹心层”群体、年轻人家庭首次置业的门槛，为他们在家庭收入许可的范围内能拥有一套住房而提供机会。二是保障对象扩大到非京籍家庭的比例高。共有产权住房中，不少于30%面向非京籍人口。要求各区根据本区实际出台非京籍家庭申请共有产权住房的具体条件和分配办法。根据北京市统计局公布数据，截至2016年底，北京市常住人口2172.9万人，其中外来人口807.5万人，占常住人口的比重为37.2%。保障对象扩大到非京籍家庭，意味着北京市充分肯定了常住外来人口在各行各业为北京城市建设和社会发展做出的不可估量的贡献。三是北京共有产权住房制度设计了排他性的条款。规定购买共有产权住房的家庭如果承租公租房、公有住房（含直管和自管公房等）需先清退所住住房才能网签购买，对有拆迁经历、有住房转出记录、离婚家庭以及有违建房屋等行为的都做出了排他性安排，从而在制度上堵住了重复获得政府资助的漏洞。

2. 供应标准

2017年制定了《北京市共有产权住房规划设计宜居建设导则（试行）》（以下简称《导则》），对共有产权住房规划设计标准和户型标准做出规范，并在方案审核时严格按照标准进行审核。2017年版的《导则》中关于“单体设计”做出了一般性规定：对城六区新建项目容积率不高于2.8，层高不低于2.8米，套型总建筑面积最大90平方米；其他区新建项目容积率不高于2.5，层高不低于2.9米，套型总建筑面积在90平方米以下的占建设总量的70%以上，最大不超过120平方米。充分考虑两孩家庭及适老性要求，套型以多居室为主，严格控制套型总建筑面积在 60 平方米以下的套型比例。

2020 年北京市在已有三十多个项目约 4.3 万套共有产权住房按照 2017 年版《导则》设计建设并陆续交用的基础上，多渠道收集百姓需求，同时考虑新政策、新标准对共有产权住房的影响，对《北京市共有产权住房规划设计宜居建设导则（试行）》中部分条款（涉及十一个方面）进行修订。其中对于共有产权住房面积标准及户型配比拟作如下修订，进一步体现了以人为本、绿色发展：

（1）2017 年版《导则》中 3.2.1 条“套型设计应符合住宅设计规范的要求。城六区新建项目套型总建筑面积不应大于 90 平方米；其他区新建项目套型总建筑面积在 90 平方米以下的占建设总量的 70% 以上，最大不超过 120 平方米。充分考虑二孩及适老性要求，套型以多居室为主，严格控制套型总建筑面积在 60 平方米以下的套型比例”修改为“套型设计应符合住宅设计规范的要求，充分考虑家庭代际及二孩、适老性等新需求，大力倡导多居室精细化套型设计。中心城区新建项目执行差别化面积标准，十八层（含）以下的住宅建筑，套型总建筑面积不大于 95 平方米；十八层以上的住宅建筑，套型总建筑面积不大于 100 平方米。其他区新建项目套型总建筑面积原则上不超过 120 平方米。严格限制套型总建筑面积在 60 平方米以下的套型比例”。

（2）2017 年版《导则》中 3.1.1 条“共有产权住房城六区层高不应低于 2.8 米，其他区不应低于 2.9 米”修改为“共有产权住房层高不应低于 2.9 米”。

（3）2017 年版《导则》中 3.1.2 条“共有产权住房设计应遵循标准化、模数化、一体化的原则，统筹建筑、结构、设备管线、装修等各专业，充分考虑住宅使用的长寿性、可变性”修改为“共有产权住房设计应遵循标准化、模数化、一体化的原则，统筹建筑、结构、设备管线、装修等各专业，倡导主体结构大空间布置，通过轻质隔墙系统、家具设备设施等灵活划分套内功能空间，实现住宅使用的长寿性、可变性，适应不同家庭结构、不同生活阶段的多样化需求”。

3. 产权设计

产权按个人与政府共有的方式设计，政府份额由政府指定的机构代持。购房人产权份额按照销售基准价格与周边房价的比例关系确定，计算公式为：

$$购房人产权份额 = 销售均价 \div (周边房价 \times 折扣系数) \times 100\%$$

$$政府产权份额 = 1 - 购房人产权份额$$

销售均价是指向购房人出售共有产权住房的平均价格。根据北京市的规定，在共有产权住房项目土地上市前，需要在土地供应文件中予以明确的销售价格。销售均价的评估由具有相应资质的房地产估价机构按照《北京市共有产权住房价格评估技术指引（试行）》进行评估，销售均价评估依据共有产权住房项目的控制性规划条件进行评估。

根据《北京市共有产权住房价格评估技术指引（试行）》，周边房价的评估是根据共有产权住房项目同地段、同品质普通商品住房价格，在评估时优先采用比较法评估共有产权住房的市场价值。在比较法无法满足估价要求时，采用收益法或成本法进行评估。采用比较法评估时，应选取符合要求的不少于三个住宅小区的可比实例，且可比实例应优先采用新建普通商品住宅项目，条件不具备时，则采用存量住宅项目。选择新建普通商品住宅项目时，通过住宅项目的销售均价确定该小区标准房地产市场价格；选择存量住宅项目时，根据所评估的共有产权住房项目的标准房地产指标、住宅小区的建筑标准，设定住宅小区标准房地产的建筑标准。依据《房地产估价规范》，对每个住宅小区选取的不少于三个可比实例交易价格进行标准化处理，将所选可比实例与标准房地产进行比较，进行房地产状况调整，计算住宅小区标准房地产价格。

在计算购房人产权份额时，折扣系数一般规定为0.9，这也是政府对共有产权住房购买者的一种利益让渡。

根据北京市相关规定，共有产权住房购房人产权份额比例按照 5 个百分点一个档位。购房人产权份额比例按照“就高”的原则来确定，如果一个项目，评估出购房人产权份额比例是 61% 时，最终就按照 65% 来算；如果评估的结果是 67%，则按 70% 算，这又是政府对个人的让利。在实际操作过程中，由于每个项目的背景、区位等差异性因素，购房人产权份额大致在 40% ~85%，主要集中在 50% ~70%。2017 年上市的第二个共有产权住房项目金隅大成·金城雅苑二期，燕顺投资公司委托房地产评估机构完成对购房人与政府共有份额比例的评估，最后确定该项目单套住房的购房人产权份额比例为 40%，燕顺投资公司作为政府产权份额代持机构持有剩余 60% 份额，这个项目是目前购房人产权份额比例最低的项目。

4. **审核管理**

北京共有产权住房实行“三级审核、两次公示”，在技术上推行“互联网 + 政务服务”，取消全部纸质证明，所有申请家庭无须线下办理，真正实现“只跑一趟”。另外通过与民政、公安、地税、社保、公积金部门的数据联网共享，推行“事前个人承诺 + 事中、事后监管”方式，将由居民家庭提供材料，变为部门间信息交换进行审核。

北京市共有产权住房申请审核和配售采取项目登记制，不实行轮候。共有产权住房项目具备申请条件后，由项目所在区住建委或房管局在其网站上发布申购公告，网上申购期限不少于 15 日。凡符合申购条件的家庭，在网上申购期间，登录项目所在区住房城乡建设委（房管局）官方网站提出项目购房申请，在线填写《家庭购房申请表》和《承诺书》，如实申报家庭人口、户籍、婚姻、住房等情况，并准备相关证明材料。申购过程全程在线办理，一般不需要提交其他书面材料，实现了让“数据多跑路、百姓少跑腿”。

市住房城乡建设委会同民政、公安、地税、社保、公积金等部门在申购期结束后 20 个工作日内，通过共有产权住房资格审核系统对申请家庭的购房资格进行审核，区住房城乡建设委（房管局）对申请家庭在本区就业等情况进行审核。经审核通过的家庭，可取得申请编码。对审核结果有异议的，可在自资格审核完成之日起10个工作日内，持相关证明材料到区住房城乡建设委（房管局）申请复核。

资格审核结束后，区住房城乡建设委（房管局）按照职住平衡、家庭人口等因素进行优先次序分组，确定摇号家庭名单，并在其官方网站面向社会公示。公示结束后，对符合条件的申请家庭进行公开摇号，确定选房顺序。摇号结果在区住房城乡建设委（房管局）官方网站和销售现场公示3天。选房前5个工作日，还需在销售现场和区住房城乡建设委（房管局）官方网站发布选房公告。申请家庭按照摇号确定的顺序选房，家庭放弃选房的，由后续家庭依次递补。但随着共有产权住房项目不断推进，一些项目由于地理位置不理想，出现了首次申请户数不足的情形。为了确保项目及时推进，允许这些项目在此后采取顺销的方式，购房家庭随时申请、主管部门定期审核，审核通过后，购房则按照提交申请的顺序进行选房。

5. 售后管理

2017年发布的《北京市共有产权住房管理暂行办法》（以下简称《暂行办法》）已经对售后管理中可能出现的情形做了明确规范。

（1）使用。《暂行办法》中规定，申请家庭选定共有产权住房的，夫妻双方应共同与开发建设单位、代持机构签订三方购房合同，作为购房家庭产权份额的共同共有人，未成年子女为同住人。购房合同明确规定了共有产权份额、房屋使用维护、出租转让限制等内容。

开发建设单位、购房人和代持机构应根据有关法律法规，向房屋所在地区不动产登记部门申请办理不动产登记，房屋产权性质为“共有产权住房”。登记事项记载于不动产登记簿后，不动产登记部门应向当事人核发不动产权证书，并按规定在附记栏注记共有人姓名、共有方式及共有份额等内容。

已购共有产权住房用于出租的，购房人和代持机构按照所占房屋产权份额获得租金收益的相应部分，具体在购房合同中约定。购房人应在市级代持机构建立的网络服务平台发布房屋租赁信息，优先面向保障性住房备案家庭或符合共有产权住房购房条件的家庭出租。

共有产权住房购房人和代持机构均可以依法将拥有的房屋产权份额用于抵押。但是，代持机构抵押融资只能专项用于本市保障性住房和棚户区改造建设和运营管理。

共有产权住房购房人全额缴纳住宅专项维修资金，物业服务费也由购房人承担。

（2）回购。购房人通过购买、继承、受赠等方式取得其他住房的，其共有产权住房产权份额由代持机构回购。回购价格由代持机构委托房地产估价机构参照周边市场价格评估确定。

共有产权住房购房人取得不动产权证未满 5 年的，不允许转让房屋产权份额，因特殊原因确需转让的，可向原分配区住房城乡建设委（房管局）提交申请，由代持机构回购。回购价格按购买价格并考虑折旧和物价水平等因素确定。回购的房屋继续作为共有产权住房使用。共有产权住房购房人取得不动产权证满 5 年的，可按市场价格转让所购房屋产权份额。第一，购房人向原分配区住房城乡建设委（房管局）提交转让申请，明确转让价格。同等价格条件下，代持机构可优先购买。第二，代持机构放弃优先购买权的，购房人可在代持机构建立的网络服务平台（目前平台正在加紧建设中）发布转让所购房屋产权份额信息，转让对象应为其他符合共有产权住房购买条件的家庭。新购房人获得房屋产权性质仍为“共有产权住房”，所占房屋产权份额比例不变。其操作程序如图 8－3 所示。

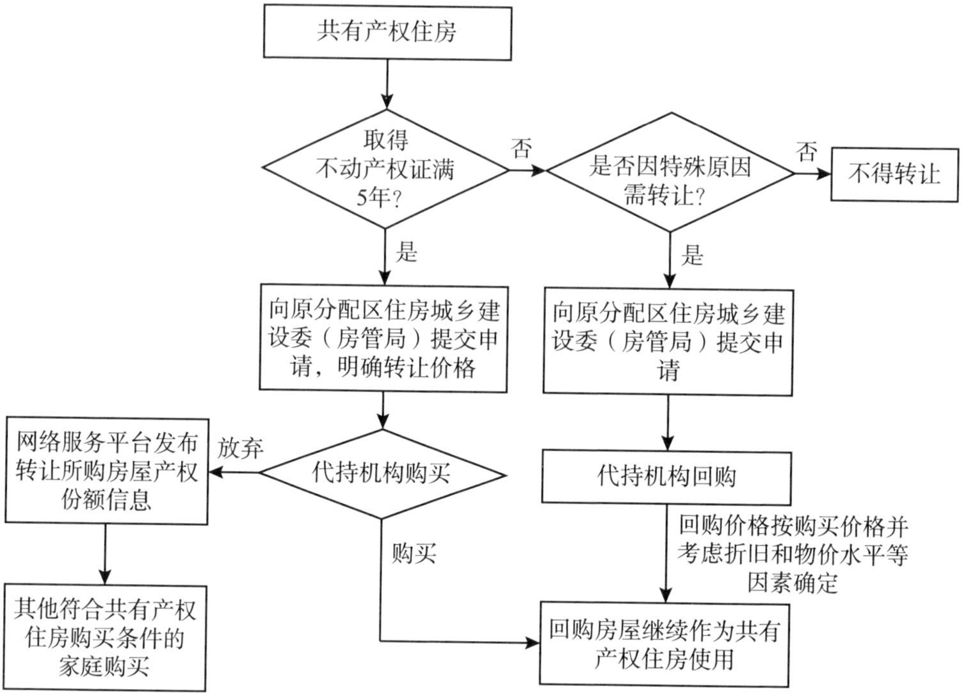

图8－3　北京市共有产权住房上市管理

另外，最重要的一点是，政府持有的份额现阶段不能由购房人回购。这一点决定了北京的共有产权住房是一种封闭运行的模式，共有产权住房不能进入现有的商品住房市场体系，只在保障体系内循环，这种封闭运行，在一定程度上影响到共有产权住房的变现能力与变现价值，其居住属性大于资产属性。

8.3　北京模式的特点分析

北京共有产权住房制度的设计不同于上海模式。比如，北京共有产权住房用地是出让方式，由开发商拿地开发建设，市场化运作程度高；销售对象不作资产与收入要求，覆盖范围更大；封闭式运行，但允许出租，购房人和代持机构按照所占房屋产权份额获得租金收益的相应部分等。

8.3.1　覆盖更大的保障群体

北京制定共有产权住房制度的重要背景：一是落实 2016 年 12 月中央经济工作会议精神。会议明确指出，坚持“房子是用来住的，不是用来炒的”定位，同时还要合理运用金融、土地、财税、投资、立法等手段，加快建立符合国情、适应市场规律的基础性制度和房地产市场的长效机制，抑制房地产泡沫，同时又要防止房价的大起大落等。二是完善自住型商品住房制度。自住型商品住房推出后激发大量自住型和投资型需求集中涌入，引起舆论强烈反应，促进政府反思自住型商品住房制度存在的缺陷。因此，北京共有产权住房制度设计优先解决无房群体，不限申请者收入与资产，且不低于 30% 用于非京籍家庭，覆盖的群体规模大，据北京住房保障部门当时测算有近 30 万人申请。

8.3.2　市场化运作

与其他城市的共有产权住房相比，北京共有产权住房在建设与管理运行机制上实施了完全的市场化机制，提升了运作效率。主要体现在三个方面：一是在土地供应阶段，共有产权住房用地主要是通过招拍挂的方式获得。《北京市共有产权住房管理暂行办法》中明确指出：共有产权住房建设用地可采取“限房价、竞地价”“综合招标”等多种出让方式，遵循竞争、择优、公平的原则优选建设单位，并实行建设标准和工程质量承诺制。2017 ~ 2020 年底，北京共通过招拍挂的形式推出共有产权住房项目地块 60 个，其中 36 块地的成交价超过了底价，溢价率最高的地块高达 58.33%（见表 8 - 3），可见土地竞争相当激烈。二是开发阶段，开发单位承担着较大的市场风险，必须更重视市场分析、产品创新和进度把控。共有产权住房销售程序是，开发建

表8-3　2017～2020年北京市共有产权住房项目土地交易

序号	地块名称	出让方式	建设用地面积（平方米）	规划建筑面积（平方米）	成交日期	成交价（万元）	成交楼面价（元/平方米）	溢价率（%）
1	通州区台湖镇北神树村B-30地块	挂牌	32878.90	92061	2017-03-28	158000	17162.52	39.82
2	密云区檀营乡MY00-0103-0402、MY00-0103-0502等地块	挂牌	60999.15	145149	2017-03-28	176000	12125.46	35.38
3	平谷区山东庄镇西沥津村PG08-0401-0004等地块	招标	52752.37	129006	2017-04-12	67278	5215.10	—
4	石景山区玉泉西一路×-18160地块	挂牌	27130.69	43409	2017-04-24	123500	28450.31	45.29
5	门头沟区永定镇MC00-0015-0043地块	挂牌	32606.69	57599	2017-04-25	103000	17882.25	33.77
6	大兴区瀛海镇区C4组团YZ00-0803-0603地块	挂牌	63029.62	126059	2017-04-25	380000	30144.61	58.33
7	朝阳区管庄乡塔营村1208-605地块	挂牌	60374.36	102636	2017-04-25	326000	31762.72	55.24
8	丰台区NY-005、006地块	挂牌	53213.75	100410	2017-04-27	289000	28781.99	22.98
9	顺义区仁和镇05-03-04-3地块	挂牌	41170.23	60109	2017-04-27	121000	20130.09	37.5
10	顺义区SY00-0022-6015、6016地块	挂牌	45104.74	112093	2017-04-27	193000	17217.84	48.46
11	丰台区NY-016等地块	挂牌	75405.59	163968	2017-05-25	415000	25309.81	0

续表

序号	地块名称	出让方式	建设用地面积（平方米）	规划建筑面积（平方米）	成交日期	成交价（万元）	成交楼面价（元/平方米）	溢价率（%）
12	顺义区后沙峪镇 SY00－0019－6001、6003 地块、SY00－0019－6004 地块	挂牌	151051.70	274253	2017－07－13	502000	18304.27	30.39
13	大兴区黄村镇 DX00－0102－0802 地块	挂牌	31048.69	77622	2017－07－25	146500	18873.52	1.03
14	昌平区北七家镇 009 地块	挂牌	44353.34	97577	2017－07－25	222000	22751.25	26.86
15	平谷区马坊镇梨羊村 PG05－0108－0001 地块	挂牌	20763.83	45680	2017－07－25	37800	8274.95	2.16
16	怀柔区 HR00－0004－6001 地块	挂牌	20342.53	61028	2017－08－11	62000	10159.27	3.33
17	石景山区东下庄 1605－630 地块	挂牌	25399.58	71267	2017－09－13	206500	28975.54	29.06
18	通州区通州新城 TZ00－0024－0006、0007 地块	挂牌	65516.16	163790	2017－09－21	240000	14652.90	26.25
19	通州区西集镇 TZ07－0103－0019、0029 地块、TZ07－0103－0020 地块	挂牌	81664.26	97997	2017－10－11	125000	12755.48	38.89
20	北京经济技术开发区河西区 X90R1、X90S1 地块	挂牌	48377.10	87296.2	2017－10－25	222000	25430.65	38.75
21	朝阳区东坝乡 1109－663 地块	挂牌	77973.48	194934	2017－11－03	498000	25547.11	0

续表

序号	地块名称	出让方式	建设用地面积（平方米）	规划建筑面积（平方米）	成交日期	成交价（万元）	成交楼面价（元/平方米）	溢价率（%）
22	海淀区 HD00 – 0404 – 6005、6006 地块	挂牌	84786.55	186530	2017 – 11 – 03	535500	28708.52	0.51
23	大兴区魏善庄镇 AA – 43（DX07 – 0102 – 6011）地块	挂牌	95947.00	211083	2017 – 11 – 07	370000	17528.65	0
24	昌平区北七家镇 C – 52 地块	挂牌	66465.42	99698	2017 – 11 – 07	190000	19057.54	2.7
25	房山区阎村镇 LX14 – 0602 等地块	挂牌	72996.72	155965	2017 – 12 – 07	254000	16285.70	25.37
26	房山区良乡镇中心区 01 – 17 – 02 等地块	挂牌	59994.00	123171	2017 – 12 – 07	182000	14776.20	12.69
27	延庆区延庆新城 YQ00 – 0003 – 0002 等地块	挂牌	99493.38	218506	2017 – 12 – 14	214000	9793.78	67.19
28	朝阳区豆各庄乡 1306 – 606 地块	挂牌	35847.35	75279	2017 – 12 – 14	186000	24708.09	9.41
29	昌平区北七家镇 C – 16、CP07 – 0600 – 0023 – 2、0024、0025、0041 – 2、0042、0043 地块	挂牌	122262.00	285496	2018 – 01 – 12	328500	11506.29	0
30	怀柔区 HR – 0014 – 0022 地块	招标	43539.77	108849	2018 – 01 – 18	99450	9136.51	—
31	大兴区黄村镇 DX00 – 0103 – 1304 地块	招标	20291.37	36524	2018 – 01 – 18	62800	17194.16	—

续表

序号	地块名称	出让方式	建设用地面积（平方米）	规划建筑面积（平方米）	成交日期	成交价（万元）	成交楼面价（元/平方米）	溢价率（%）
32	朝阳区豆各庄乡 1306 －635 地块、1306 －636 地块 A8	挂牌	55477.35	87924	2018 －01 －25	168000	19107.40	12
33	通州区台湖镇 YZ00 －0405 －0078、0079、0081 地块	挂牌	39199.45	97998	2018 －02 －06	157000	16020.73	33.62
34	平谷区兴谷街道 PG －0007 －6004、6008 地块、PG －0007 －6003 地块	挂牌	51499.68	123649	2018 －02 －06	91000	7359.53	15.04
35	门头沟区永定镇 MC00 －0016 －063 地块、MC00 －0016 －064 地块	挂牌	32797.36	91833	2018 －02 －06	165000	17967.40	0
36	平谷区夏各庄镇 PG11 －0100 －6103 等地块	挂牌	81112.67	113557	2018 －09 －13	73000	6428.48	17.34
37	石景山区古城南街 1612 －806、813、819、820 等地块	挂牌	61127.91	152820	2018 －10 －31	483400	31631.99	0
38	顺义区顺义新城 SY0) －0013 －6010 地块	挂牌	41663.44	70828	2018 －11 －26	77900	10998.47	1.56
39	顺义区后沙峪镇 SYC0 －0019 －6014 地块、SY00 －0019 －6013 地块	挂牌	76571.12	132728	2018 －11 －26	194500	14654.03	17.88
40	密云区李各庄路 0602、0603 地块	挂牌	33062.86	61047	2019 －01 －17	40800	6683.38	25.5
41	朝阳区东坝乡 1108 －006 地块	挂牌	41541.34	87237	2019 －01 －17	206000	23613.83	37.33

续表

序号	地块名称	出让方式	建设用地面积（平方米）	规划建筑面积（平方米）	成交日期	成交价（万元）	成交楼面价（元/平方米）	溢价率（%）
42	石景山区阜石路1603－616地块	招标	17006.62	43844.08	2019－01－24	98500	22465.97	—
43	海淀区西三旗1814－630等地块	招标	14680.08	31629	2019－01－24	76000	24028.58	—
44	海淀区清河安宁庄1820－618A等地块	招标	68981.53	141907	2019－01－24	389000	27412.31	—
45	怀柔区雁栖镇HR00－0010－6037地块R2、HR00－0010－6043地块	挂牌	36338.20	67633	2019－01－28	79200	11710.26	0
46	通州区马驹桥镇C01地块、C－07地块、C－09地块	挂牌	65453.36	148992	2019－01－28	143500	9631.38	0
47	通州区台湖镇TZ09－0100－6016地块、6019地块、TZ09－0100－6018地块	挂牌	29550.20	54407	2019－01－31	84000	15439.19	39.3
48	通州区台湖镇YZ00－0405－0099、YZ00－0405－0104地块	挂牌	69229.28	173073	2019－01－31	255000	14733.67	40.88
49	朝阳区将台乡1016－030地块、1016－033地块	挂牌	60678.01	160145	2019－02－01	340800	21280.70	0.5
50	朝阳区东坝乡1106－720地块、1106－721地块	挂牌	31314.23	85543	2019－08－29	189700	22175.97	0

续表

序号	地块名称	出让方式	建设用地面积（平方米）	规划建筑面积（平方米）	成交日期	成交价（万元）	成交楼面价（元/平方米）	溢价率（%）
51	大兴区瀛海镇 YZ00－0803－2010、2013A、2013B、2014、2016 地块	挂牌	47891.78	108059	2019－09－12	151283	14000.04	0
52	怀柔区怀柔新城 HR00－0007－6006 地块	招标	37817.29	83198	2019－09－23	85861.17	10320.10	—
53	房山区拱辰街道 FS00－LX09－6001 地块	挂牌	35805.00	71581	2019－11－18	85000	11874.65	10.39
54	丰台区 1615－761、1615－762 地块	招标	62168.34	186162	2019－12－13	434800	23356.00	—
55	海淀区 HD00－0403－013、122 地块	挂牌	65039.11	132382.13	2020－01－20	329000	24852.29	0
56	海淀区安宁庄 1820－618B、1820－619B、1820－624A、1820－622 地块	招标	47115.37	99865	2020－01－23	278800	27917.68	—
57	房山区拱辰街道办事处 FS00－LX05－0046、0056 地块	挂牌	87651.29	140242	2020－05－19	265000	18895.90	31.45
58	门头沟区龙泉镇 MC00－0005－6002、6003、6010、6011、6007、6008、6012 地块	招标	154004.04	209367	2020－07－24	269450	12869.75	—
59	大兴区瀛海镇 YZ00－0803－2003、2004、2005A、2005B、2008 地块	挂牌	62136.68	147241	2020－12－25	206138	14000.04	0

续表

序号	地块名称	出让方式	建设用地面积（平方米）	规划建筑面积（平方米）	成交日期	成交价（万元）	成交楼面价（元/平方米）	溢价率（%）
60	大兴区瀛海镇 YZ00 - 0803 - 2009、2012A、2012B、2015 地块	挂牌	41000.75	102502	2021 - 02 - 10	146578	14300.01	0

资料来源：中指院数据库。

设单位取得项目规划方案复函后，向项目所在区住房城乡建设委（房管局）提交开通网上申购的申请，经审核批准后准予开通网上申购并发布项目公告，经市住房城乡建设委会同公安、地税、社保、民政、不动产登记等部门对申请者资格进行审核后，再在区住房城乡建设委（房管局）监督指导下开盘，带来两大风险：（1）有的项目购房者多、有的项目购房者少。通常城区的项目因为配套好、价差大，有充足的购买力，普遍不愁卖，但在郊区，由于需求较少，普遍都要进行二次销售，资金回笼缓慢。通州区准入门槛最严格，由于符合条件的购房人较少，为了推动销售，试行了把抽签摇号的集中选房改为先到先得的顺销。为了减少项目风险，开发商必须重视对周边无房户数量、需求特点的调研，注重产品创新和进度把控，以减少项目风险。（2）共有产权住房项目从拿地到开盘的时间长于商品住房项目，资金占用时间长、成本相对更高一些。三是在共有产权住房定价和份额退出时，遵循市场价格，无论是销售均价确定、政府代持机构产权份额回购，还是通过代持机构交易平台交易，其价格都是参考周边房价的，确保了购房者正常的收益，保障了购房者的基本利益。

8.3.3　政府让渡占有权，限制处置权，保留收益权

从产权的角度看，共有产权住房由于是购房人与政府（代持机构）共同拥有的产权，两者应享有符合各自份额的各项权利，这些权利应该包括房产的占有权、处置权和收益权。《北京市共有产权住房管理暂行办法》（以下简称《暂行办法》）对房产权利中的两项权利作了比较清晰的规定：一是规定了购房人不得随意转让其所购份额，《暂行办法》中第二十四条指出：共有产权住房购房人取得不动产权证未满5年的，不允许转让房屋产权份额，因特殊原因确需转让的，可向原分配区住房城乡建设委（房管局）提交申请，由代持机构回购。政府对购房人处置其产权做出了年限上以及交易对象上的限制，使得购房人在处置产权时受到了一定的约束。二是政府保留了一定的收益权，

《暂行办法》第二十三条指出：已购共有产权住房用于出租的，购房人和代持机构按照所占房屋产权份额获得租金收益的相应部分，具体应在购房合同中约定。购房人应在市级代持机构建立的网络服务平台发布房屋租赁信息，优先面向保障性住房备案家庭或符合共有产权住房购房条件的家庭出租。由此可见，政府（代持机构）并未放弃在房屋出租时应获得相应收益的权利，并为此还限定了发布出租房屋信息的渠道以及出租对象。三是政府让渡房屋使用权给购房人，《暂行办法》中并没有规定购房人在自己居住期间需向政府（代持机构）缴纳相应租金，而是默认了购房人可以无偿获得居住权利，在一定程度上也是对前两种权利的补偿。

目前从制度安排来分析，这样的设计至少有三方面的好处：一是简化了因为共同持有产权而产生的各种利益纠葛，大幅降低了交易成本，也便于实际运作；二是体现了保障性住房的特点，政府对保障群体的让利切实可见，保障对象获得感、幸福感清晰可见；三是压缩了购房人寻租空间，真正地将房屋出售给需要的保障对象，而不是把共有产权住房作为获取超额投机回报的工具。当然，这种制度上的安排还有待实践的检验，一些制度安排在实际运行中仍然面临缺乏操作性的担忧，尤其是对于房屋出租而产生的收益，政府（代持机构）如何掌握信息，如何监督，如何获得收益仍需要精心设计，否则巨大的交易成本不得不使得政府放弃这部分收益。

8.3.4 产权封闭式运作

北京共有产权住房对于个人份额的转让有明确的规定，无论是取得不动产权证不满5年还是满5年，在转让时持有政府份额的代持机构都有优先购买权，且个人在共有产权住房持有期间不能回购政府份额。这个政策保证了共有产权住房的个人份额，只在具有共有产权住房购买资格的群体中流通，不会流入到普通商品住房市场。

《北京市共有产权住房管理暂行办法》从三个方面保证了个人份

额始终在具有共有产权住房购买资格的群体内流转：一是已经购买了共有产权住房的购房人，因为通过购买、继承、受赠等方式取得其他住房的，其共有产权住房产权份额由代持机构回购。二是对于获得不动产权证不满5年，因特殊原因需要转让持有份额的，可向原分配区住房城乡建设委（房管局）提交申请，由代持机构回购。回购价格按购买价格并考虑折旧和物价水平等因素确定，回购的房屋继续作为共有产权住房使用。三是共有产权住房购房人取得不动产权证满5年的，可按市场价格转让所购房屋产权份额。购房人需要向原分配区住房城乡建设委（房管局）提交转让申请，明确转让价格。同等价格条件下，代持机构可优先购买。代持机构放弃优先购买权的，购房人可在代持机构建立的网络服务平台发布转让所购房屋产权份额信息，转让对象应为其他符合共有产权住房购买条件的家庭。新购房人获得房屋产权性质仍为“共有产权住房”，所占房屋产权份额比例不变。

产权的封闭化运作确保了共有产权住房只在特定的保障群体内流动，防止了共有产权住房转化为普通商品住房，抑制了投机冲动，堵住了前期政策上的漏洞。但同时，封闭化的运作，使得政府（代持机构）手里积累了大量的资产，却难以持续流入资金，给政府造成了一定的资金压力。

分析北京共有产权住房方案，存在可进一步完善或商榷的地方：

第一，非户籍北京人保障比例过多。“满足在本区工作的非本市户籍家庭住房需求的房源应不少于30%”，这对解决大量非户籍北京人住房问题是一大利好。产权型住房最大的弊端是影响工作流动，如果在一个城市已经拥有了一套产权住房，一般情况下，这个家庭不愿意离开这个城市，所以，更适合配置给在城市已经稳定工作和稳定生活的户籍家庭。此外，不少于30%配置给非本市户籍家庭政策，更多地释放出鼓励非本市户籍人口长期留在北京的信号，不符合北京市控制人口总量的政策。当然，政策设计的出发点是配置给中高端人才，优化北京的人口结构，但是，不少于 30% 的比例更多地释放出鼓励非本市户籍人口长期留在北京的信号；如果是这样，完全可以通过先解决中高端人才户籍、再解决住房来实现。

第二，忽视对本地户籍住房困难夹心家庭的保护。对申请共有产权住房的家庭作了“家庭成员名下均无住房”的规定。这一申请条件没有区分本地户籍与非本地户籍的差别，某种程度上有损本地原居民的利益。北京籍家庭还存在不少名下有一套住房，但住房面积不达标、过于拥挤的情况，例如：一家 3 口，小孩未成年，住房建筑面积只有 40 平方米，人均可支配收入又在平均水平线，这样的家庭理应纳入保障，也需要政府帮助其来改善居住条件。而现有方案把这类家庭排斥在外，是不合理的。建议允许本地户籍、人均住房建筑面积在 15 平方米以下的家庭均可申请共有产权住房。

第三，产权比例选择单一，不能更好地满足不同收入水平的居民购房诉求。新一轮房价的快速上升，进一步加剧了北京市民通过市场化解决住房问题的难度，新建商品住房总价高，普通收入家庭难以承受。因此，以同地段同品质普通商品住房为价格参照系的共有产权住房销售，应该考虑提供若干种产权比例选择方案，如个人购买产权最低比例为 30%，允许每次提高 10%、直到 90%，每提高购买 10 个百分点的产权比例，给予 1% 价格优惠，鼓励有购买能力的家庭多持有个人产权比例，以减少政府的财政压力。这样做，将出现同一小区、同一楼层个人拥有产权比例不同的情况，可能会增加政府管理的麻烦，但将赋予不同收入和资产积累的家庭拥有自有住房的机会，更好地满足居民需要。

第四，“封闭”运行模式降低了市场效率。北京模式规定购房者 5 年后可以将个人持有的产权，转让给符合条件的对象（无房户），实质限制了参与市场交易的对象，极易造成交易价格的扭曲。如果这类房源供不应求，则可能出现相比于完全产权价格一个偏高的价格。如果这类房源供大于求，则可能出现相比于完全产权价格一个偏低的价格。北京模式将城市住房产权交易市场化又分为完全独立的两个市场（完全产权交易市场和部分产权交易市场），即二元市场，将降低市场的效率。当然，在特殊的时期采用这种“封闭”运行模式具有其特殊的意义。

第五，应建立常态化申请机制。建立常态化的申请机制，用轮候制或“积分制+摇号”的办法购房，给社会、给申请者有一种稳定的预期，不会出现恐慌性购房现象；也给政府确定项目选址、合理的开发规模、开发户型等提供科学依据，政府可以根据申请人的数量、家庭人口结构、区域选择等确定开发依据，以免出现供大于求或供不应求局面。

8.4　政策成效

北京共有产权住房自2017年推出以来，受到市场追捧，成为许多市民首次置业的首选，到2020年底，62个项目开通申购，申购房源6.4万套，51个项目已选房源共5.1万套。政策成效逐步显现，主要有三个方面。

8.4.1　有助于稳定房价，消除投资投机性需求

2017～2020年北京新建商品住宅成交套数约21.17万套，共有产权住房占同期商品住房总成交套数的30.23%，应该说发挥了稳定房价、优化供给结构的作用。根据中国房价行情网的统计数据，2016年12月北京全市新楼盘平均售价为45797元/平方米，比2015年上升22.88%，当时多个城区新房平均房价创出新高，东城区107083元/平方米，西城区87286元/平方米，朝阳区73297元/平方米，海淀区72809元/平方米，近郊城区也达到了较高的水平，大兴

区38564元/平方米，顺义区35028元/平方米，通州区38350元/平方米，二手房市场价格也屡创新高，全市二手房平均报价55779元/平方米。2017年初，北京市正式推出共有产权住房，其较为合理的制度安排和基准定价，给中低收入家庭的首次购房带来了一种全新的选择，同时，由于共有产权住房相对较低的价格，稀释了高价商品住房的需求，使得过热的房地产市场逐渐降温，价格涨幅趋于平缓（见图8-4）。

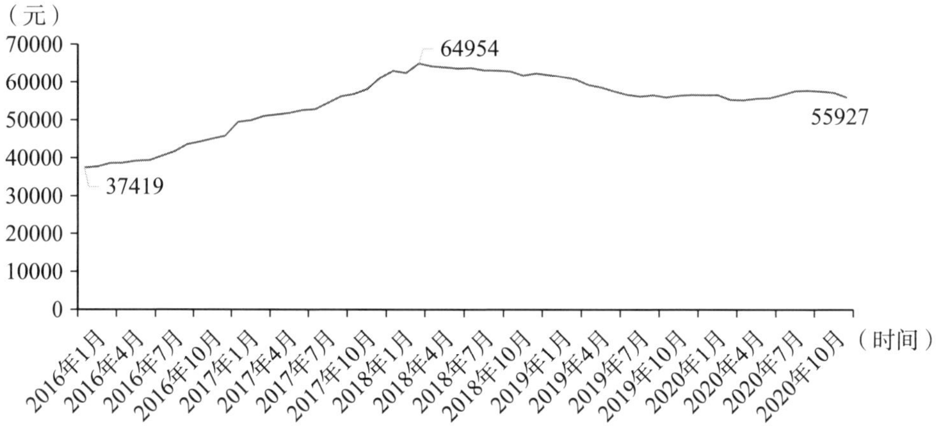

图8-4　2016~2020年北京市新楼盘销售均价走势

资料来源：中国房价行情网。

2017年1月到2020年12月，北京市新楼盘平均售价从49464元/平方米上涨到55927元/平方米，累计涨幅只有13.07%，且呈现高位波动的态势，房价在2018年3月达到峰值64954元/平方米，后震荡回落。房价回落主要得益于北京市房地产市场调控的精准施策，其中共有产权住房的推出对平稳房价、抑制投机起到了至关重要的作用。根据北京市住建委提供的统计数据，2018年和2019年共有产权住房申购数量分别占到当年新建商品住房销售量（套数）的30.5%和21.1%，尤其是共有产权住房对非京籍家庭的放开，缓解了对普通商品住房市场的压力，对平稳房价贡献较大。例如，2019年12月，朝阳区管庄乡某共有产权住房项目开始申购登记，含全装修费用销售均价2.9万元/平方米、个人产权份额比例为55%，换算成100%产权的价格为5.3万元/平方米。开始申购登记后，距离该项目300米的二手房均价由2019年12月的6.0万元/平方米小幅回落至2020年3月的5.8万元/平方米，此后价格一直稳定在5.8万元/平方米。①

另外，由于制度设计的严密，消除了共有产权住房投机的色彩，共有产权住房真正地满足了刚需家庭的需要。尽管规定购房人可以向符合条件的对象出售共有产权住房个人产权份额，但流动性受影响，且由于个人份额始终不变，避免了购房人通过回购政府份额实现以小博大的可能性，投机色彩大大下降。

8.4.2　政府财政压力大大降低

地方政府对于公租房项目往往缺乏积极性，主要原因在于政府需要投入巨大的资金，却又难以获得相应的收益回报，因此地方政府在推动公租房项目建设时更多的是迫于上级的压力，为了完成相应的指标不得已为之。导致政府或是拿出比较偏远的土地建设公租房项目，或是尽可能压缩投资规模。北京共有产权住房项目，政府通过招拍挂方式出让土地，以市场价格正常出让，甚至还能获得超出预期的收入（当溢价率大于0时），政府无财政压力。共有产权住房的销售价格是参照周边同品质楼盘的销售价格并结合开发商建安成本评估而来，基本能保证开发商获得基本的收益回报。而且政府还保留着部分产权，尽管政府持有的产权目前不进入市场流通，但其资产的价值是实实在在存在的。

以北京市朝阳区某共有产权住房项目为例，北京××公司于2019年8月29日以18.97亿元拍得“北京市朝阳区某1106－720地块F1

① 夏磊：《发展共有产权住房的北京模式》，搜狐网，2021年1月20日。

住宅混合公建用地、1106－721 地块 A33 基础教育用地”，楼面均价为 22175.97 元/平方米，溢价率为 0。2021 年 1 月 5 日，北京朝阳区发布共有产权住房申购登记公告，公告显示，该项目销售均价为 41000 元/平方米，购房人个人份额为 70%。通过计算，该楼盘基准销售价格为 58571.43 元/平方米，政府（代持机构）持有的产权份额价值为 17571.43 元/平方米，按照项目的规划建筑面积 85543 平方米计算，政府不仅获得 18.97 亿元土地出让金，还拥有 3.94 亿元价值的资产。由此可见，政府通过共有产权住房项目不仅没有沉淀大量的资金，反而还能获取一定的收益。

8.4.3 加快人口向外围地区分散

北京共有产权住房在配售环节高度重视“职住平衡”，在《暂行办法》的第十一条中明确规定：共有产权住房配售工作由各区住房城乡建设委（房管局）组织实施，房源优先配售给项目所在区户籍和在项目所在区工作的本市其他区户籍无房家庭，以及符合本市住房限购条件、在项目所在区稳定工作的非本市户籍无房家庭。即职住平衡的购房者获得了优先选房权，这极大地鼓励了在本地区工作的人员首次购房时优先考虑在当地选购住房，这为引导人口有序外迁提供了有利的条件。另外，《暂行办法》第十一条还规定：非本市户籍无房家庭申购共有产权住房的具体条件，由各区人民政府根据本区功能定位和发展方向等实际情况确定并面向社会公布。赋予了各个城区结合各自的定位，优先吸引符合发展方向的人才进入本城区的权力，使得属于疏解非首都功能对象的人口难以在本区获得共有产权住房，从而间接起到引导人口外迁的作用。

从实际效果看，共有产权住房在有序引导人口从稠密的核心城区向外围城区迁移中发挥了重要作用。截至 2020 年底，共推出共有产权住房项目共 70 个，其中城六区共计 21 个项目，近郊城区 43 个项目，远郊城区 6 个（见表 8－4），近郊城区是分布的重点。统计数据显示，

2017年以来，城六区人口密度显著下降，西城区每平方公里下降3200人左右，东城区下降2650人左右，其他4个区普遍下降1000人左右。而近郊城区人口密度上升较快，大兴区、通州区上升较多，在300人左右，其他区100~200人不等（见表8-5）。

表8-4　北京共有产权项目区域分布

区位分布	城区名称	共有产权住房项目数
城六区	东城区	0
	西城区	0
	朝阳区	12
	丰台区	4
	石景山区	2
	海淀区	3
近郊城区	房山区	5
	通州区	5
	顺义区	12
	昌平区	5
	大兴区	9
	门头沟区	7
远郊城区	怀柔区	0
	平谷区	4
	密云区	1
	延庆区	1
合计		70

资料来源：北京住建委。

表8－5　　2015～2019年北京各城区人口密度变化　单位：人/平方公里

地区	2015年	2016年	2017年	2018年	2019年
全市	1322.63	1324.09	1322.75	1312.70	1312.33
东城区	21599.05	20954.65	20310.26	19618.14	18949.88
西城区	25702.97	24930.69	24158.42	23346.53	22514.85
朝阳区	8690.40	8472.86	8215.78	7921.34	7631.29
丰台区	7599.74	7374.10	7148.46	6883.58	6621.98
石景山区	7734.28	7520.76	7259.79	6998.81	6761.57
海淀区	8576.74	8342.23	8079.87	7796.61	7515.67
房山区	525.76	550.89	580.05	597.13	630.81
通州区	1520.47	1575.64	1663.91	1741.15	1848.17
顺义区	1000.10	1054.02	1105.99	1146.19	1204.04
昌平区	1461.11	1496.09	1535.54	1569.04	1612.21
大兴区	1507.29	1634.66	1699.31	1733.09	1821.87
门头沟区	212.31	214.38	221.96	228.17	237.13
怀柔区	180.91	185.15	190.80	195.04	198.81
平谷区	445.22	459.95	471.53	479.95	486.26
密云区	214.85	216.64	219.78	222.02	225.61
延庆区	157.49	164.01	170.53	174.54	179.06

资料来源：历年《北京区域统计年鉴》。

8.4.4 有力地满足了居民对自有住房的需求，具有特殊的社会和经济意义

住房作为民生之要，被赋予多种功能，是家庭生活稳定的重要保障和家庭财产的主要体现。研究已证实商品房价格的上升，加重了居民财富分配的不平等，住房产权导致的财富差距已成为扩大社会两极分化的加速器。共有产权住房的推出，给了有一定经济能力但买不起

市场商品住房的家庭一个分期购买住房产权的机会，其可根据自己的财力先买50% ~80%的产权，积累几年后，可再购入政府持有的产权份额，直至拥有完全产权，也可退出共有产权住房购买商品住房，大大减轻了住房消费压力，推动了夹心阶层通过努力“阶梯式”实现了住房梦。这对增强居民获得感、社会安全感和归属感，增强夹心阶层财产性保障，壮大中产阶级队伍、缩小贫富差距具有重要意义，也是社会主义共同富裕理论的具体实践与要求。2021年7月4日~7月7日，课题组在社区干部的协助下，对北京市绿海家园、中铁碧桂园丰锦苑、建邦诺德永靓家园等三个共有产权住房小区进行了现场居民随机一对一调查，共收回有效问卷320份。调研发现：购买共有产权住房的居民，出于改善居住条件购房的占62.8%，自己结婚用的占35.0%，为资产保值增值或其他目的仅占1.3%，自用率100%，充分体现了“房住不炒”；大部分的共有产权的购房经济压力总体在可承受范围内，调查者们目前平均月还款金额为5668元，高达80.1%的受访者表示还款压力合适或不大。且大部分的受访者认为房产已增值，其中22.2%受访者认为自己拥有的共有产权住房已增值50%以上，55.6%的认为增值30% ~50%，17.8%的认为增值15% ~30%，3.1%的认为增值0~15%，只有1.3%的受访者认为不确定。

更为重要的是，高达89.7%的受访者对共有产权住房表示非常满意和比较满意，高达96.3%的受访者认为购买共有产权住房的决策是正确的，认为购房后对城市的归属感、家庭稳定感和生活幸福感提升的分别占94%、89%和88%；100%的受访者对共有产权住房申购和选房过程中的公平性感到满意；89%的受访者认为应该在全国大城市推广共有产权住房。调研结果充分显示，共有产权住房受到购房者的高度认可，有力地支持了居民对自有住房的需求，增强了居民的获得感、幸福感、安全感！

8.5 本章小结

从北京共有产权住房的政策定位和运行模式分析可以看出，其制度设计思路、运行方式、面向对象与第 7 章分析的上海共有产权制度有很大的差异。北京的特点：一是政策性支持的商品住房的定位，土地采用出让方式，完全的市场化操作。二是对非本地户籍人士保障力度大，30% 的房源面向在北京工作的非京籍人士。三是宽进严退，准入唯一条件是无房，对收入与资产不作要求，购房后“封闭管理、循环使用”，5 年后只能销售给无房户，政府持有的产权永久地保留在共有产权住房上。四是购买共有产权住房后，如获得第二套住房（通过购买、继承、赠予），则需要退出共有产权住房，不同于上海的规定，再次凸显上海是保障性住房的定位，而北京是政策性支持的商品住房的定位。分析提出了北京模式可进一步完善的地方，如：增加本地户籍供给占比；允许本地户籍、人均住房建筑面积在 15 平方米以下的家庭申请共有产权住房，保护其合理的改善需求；增加产权比例选择的多样性，个人购买产权最低比例为 30%，允许每次提高 10%，以应对高房价带来的购房能力不足；建立常态化申请机制；条件成熟时取消封闭，以提高市场运行效率。当然，在特定时期，北京“封闭管理、循环使用”的做法有其存在价值。

第9章　共有产权住房的“淮安模式”

淮安是最早开展共有产权住房试点的城市。经过不断的探索、论证，2007年初淮安市在全国率先提出以出让用地的共有产权住房替代行政划拨用地的经济适用住房，将经济适用住房的各种优惠转化为政府持有的产权比例，以解决保障性住房的“准入”与“退出”问题，形成了一整套具有淮安特色的共有产权住房建设供应、产权划分、运行管理、上市收益分配等政策制度和实践经验，2010年被国务院发展研究中心称为“淮安模式”，作为典型案例编入中共中央组织部的全国干部培训教材。2007年至2014年6月底，淮安市共向1122户中低收入家庭供应共有产权住房，购房满5年的134户中已有84%的家庭购回了政府产权，拥有了完整的产权；另外，未满5年的购房家庭也有97户购买了政府产权，政府共回收资金1110万元，有效实现政府投入资金的良性循环。截至2018年底，淮安共向9703户家庭供应了共有产权住房，其中市本级2915户，已有613户回购了政府产权，回笼资金3483万元[1]。

① 淮安市政府办公室，http://www.jiangsu.gov.cn/art/2019/1/22/art_34167_8099552.html。

淮安共有产权住房模式的特点是：土地出让代替土地划拨，政府给予经济适用住房的优惠政策显化为政府出资，形成政府产权；房屋配售价格与市场挂钩，低于同期同地段的普通商品住房销售价格的5% ~10%；产权比例设计中个人购房出资额等同于传统经济适用住房的价格，相当于享受了经济适用住房的保障性，同时，个人产权部分又具有商品性，可以保值、增值；退出方式多元化，可以通过个人购买政府产权形成完全产权而退出，若个人无力购买政府产权，也可以通过转让他人或与政府形成租赁关系而退出。

淮安作为江苏北部一个经济中等发达城市，是在怎样的背景下产生了这样的制度创新，其制度设计的初衷是什么？又经历了怎样的发展历程？这样独特的制度设计带来怎样的实际效果？是本章需要解答的问题。

9.1 提出的背景

2007 年，随着城市化进程的加快，淮安房价上涨与民生住房保障的矛盾日益凸显，政府一方面需要通过旧城拆迁改造，改善居民的居住环境，另一方面按照通常的拆迁政策，一部分中低收入家庭难有实力购买拆迁安置房。如果这些中低收入家庭用经济适用住房进行安置，经济适用住房存在的有限产权界限模糊、寻租空间大、退出机制难以操作等顽疾，既可能导致新的不公平，也存在着经济关系难理顺的问题，迫使创新保障性住房供应机制。总的来看，淮安共有产权住房的制度设计背景主要有以下三点。

9.1.1 传统经济适用住房制度局限性是探索淮安模式的重要动因

淮安市 1994 年建设凤凰新村解困房，第一次提出为城市低收入家庭解决住房困难问题，配售价格是当时商品住房价格的 65%（700 元/

平方米)。1995～2001年，又相继开发了富丽、富春两个经济适用住房项目解决城市中低收入家庭住房困难问题，配售价格是当时商品住房价格的85%（950元/平方米)。由于建设资金压力大，以及经济适用住房与商品住房价格相差不大，审核条件逐步放宽，直到全部公开销售。

2004年以后，随着淮安市住房价格大幅攀升，已经购买经济适用住房家庭希望转售，但由于划拨土地的性质，决定了经济适用住房上市必须补缴土地出让金，但这部分住户不愿缴纳土地出让金差价（168元/平方米)，宁愿私下转让，经济适用住房在退出环节出现了问题。再者，随着商品住房价格的上涨，免土地出让金、减免税费的经济适用住房价格优势十分明显，形成了住房市场的价格"双轨制"局面：高价的商品住房与平价的经济适用住房。较大价格差的存在，出于投资目的购买低价经济适用住房进而出租或转卖的住户增加，致使原本由政府通过转移支付方式给予中低收入家庭的福利性补贴被违规者占有，背离公共政策的设计初衷。因此，淮安政府开始设想既要打破住宅用地的"双轨制"、又要考虑中低收入家庭的承受能力，用共有产权住房替代经济适用住房，在解决保障对象住房困难问题的同时，遏制投机行为，减少牟利空间的住房政策创新。

9.1.2　解决"夹心层"群体住房问题是探索淮安模式的出发点和立足点

2007年前后，我国各地房价经历了一轮快速上升过程，根据国家发展改革委、国家统计局同期发布的调查数据，2007年6月，全国70个大中城市房屋销售价格同比上涨9.1%，其中，新建商品住房销售价格同比上涨9.4%，二手住房销售价格同比上涨7.8%。2007年淮安市城镇居民人均可支配收入为12164元，主城区商品住宅成交均价为3196元/平方米，按人均住房建筑面积30平方米计算（根据2007年淮安市国民经济和社会发展统计公报，城镇居民人均住房建筑面积为

30.3平方米），房价收入比的平均值为7.9倍。按淮安市统计年鉴提供的2007年城镇居民家庭按七等分划分的家庭收入（10%最低收入组家庭、10%低收入组家庭、20%低收入组家庭、20%中间收入组家庭、20%较高收入组家庭、10%高收入组家庭、10%最高收入组家庭），以商品住房均价购买一套70平方米的住房，计算的房价收入比分别为：19.46年、12.51年，9.09年，6.57年，5.06年，3.59年，2.53年（见表9－1），表明最低收入组家庭、低收入组家庭的房价收入比远远超过3~6倍合理值，难以承受商品住房价格。

表9－1　　2007年淮安市各收入阶层的房价收入比

分组	10%最高收入组	10%高收入组	20%较高收入组	20%中等收入组	20%较低收入组	10%低收入家庭	10%最低收入家庭
人均可支配收入（元/年）	29497	20770	14736	11352	8208	5959	3832
房价收入比（购买70方）①	2.53	3.59	5.06	6.57	9.09	12.51	19.46
房价收入比（买90方）	3.25	4.62	6.51	9.45	11.68	16.09	25.02

注：①以三口之家计算，不考虑家庭其他支出。

另据2007年淮安开展的城镇低收入家庭住房调查统计数据，在人均月收入600元以下的家庭中，无房户达到1354户，人均建筑面积8平方米以下的户数共计1120户，人均建筑面积在9~16平方米的户数共2992户①，住房困难的低收入群体规模较大。因此，如何破解高房价与一大批中低收入群体住房困难并存这一困局，需要政策的创新与突破。政府设想中低收入家庭能否先根据当前的经济实力出资购买一

① 鲍磊：《“共有产权”的淮安模式》，凤凰出版传媒集团2011年版。

部分产权，对政府来说可回笼一部分资金，对居民来说，弥补购房人短期内支付能力不足，待收入增加后，再出资购买政府部分产权，并且在一定的期限内可享受原价购买的政策优惠，实质是赋予原价购买的期权。通过这一模式降低购房门槛，进而保障更多“夹心层”群体。

9.1.3　低收入家庭买不起安置房是探索淮安模式的现实需要

为改善城区居民生活环境，加快城市化建设，提高城市综合服务功能，充分发挥城市在区域发展中的辐射带动作用，淮安市于2007年启动了大规模的旧城改造工程，专门出台《关于加快市区旧城及城中村改造工作的意见》，提出用5～6年的时间逐步完成市区旧城及城中村改造工作。将住房困难户比较集中，特别是人均住房使用面积低于8平方米的地段，设施不配套、房屋不成套的企业遗留生活大院以及有利于提升城市综合服务功能的旧城区，列为优先重点改造对象。2009～2010年，仅主城区就完成肉联厂宿舍、磷肥厂宿舍、十排房宿舍等旧城棚户区危旧房改造项目27个，改造房屋面积达26.52万平方米。[①] 改造的旧城区集聚了一部分住房困难、经济困难的“双困”型家庭，根据拆迁政策，原来住房面积小的家庭，按被拆迁住房的价值难以获得成套的拆迁安置房，但他们又无经济能力补交安置房与旧房（被拆迁住房）差价款。政府面临四种选择：一是停止旧城改造，这势必与广大群众要求改善居住环境的诉求相悖。二是让这些困难群体不补交差价款获得拆迁安置房，则会引起不公平，可能出现经济条件好的家庭也不愿意补交差价，影响项目的推进。三是无力交差价款的居民用经济适用住房安置，由于经济适用住房是有限产权，与被拆迁住房之间的价值换算关系复杂，老百姓接受难。四是政府与拆迁人形成共有产权，拆迁人以被拆迁住房的价值作为权益，政府以拆

① 引用数据来自淮水安澜网站。

迁人应该补交的价差作为政府的产权，形成一定的产权比例，这种做法经济关系清晰，被拆迁对象容易理解，既解决了被拆迁人无力购买安置房问题，改善了被拆迁人居住条件，又维护了整个拆迁安置工作的公平性。这是淮安推进共有产权住房的现实基础。

9.2 发展历程

9.2.1 政策演变

2007年3月，淮安市出台的《民生帮扶“九大工程”实施意见（淮安市安居工程实施意见）》[①] 首次创新性地提出土地出让性质的共有产权住房模式。接着同年7月，出台《淮安市市区保障性住房建设供应管理办法》[②]，规定：“经济适用住房均采用出让土地方式供地，实行政府指导价与市场接轨”，“共有产权保障性住房按不同的产权比例，由购房人和政府共同拥有房屋产权，供应相应的购房群体”，共有产权住房制度初步形成。

2009年7月，市政府出台了《淮安市市区共有产权拆迁安置住房管理办法》[③]，明确政府和被拆迁人按一定产权比例，共同拥有同一套按照合理标准建设、限定套型面积和销售价格、面向城市房屋被拆迁困难家庭供应、具有保障性质的住房。共有产权拆迁安置住房的产权份额，根据房屋被拆迁人财产情况确定，被拆迁人出资所占份额一般占购房总价（不含车库等附属设施）的70%，不低于50%，被拆迁人产权份额以外的产权由拆迁人出资，产权归政府所有，产权登记在市住房保障中心名下，由其统一管理。这一举措较好地解决了城市建设中被拆迁家庭买房难的问题，使得危旧房改造中的低收入住房困难家

① 资料来源于淮安市房产管理局网站。

②③ 资料来源于淮安住房保障网。

庭得到有效的住房保障，也使得危旧房改造工作与住房保障工作得到有机结合。

2010年11月，出台《淮安市共有产权经济适用住房管理办法》(以下简称《办法》)[1]，并于2011年开始正式实施，标志着“共有产权经济适用住房”的制度创新以政策形式正式固定下来，共有产权住房开始步入法治化、规范化轨道。《办法》对共有产权住房的概念、保障对象、产权比例确定与价格管理、准入与退出管理、优惠和支持政策、建设管理、单位集资合作建房、监督管理等操作细节作了明确的规定。

2013年6月颁布了《淮安市共有产权经济适用住房制度创新试点实施方案》[2]，对其供应与管理的指导思想、工作目标及工作任务分配情况作了详细的规定，为进一步完善共有产权经济适用住房的供应和管理体系做出更明确的部门责任分工和保障措施。

2014年，国务院政府工作报告中明确要求“增加共有产权住房供应”。住建部为探索发展共有产权住房，确定北京、上海、深圳、成都、淮安、黄石为共有产权住房试点城市。淮安市作为试点城市，于2014年9月出台《淮安市全国共有产权住房试点工作实施方案》[3]，就共有产权住房的保障模式、保障对象、产权划分、上市收益分配、运行管理、发展资金等问题做出了详细的规划，全面反映了共有产权住房试点的实质和关键。将保障模式由实物配售和棚改助购两种拓展为政府货币补贴助购普通商品住房、政府和企业联合出资助购普通商品住房、政府提供公租房先租后售、实物配售及棚改助购五种；保障对象由中低收入住房困难家庭扩大到新就业人员和进城务工人员；提出建立与共有产权住房供应规划相对应的发展资金。针对方案的重点环

① 资料来源于淮安住房保障网。

②③ 淮安住房保障网。

节，同时公布了《淮安市全国共有产权住房试点工作任务分解表》《淮安市共有产权住房申购管理细则》①，以提高《淮安市全国共有产权住房试点工作实施方案》的操作性。自此，淮安市的共有产权住房模式形成较为完善的政策保障体系（见表9－2）。

表9－2　淮安共有产权住房政策一览

时间	政策名称	主要内容
2007年7月	《淮安市市区保障性住房建设供应管理办法》（淮住房〔2007〕2号）	概括淮安市保障性住房的类型，提出共有产权保障性住房，并对各类保障房的建设和回购、面积和价格、申购和供应、后期管理、资金管理以及部门职责等方面作了阐述
2009年7月	《淮安市市区共有产权拆迁安置住房管理办法》（淮政发〔2009〕114号）	阐述了共有产权拆迁安置住房的定义、供应对象、建设用地、套型设计、产权比例、申请流程、退出管理
2010年11月	《淮安市共有产权经济适用住房管理办法（试行）》（淮政发〔2010〕208号）	对共有产权经济适用住房的概念、保障对象、产权比例确定与价格管理、准入与退出管理、优惠和支持政策、建设管理、单位集资合作建房、监督管理等操作细节作了明确的规定
2013年6月	《淮安市共有产权经济适用住房制度创新试点实施方案》（淮房保办〔2013〕3号）	提出共有产权经济适用住房供应与管理的指导思想，明确工作目标及工作任务分配情况
2014年9月	《淮安市全国共有产权住房试点工作实施方案》（淮政发〔2014〕132号）	进一步反映共有产权住房的实质与关键，明确共有产权住房的保障模式、保障对象、产权划分、上市收益分配、运行管理、发展资金等细节，同时，制定了工作任务分解及申购管理细则

① 以附件的形式列于《淮安市全国共有产权住房试点工作实施方案》。

9.2.2 供应规模

2007年3月，提出共有产权住房这一制度后，同年8月，首次应用于磷肥厂旧城改造项目，该项目是20世纪50年代建成的宿舍，户均居住面积只有30平方米，居住环境差，污染严重，且房屋质量早已被定性为危房，但是经济适用住房保障又未覆盖这一群体，他们集体发声要求改善住房条件，在这一背景下，恰好为共有产权模式的初探提供了实践机遇，产生首批51户入住共有产权住房的家庭，同年为首批共有产权住房住户发放了产权证书。

2007年10月，淮安市继续推出300套共有产权住房，分散在新新花园、洪福小区、嘉润苑三个小区，均价在2235元/平方米，若个人购买70%产权的住房，算下来仅需1564元/平方米，而当时的市场价格为2500元/平方米。这批共有产权住房主要面向社会低收入家庭和部分有购房需求的棚户区改造家庭。门槛设计方面根据住房供应与实际申购情况不断放宽，2007年，准入限制为人均收入低于400元/月，因为申购家庭少，后将门槛放宽到700元/月、800元/月。①

2008年，淮安市又推出首批面向非拆迁户家庭的共有产权经济适用住房，配售了94户共有产权经济适用住房，自此共有产权住房的供应进入常态化。2009年推出400套，2010年推出1600套，实现了从人等房到房等人的转变。2010年5月首批共有产权住房的户主对政府产权进行了回购。2014年推出1000套左右共有产权住房，其中实物配售共有产权住房410套，货币补贴助购590套。②

9.2.3 供应方式

根据《淮安市全国共有产权住房试点工作实施方案》，共有产权住房的供应方式有以下五种：

①② 资料来源于淮安市住房和城乡建设局。

第一，实物配售：由政府通过集中建设、分散配建、市场收购等方式筹集房源，向符合共有产权住房供应条件的对象定向销售部分产权，形成共有产权住房。可在个人出资不低于60%的条件下，由个人自行选择出资份额，形成共有产权住房。实物配售价格一般低于同期同地段楼盘普通商品住房销售价格的5%～10%左右。

第二，棚改助购：在棚户区危旧房改造和房屋征收拆迁中，由拆迁人或房屋征收主体向符合条件的棚改被拆迁家庭提供支持，共同购买安置住房，形成共有产权住房。棚改被拆迁家庭出资份额不低于50%。

第三，政府货币补贴助购普通商品住房：由政府向符合条件的对象提供货币补贴，供应对象直接到市场上购买定向目录内的普通商品住房，形成共有产权，个人出资不低于60%，政府出资不高于40%的条件下，由个人自行选择出资份额，形成共有产权。

第四，政府和企业联合出资助购普通商品住房：由政府、房地产开发企业或其他社会机构向符合条件的对象提供共同购买定向目录内的普通商品住房，形成共有产权，主要有两种方式：一是个人、企业、政府三方共有，个人出资不低于70%，企业、政府出资分别不高于20%、10%。二是个人与企业两方共有，个人出资不低于70%。

第五，政府提供的公租房实行租售并举：承租政府所有的成套公租房的保障对象，原则上住满2年后，可以家庭为单位，根据自身条件按照出资不低于60%申请购买承租的公共住房，形成共有产权住房。

这五种供应方式，将“共有”两字发挥到了极致，共有产权机制设计灵活地应用到居民想买房但又一时买不起房的各种情况，而且提出“个人、企业、政府”三方共有，或是个人与企业共有，将共有产权的概念从住房保障领域的应用延伸到商品住房市场，对打破传统观念有积极意义。

9.3 制度设计

9.3.1 用地与建设政策

1. 出让用地

共有产权住房建设用地按出让性质供地。淮安之所以采用出让：一是接轨商品住房市场，改变原来的住宅用地行政划拨与出让双轨并行的格局，形成单一性质的住宅用地；二是资金与产权性质的对应关系更明确，政府按照国家有关保障性住房的规定办理征转用报批手续，并按限房价、定底价的方式进行公开挂牌出让。土地成交后，中标单位（通常是国有企业—市保障性住房建设管理中心）向政府交纳土地出让金，土地出让金又作为政府的保障房基金投入到项目建设中（见图9－1），这笔基金投入是形成政府产权的基础。淮安通过土地出让、出让金的再投入，即把隐性的土地资产显化为保障房建设基金，保障房建设基金又变为政府持有的产权；三是上市流通更便利，共有产权住房由于用地性质是出让用地，不涉及土地性质的改变，交易手续简单，且从价值上完全等同于同地段同品质的商品住房价格，任何一方把对方的产权购买回来就拥有了完整的产权。

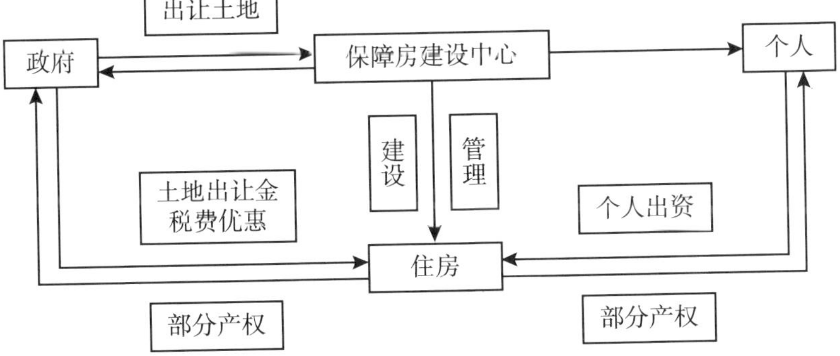

图9－1　共有产权住房的出资与产权关系

2. 税费与信贷优惠

共有产权住房建设项目可享受经济适用住房项目的各种优惠，免收城市基础设施配套费等各项行政事业性收费和政府性基金。由于共有产权住房是出让用地，因此，开发建设可用在建项目作抵押，向商业银行和其他银行业金融机构申请开发贷款，贷款利率按照经济适用住房开发贷款的优惠标准执行。购买共有产权住房的家庭，可提取本人及共同居住的直系亲属的住房公积金。向商业银行申请贷款的可由住房保障基金提供担保。2019年淮安市住房公积金中心和江苏银行创新推出共有产权住房组合贷款业务，改变以往共有产权住房保障家庭申请贷款仅可通过公积金或商业贷款的单一方式进行的状况，在组合贷模式中，住房公积金中心可为共有产权住房保障家庭提供不超过30万元贷款，江苏银行可提供不超过20万元贷款，受保障对象购房贷款时可以根据自己的实际情况灵活选择，以获得更高贷款额度，节省更多利息。

3. 建设管理

共有产权住房采取集中建设和分散建设相结合的方式，以分散建设为主、集中建设为辅。集中建设的项目用地采取限房价、竞地价的方式公开出让。分散建设的总量原则为当年住宅建设总规模的10%左右。具体地块上的规模，在商品住房用地出让前，由市国土资源部门、规划部门、住房管理部门根据其土地的基准地价和原地回迁等情况确定。淮安市在共有产权住房选址上充分考虑城市中低收入家庭对教育、医疗、商业、文体、休闲、交通等基础配套设施的需求，建设一批以“学区、景区、商区、厂区”为特色的共有产权住房。在建设管理机构方面，淮安市成立市保障性住房建设管理中心，专门承担集中建设保障性住房项目选址、工程招标、方案设计及组织工作；负责保障性住房建设进度跟踪管理；对分散和集中建设保障性住房统一回购；参与保障性住房的工程验收；协调集中建设、分散回购资金的计划和调度等。

9.3.2　供应与销售政策

1. 供应标准

共有产权住房户型以70平方米（建筑面积）左右的套型为主。单套住宅的建筑面积，家庭人口3人以内（含3人）的，控制在70平方米左右；家庭人口4人以上（含4人）的，可以适当放宽，但最高不得超过90平方米。尽可能优化户型设计方案，在较小的套型内实现基本的使用功能。

2. 房源筹集

共有产权住房房源正在改变由政府集中建设、分散配建的筹集做法，探索货币补贴助购方式，让更多的家庭通过市场选择住房。为此，政府建立了共有产权住房房源定向目录，凡是符合以下条件的商品住房均可纳入该目录：（1）销售价格低于市区市场成交均价、按规划建设配套设施的商品住房；（2）企业向市住房保障部门主动申请，参与政府、企业助购的普通商品住房；（3）配售价格低于同期同地段的普通商品住房销售价格的5%～10%。吸收社会现有房源，既节省了新建住房所需的财力、物力、人力以及时间成本，又有利于消化商品住房库存，更好地调控房地产市场。

3. 资金来源

共有产权住房所需资金主要由市财政统筹安排，市财政主要从市级财政预算安排、住房公积金增值收益在提取贷款风险准备金和管理费用后的部分、土地出让收益的一定比例、地方政府债券资金等渠道筹集。市保障性住房建设管理中心也可以通过向银行申请开发贷款、在建工程抵押等筹措一部分资金。试点以后将建立共有产权住房发展资金，作为政府产权出资来源，筹集渠道由国家、省和地方合理分担。2014年市财政统筹安排1亿元左右。

4. 申请条件

共有产权住房保障对象已经由市区城市中等偏下收入和棚改住房困难家庭扩大到新就业人员和进城务工人员。

（1）城市中等偏下收入家庭的准入条件：根据房源供应量和低收入线标准、居住水平等因素确定收入、住房面积及户籍等限制条件，并实行动态管理：2007年的申请条件为家庭人均月收入700元以下，后放宽至800元；家庭人均住房建筑面积低于16平方米；具有市区城镇常住户口5年以上；无房家庭优先购买。2010年共有产权住房申购条件进一步放宽，家庭人均月收入从800元放宽到了1200元，具有本地城镇常住户口5年以上变为2年以上，家庭人均住房建筑面积不高于16平方米。2013年，收入限制继续放宽，家庭人均月收入不高于2000元；户籍年限调整为满1年以上；家庭人均住房建筑面积不高于16平方米。2014年，收入限制进一步放宽，家庭人均月收入不高于2122元。在棚户区改造中，唯一住房被拆迁、拆迁补偿总额不足以购买最小套型安置住房（一般为60～70平方米）的棚改家庭，可申购共有产权住房。2019年家庭人均月收入放宽到不高于2986元、人均金融资产不超过15万元。

（2）新就业人员的准入条件：大中专院校毕业不超过8年，具有市区城市居民户口的已婚无房从业人员。新就业人员的准入线与城市居民准入线的最大不同在于没有收入限制，力求解决首套房问题。

（3）进城务工人员的准入条件：具有淮安市、县的户籍到市区务工并在市区连续缴纳城镇职工基本社会保险2年以上，家庭人均年收入不高于上年度城镇人均可支配收入，在市区和户口所在县的县城无房已婚人员。

此外，在市区范围内无私有房产具有淮安市户籍农民、乡镇工作的国家工作人员也可申请。

5. 申请流程

（1）市区中等偏下收入住房困难家庭申请共有产权住房，采取“三审两公示”，即街道服务窗口“一审一公示”、市民政部门组织相关部门对申购保障家庭的收入和财产联动审核，市住房保障部门终审、媒体集中公示，做到公开、公平、公正。

（2）新就业人员、进城务工人员直接到市住房保障部门申请共有产权住房，市住房保障部门审核、媒体集中公示。

6. 建立家庭收入联审机制

申请对象经市住建部门住房情况审核后，及时传入市民政部门“收入审核系统”，再由市民政部门通过“收入审核系统”分送公安、社会保障、工商、税务、住房公积金、证券、银行等19个单位联合审查，作为申请对象的收入和财产审查依据。

7. 定价管理

淮安共有产权住房实行政府指导价，房屋配售价格一般低于同区段、同期楼盘商品住房市场销售价格的5%～10%左右。

共有产权共用部位、共用设施设备专项维修资金按“谁使用谁承担”的原则，由购房人承担。

9.3.3　产权设计

淮安共有产权住房的产权比例设计根据实践探索情况也在适时进行动态调整，调整的基本原则为：既考虑居民的购买能力，又能保证政府回收除土地出让金外的建设资金投入。

2009年出台的《淮安市共有产权拆迁安置住房管理办法》规定：共有产权拆迁安置住房的产权份额，根据房屋被拆迁人财产情况确定，被拆迁人出资所占份额一般占购房总价的70%，不低于50%。

2010年出台的《淮安市共有产权经济适用住房管理办法》规定：淮安共有产权住房购房人和政府按配售价格的一定份额分别出资构成共有产权，出资份额主要执行7:3。7:3共有产权份额比例，主要是根据传统经济适用住房价格与同期、同类地段普通商品住房价格之比确定。

2014年下发的《淮安市全国共有产权住房试点工作实施方案》（以下简称《试点方案》）规定：个人出资不低于60%的条件下，由个人自行选择出资份额，形成共有产权。对于棚户区危旧房改造和房屋征收拆迁中，符合购买共有产权住房的家庭出资份额不低于50%，适当下降了个人出资的最低份额。

9.3.4 售后管理

1. 权属交易管理

在销售合同中约定产权份额、上市交易、收益分成、专项维修资金、物业服务费用、安全使用责任和共有产权各方的权利和义务。明确个人抵押共有产权住房的，抵押部分只限于个人拥有的产权部分，购房个人死亡的，其产权份额可以依法转让。

2. 增购管理

2014年9月之前（《试点方案》出台之前），对于已购共有产权住房的家庭购买政府产权，分三个时间段执行三种不同优惠标准：自房屋交付之日起5年内购买政府产权的，按原配售价格结算；5~8年购买的，按原配售价格加第六年起的银行同期贷款利息（市场价低于原配售价时取低价）购买；8年以后购买的，按届时市场评估价格（不含房屋装饰装修费用，同时须经共有权人确认）购买。2014年9月之后，为进一步鼓励个人购买政府产权，将原优惠标准简化，即5年内购买政府产权，按原配售价格结算，5年之后购买，按届时市场评估价格购买。《试点方案》出台之前，购买共有产权住房的家庭也可以不购买政府产权，一直用于自住，在共有产权期间，政府产权对应的住房使用权无偿让渡给购买家庭，不收取租金。《试点方案》规定：共有产权超过5年的，政府、企业可按照市场评估租金的90%收取共拥有产权部分的租金，但预计操作比较困难（见表9-3）。

表9-3　　淮安共有产权模式试点前后对比

<table>
<tr><th>项目</th><th>2014年9月之前
（试点方案实施之前）</th><th>2014年9月之后
（试点方案实施之后）</th></tr>
<tr><td>保障方式</td><td>实物配售、棚改助购</td><td>实物配售、棚改助购、政府货币补贴助购普通商品住房、政府和企业联合出资助购普通商品住房、政府提供的公租房实行租售并举</td></tr>
<tr><td>个人产权比例</td><td>个人出资一般不低于70%</td><td>个人出资不低于60%，棚户区危旧房改造和房屋征收拆迁中，困难家庭出资份额不低于50%</td></tr>
<tr><td>政府产权的租金标准</td><td>政府产权部分不收取租金，购买家庭无偿使用</td><td>共有产权满5年后，政府产权部分按市场租金的90%收入租金</td></tr>
<tr><td rowspan="3">个人回购政府产权</td><td>自房屋交付之日起5年内购买政府产权的，按原配售价格结算</td><td>自房屋交付之日起5年内购买政府产权，按原配售价格结算</td></tr>
<tr><td>5~8年购买的，按原配售价格加第六年起的银行同期贷款利息（市场价低于原配售价时取低价）购买</td><td rowspan="2">5年后购买，按届时市场评估价格结算</td></tr>
<tr><td>8年后购买的，按届时市场评估价格</td></tr>
</table>

资料来源：根据政策《市政府关于印发淮安市共有产权经济适用住房管理办法（试行）的通知》（2010）和《市政府关于印发淮安市全国共有产权住房试点工作实施方案的通知》（2014）文件梳理。

3. 收益分配管理

在共有产权期间，购买家庭出售共有产权住房时，按产权份额分成出售所得，政府产权收益纳入保障性住房专项资金账户。

4. 物业管理

共有产权住房的共用部位和共用设施设备专项维修资金、物业服务费用以及高空抛物伤人或坠物伤人、改变房屋结构造成危害等安全使用责任，由购房家庭全部承担，发生具体维修事项纳入小区的物业管理（见表9-4）。

表9－4　　淮安模式的具体操作内容

环节	指标	内容
供给	用地性质	出让土地
	土地供应	纳入年度土地供应计划，用地指标单独列出
	建设总量	一般不低于商品住房建设总量的10%
	建设方式	以分散建设为主、集中建设为辅
	供应标准	家庭人口3人以内（含3人）的，共有产权住房单套的建筑面积控制在70平方米左右；家庭人口4人以上（含4人）的，可以适当放宽标准，但最高不得超过90平方米
定价	房屋价格	实行政府指导价，共有产权住房的单价比周边商品住房便宜5%～10%
	价格构成	价格构成与普通商品住房一样，包括土地出让金及各种税费
	产权比例	个人出资不低于60%的条件下，由个人自行选择出资份额，棚户区危旧房改造和房屋征收拆迁中，困难家庭出资份额不低于50%
	产权比例确定方法	采用多点计算取平均值法，经济适用住房的平均价格占普通商品住房的平均价格的比例，为个人拥有的产权。试点方案实施后，降低了个人的出资份额
分配	申请对象	2019年标准：家庭人均月收入不高于2986元、人均金融资产不超过15万元、人均住房建筑面积不高于16平方米的城市中等偏下收入家庭，在市区范围内无私有房产具有本地户籍的新就业人员、农民、乡镇工作的国家工作人员
	申请流程	申请—初审—复核—公示—核准—轮候—选房
退出	退出方式	一是个人购买政府产权形成完全产权而退出；二是个人无力购买政府产权，也可以通过转让他人或与政府形成租赁关系而退出
	收益分配	按相应产权比例共享收益

资料来源：根据政策《市政府关于印发淮安市全国共有产权住房试点工作实施方案的通知》（2014）和《市住房保障工作领导小组关于调整2019年度市区住房保障标准的通知》（2019）梳理。

9.4　政策成效

自2007年淮安首创与市场接轨的共有产权拆迁安置房模式，将共有产权拆迁安置房作为经济适用住房的重要组成部分。2010年，淮安全面推行共有产权住房模式，面向无房和住房困难的中低收入家庭、新就业人员、本地农民供应。截至2018年底，淮安共向9703户家庭供应了共有产权住房，解决了部分城市住房困难群体“住有所居”问题，为外来务工人员和新就业人员的落地生根创造了条件。同时，淮安共有产权住房方案充分体现了市场性与保障性的有机统一，实现了共有产权住房与普通商品住房有机接轨与相互转换。

9.4.1　开创了保障中低收入家庭居住权的新路径，圆了中低收入家庭的住房梦，帮助他们实现了资产保值增值

在共有产权提出之前，经济适用住房和公租房作为保障性住房的供应主体，是解决中低收入群体住房困难仅有的路径选择。但随着时间的推移，新情况、新矛盾的出现，经济适用住房和公租房陷入多重困境。公租房租金低、投资回收期长、资金沉淀严重，地方政府财政资金压力限制了保障面的扩大，保障人群十分有限。而且在我国，住房承载了太多的社会内涵，比如户籍、婚姻、教育、就业、社会认同感与归属感等，因此，人们普遍更倾向于拥有自有产权住房。而经济适用住房因寻租牟利现象层出不穷也备受诟病。共有产权住房在保障群体、退出问题等方面有所突破，成为中低收入家庭解决住房困难问题的新路径、新选择。其优越性主要体现在：首先，淮安共有产权住房个人出资额基本等同于相同面积传统经济适用住房的价格，这不但没有增加居民的开支，而且赋予了保障对象在5年内以原价购回政府产权进而获得完整产权的期权，政府部分的产权5年内无偿让渡给购买家庭使用。其次，共有产权住房的本质是商品住房，只是购房面积受到限

制，与普通商品住房一样，具有保值、增值作用，也可抵押贷款。

淮安推出共有产权住房以来，住房的市场价格处于上涨通道，给保障对象提供了资产保值增值的机会。课题组实地采访的江苏淮安市某小区某家庭，女儿患有唐氏综合征，夫妇双双下岗后，靠每个月低保收入和做家政服务赚钱维持生活，没有稳定的收入，也难以获得银行按揭贷款。2008 年 4 月花费 6.6 万元，购买了一套 59.09 平方米的保障房，与政府形成 5∶5 的共有产权。2013 年按当地“5 年内可以原价回购政府产权”的政策，又出资 6.6 万元，拥有了完整的产权，此时该套住房的市场价值达到 24 万元。2017 年 5 月调研，此套住宅的市场价值已超 43 万元。她说，如果没有共有产权住房，不可能拥有一套属于自己的住房，也不可能分享到个人资产增值 3.6 倍的机会。

9.4.2 退出机制简单易行，减少牟利空间

淮安共有产权住房与经济适用住房最大的区别在于土地由划拨性质改为出让性质，将出让土地与划拨土地之间的价差和政府对经济适用住房的优惠政策显化为政府出资，形成政府产权。传统经济适用住房定性为“有限产权”，退出时要补缴土地出让金及政府优惠，但补缴费用操作难，在实际问题中往往会不了了之，这也造成了经济适用住房分配中弄虚作假行为的盛行。共有产权住房将有限产权量化为明确的产权比例，解决了这一界限不清、难操作的问题，大大减少了产生产权纠纷的可能性。在退出环节亦做了可操作化的设计，共有产权住房的退出方式多元化，个人可以分期购买政府产权部分（购买价格有相应优惠规定）；也可以上市转让，转让后按产权比例与政府分成收益；个人不愿或没有条件回购政府产权部分，也可以长久居住；若出现特殊情况的家庭需要退出时，政府可以回购。这样的退出机制有效地保护了低收入家庭的居住权，获得相应产权部分住房的市场增值权益。另外，因购房者在退出时无法获得全部的市场收益，降低了在市场上倒卖获利的预期，从而减少了保障房中的投机行为，防止了国有

资产的流失。此外，共有产权住房要求在《产权证》上标明共有人及产权比例，因此在处置财产时依法必须征得共有人的同意、保证共有人的利益，这就使得购买这一保障住房的人无法私下倒卖，牟取政府产权部分的收益。

9.4.3　减轻政府财政压力，实现资金的良性循环

2007年，淮安市区投入11.8亿元建设26个项目保障性住房项目，加上市区已累计筹集保障资金2605.97万元，市区当年用于建设住房保障的总投入为12.1亿元，占全市财政收入的16.8%①，市财政压力巨大。根据《淮安住房建设规划（2009—2012）》，2008年度建设保障性住房建设总量55万平方米，按2500元/平方米计算，需投入13.75亿元，无疑成为政府的沉重压力。

通过实施共有产权模式，将政府对经济适用住房的暗补变为明补，计入产权，从而增加了投入资金的流动性与收益性，政府的回笼资金主要包括两个部分：购买者第一次购买时出资、政府产权出售。购房者初次购买部分产权的资金，基本能平衡开发单位的开发成本；购房者回购政府持有部分的产权，能回收土地出让金，甚至还有超额收益。2019年5月某小区1户共有产权在保家庭提出回购申请，该户在保时间已超过8年，为市区首户回购价格按回购时市场评估价执行的家庭，回购金额增加约1倍。回收的资金可再用于新的保障房筹集或货币化助购，在一定程度上缓解政府大规模建设保障住房的资金约束问题，实现“保障性住房基金”的周转使用。

9.4.4　实现保障范围有效地扩大

自2007年淮安出台《淮安市区保障性住房建设供应管理办法》以来，将申购条件逐步放宽，经济适用住房保障对象由低收入住房困难

---

①　陈明：《江苏淮安保障性住房建设的实证研究》，载于《经济论坛》2010年第10期。

家庭逐步向中等偏下收入住房困难家庭扩展，并动态调整收入线。2009年开始，淮安市对城市低收入线标准、中等偏下收入线标准分别按不低于上年度城市人均可支配收入的50%和80%进行动态调整。2014年9月颁布的《淮安市全国共有产权住房试点工作实施方案》将中等偏下收入线标准确定为上年度城市人均可支配收入的100%。2014年9月开始，还将符合条件的新就业人员、进城务工人员也纳入其中，逐步实施保障对象全覆盖，以不断促进城镇化和城乡一体化发展。

9.4.5 照顾中低收入家庭个性化需求

淮安市共有产权住房以分散建设为主，分散建设满足更多家庭的个性需求，为中低收入群体提供了更多地在住房区域、配套、环境、样式等选择。淮安市实物共有产权住房房源分布在新新家园、洪福小区、嘉润苑和福星花园等地，均是新建小区，在配套方面拥有各自的特色，如康居花园小区，因毗邻柳树湾湿地公园，自然环境优美，被定位为景区房，其悠闲、养生、娱乐功能满足部分有老人和小孩的家庭居住需求；和达雅苑、洪福小区位于水渡口中央商业区附近，水渡口中央商业区是集商务办公、酒店、住宅及文化、娱乐等功能于一体的城市综合体，以钵池山公园为中心，周边覆盖万达广场、丰惠广场等商区，因此，被定位为商区房，生活十分便利（见表9-5）。

表9-5　　淮安共有产权住房项目类型

功能	项目	备注
景区房	康居花园、康居二期	毗邻柳树湾湿地公园
商区房	和达雅苑、洪福小区	水渡口中央商区附近
学区房	新新家园、福星花园	江苏省重点中学淮阴中学周边
园区房	南浦佳园、淮钢二期、淮钢三期	淮特钢工业园区

资料来源：淮安共有产权住房项目整理所得。

2014年颁布的《淮安市全国共有产权住房试点工作实施方案》特别增加了对特殊原因退出者的政府酌情处理。如：处理个人因治疗重大疾病和伤残等急需退出共有产权住房的，或无力偿还个人产权部分贷款的，由个人提出申请，经审查情况属实的，政府可以按原配售价格回购个人产权，同时按规定向其提供公租房；或者调减个人产权份额，调减的产权份额由政府按原配售价格回购。

2017年，为配合去库存和更好满足保障对象个性化需求，实物共有产权住房升级为货币化，即政府不再新建共有产权住房，而是由政府出资补贴，让符合购买共有产权住房的购房者去购买商品住房，政府与购房者的产权比例统一为4∶6，购房者可以申请商业银行贷款。购买面积能确保家庭成员人均住房面积达到12平方米以上，不高于规定保障面积。例如，某家庭符合新就业人员准入条件，购买七星水岸11－2301室，建筑面积130.69平方米，总价92.4万元，单价7070元/平方米，保障面积为72平方米，按72平方米计算的总价为509052元，政府占40%产权，共获得政府助购款203620.78元。规定政府的40%产权，购房者在8年之内按照当初房价收回，其实相当于政府为购房者提供了8年免息贷款。自房屋交付之日起8年后购买的，按届时市场评估价格（不含房屋装饰装修费用）购买。货币化能更好地满足保障对象根据自己工作地点、小孩上学地点等选择合适的居住地。

9.5　本章小结

在房价上涨与民生保障矛盾凸显的背景下，面对传统经济适用住房政策存在的局限性以及排挤在保障线与市场线之外的“夹心层”群体的现实需求，淮安市立足市情、民况，另辟蹊径，首创首推共有产权住房，经过了多年的探索与实证，现已形成了较为完善的共有产权住房制度，积累了较丰厚的共有产权住房实践经验，其政策成效亦得到了广泛认同。淮安共有产权住房制度设计兼顾了保障性与激励性，作为保障机制，圆了“夹心层”群体的住房梦，作为激励机制，激发购房人自力更生的能力，避免陷入福利陷阱，兼顾了现实与未来。淮安共有产权住房制度的特点：一是将城镇中低收入家庭、新就业人员、拆迁对象一并纳入保障体制，覆盖面广。二是政策上鼓励保障对象拥有自有住房，如实物共有产权住房，允许 5 年内以原价回购政府持有产权；货币化助购的共有产权住房，允许 8 年内以原价回购政府持有产权。既充分照顾了保障对象的利益，也可缓解政府大规模建设保障住房的资金约束，又实现“保障性住房基金”的周转使用。三是面向户籍人士，设置不同的准入条件。对城市中等偏下收入家庭既有收入和资产要求、又有住房低于一定标准要求，保障部分原居民改善住房条件的需要；对本地户籍新就业人员、农民、乡镇工作的国家工作人员要求在市区范围内无私有房产。四是根据市场供求关系变化，不断完善保障方式，从实物保障转向货币保障，实现商品住房与保障住房的有机接轨，相互转换，提高了保障的效率。

从效果看，淮安经过 2018 年之前大规模共有产权住房的保障，已基本满足了户籍中低收入和新就业人员的保障需求。2019 年审核公示只有 8 户家庭，全部是新就业人员。2020 年审核公示只有 19 户，其中 1 户为农民，1 户为低保收入家庭，1 户为中等偏下收入家庭，16 户为新就业人员①，表明经过大力发展商品住房和保障性住房，淮安已基本实现居民“住有所居”。从 2019 年、2020 年审核公示人数不多也可以看出，共有产权住房从制度层面上基本堵住了传统经济适用住房寻租、牟利的漏洞，实现“房住不炒”的定位，保证了保障的基本公平。

① 对淮安住建局网站公示信息统计。

政◎策◎研◎究◎篇

第10章 我国共有产权住房制度设计研究

本书着重就共有产权住房制度在住房市场和住房保障体系中的定位进行分析，构建共有产权住房制度的目标，提出共有产权住房制度设计思路。

10.1 共有产权住房的定位

研究并提出我国共有产权住房制度，首先要明确其在住房市场和住房保障体系中的定位。

10.1.1 共有产权住房在住房市场中的定位

共有产权住房制度是在城市化加速推进、居住需求大幅增加、住房市场供需结构错位，中低收入群体、大学毕业生、外来务工人员等“夹心层”群体暂时无力通过市场购房，但拥有稳定的住房需求强烈的背景下，政府履行公共服务职能所需而产生的。其在当前城市的政策意义除保障基本居住外，还赋予了提高城市竞争力、满足人民群众对更美好生活需求、真正实现以人为本现代化的发展战略考虑。我国大城市住房市场已经步入一个骑虎难下的困境，一方面，高房价已经把许多家庭包括中产阶级排斥在商品住房市场之外，极大地削弱了普通居民拥有住房的能力，加剧了住房资源进而是财富占有的不均衡，住房问题成为议论最多、不满最大、期待最高的问题。另一方面，房地产在整个国民经济、金融资产中所占比重高。2020年末全国人民币房地产贷款余额49.58万亿元，占金融机构人民币各项贷款余额的28.7%。房价如果出现较大幅度下跌，会冲击整个金融安全。因此，当前，迫切需要寻找与人民群众购买力相适应的、尊重市场经济规律、又不冲击现有房价体系（防范资产泡沫破灭）的居民可承受住房，尤其是要帮助有一定经济能力、一时又买不起商品房的“夹心层”居民“圆住房梦”。

共有产权住房制度设计是以市场价格为基础，在零产权租赁房和100%商品房之间提供了一种中间产品——个人拥有部分产权的住房（见图10－1）。这改变了长期以来住宅市场的供给结构，或租或买的二元选择，可以与公租房、商品房一起，提供覆盖所有住房需求的连续梯级供给谱系。因此，共有产权住房也被赋予了完善住房市场供给结构、丰富住房市场产品选择、规范和引导住房市场健康发展、引导

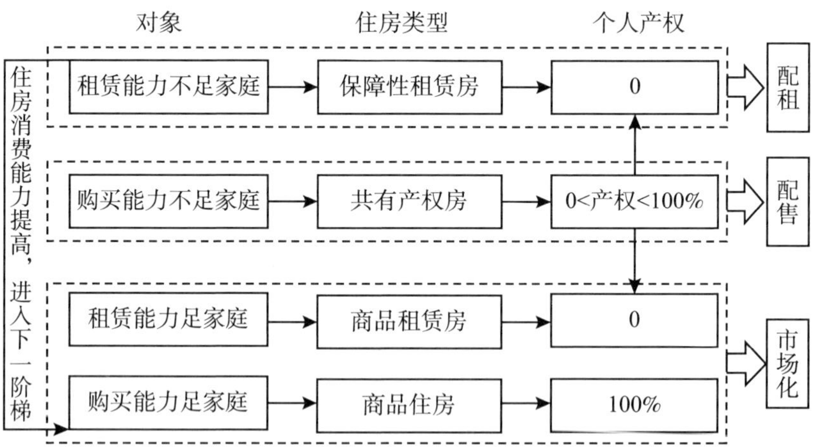

图10－1　住房供应体系

资料来源：作者自己梳理绘制的。

居民住房合理梯度消费理念的作用，是构建和谐社会、壮大中产阶级队伍、缩小贫富差距、保持社会稳定的重要举措，对改善城市创业环境、提高城市竞争力也有十分重要的作用。因此，其发展应置于市场化的轨道中，并以此又反作用于住房市场的健康发展，是政府从供给侧调控房地产市场的工具之一。

10.1.2　共有产权住房在住房保障体系中的定位

一方面，2010年以来各地纷纷停止经济适用住房供给，大力发展公租房，而面对城市化进程中逐年增多的新就业人员，以及越来越多处于夹缝中的“政策边缘户”等群体住房困难，凸显出现行保障面不广、地方积极性不高等问题，暴露出了政府已有住房保障体系与住房市场间存在着越来越明显的断裂带；另一方面，经济适用住房作为我国首推的解决中低收入家庭住房困难的重要制度安排，却因其产权的模糊性、有限性以及政策执行不到位而产生巨大的寻租空间，受到众多质疑，但随之全面取代的公租房又忽略了住房所有权对中低收入家庭的稳定、财富积累等的影响，更因其建设投入大、维护运行成本高、退出难等世界性难题，极易沦为“福利陷阱”（Harloe，1985；Yau，2010；虞晓芬，2012），难以成为我国住房保障可持续运行的主要方式。因此，要实现向中低收入家庭提供与其经济承受能力相匹配的住房、又能防止产生寻租行为、更不让政府背上沉重的财政压力的目标，必须要创新住房保障的方式，包括如何动员社会的力量提供保障性租赁住房。

如前所述，共有产权住房是销售型住房保障产品，它的产生是对经济适用住房制度的完善，它既满足居民“居者有其屋”的需求，又减少了原来经济适用住房制度存在的寻租空间。它也是衔接政府保障和住房市场的连接器，这种保障方式，随着保障对象经济条件的改善，比较容易从保障体系中退出来，成为不需要政府保障的对象。越来越多的家庭能在政府的支持下脱离保障体系，真正实现自己拥有一套住房的梦想，应该是各级政府努力的目标，也是社会共同富裕的重要标志。共有产权住房制度是通过适度保障、阶段性保障，最终促使保障人群过渡到通过市场化解决住房问题的阶段。因此，这是一项坚持市场化基本取向实现可持续、动态调整的住房政策。它也被赋予具有改变中低收入家庭能力的政策（transformative assets），兼具可支付性、资产建设性、质量保持性、可持续性等功能（Shapiro，2004；Jacobus，2007），其政策定位较原有保障的刚性，应该更柔性、更具功能化。

10.1.3 共有产权住房制度的政策目标

任何一项政策或制度的出台，均有其目标价值取向。共有产权住房制度的设立，应该达到以下四大目标：

一是比较彻底解决中低收入群体尤其是“夹心层”的住房困难，并希望以其“资产建设”的功能性来调动中低收入群体依靠自己努力改善住房条件的积极性，防止陷入“福利依赖”。

二是解决传统销售型保障房——经济适用住房有限产权法定产权和事实产权不相一致、产权权能虚化的缺陷，推进保障性住房产权的完整化、清晰化，通过格式统一、具有可调整性的共有产权合约模式，实现各类保障性住房内部的转换以及保障性住房与商品房之间的转换，构建可过渡性和动态多层次可持续转换的具有合理衔接的新住房体系。

三是促进保障性住房产权的价值市场化，使政府投入的财政资源和土地资源价值的显性化和资本化，以保持住房保障效率和可持续性。中低收入人群以其所有的共有产权份额分享国民经济发展和城市发展所带来的资本收益，共享经济发展的成果，缩小资产性收入带来的贫富差距，加强住房保障的公平性。

四是丰富住房供给，维护市场的基本稳定。在零产权的公租房与100%私有住房之间又提供了一种可供选择的产品，可以与公租房、商品房一起，提供满足各层次住房需求的连续梯级供给谱系，特别是打破了住房供给市场非公产即私产的产权属性，提供了政府和私人合作共同来解决住房问题的新思路。这对解决中国城市高房价与普通居民期盼“住有所居”和改善居住条件的矛盾也有特殊的意义。

10.2　共有产权住房适用的重点区域与重点人群

共有产权住房的实质是混合所有，即在普通居民家庭无力购买一套完整商品住房的情况下，政府给予政策支持，居民先购买部分产权、与政府形成共有产权关系，然后逐渐购回政府持有的产权，直至全部拥有，这赋予了这些家庭拥有房产的机会，推动普通收入家庭通过自身努力“阶梯式”实现住房梦，体现了“互助互利”“共建共享”。因此，它特别适合高房价城市中有一定支付能力但尚无完全购房能力且未来年份收入增长有预期的家庭。

10.2.1　适用的重点区域

近年来，部分城市房价高企，出现了数量较多的既买不起商品住房又不符合公租房申请条件或不愿意申请公租房的居民群体。2019年全国城镇居民人均可支配收入为42359元，按三口之家计算，购买一套90平方米的小康水平住宅，平均的房价收入比达到6.6倍，已高于国际平均房价收入比在3~6倍标准。但是，从各省会城市看，商品住房价格普遍偏高。我们以国际上通用的房价收入比指标，采用中国房地产业协会主办的《中国房价行情》网数据库，按家庭人口3人，以2019年当地城镇居民平均年收入水平，分别购买当地90平方米和上市二手房的平均面积，计算得到的各地房价收入比指标如表10－1所示，发现：（1）家庭购买当地平均房价水平、享受人均住房面积30平方米（小康标准），有2个城市房价收入比超过20倍，有9个城市房价收入比在11~20倍之间，19个城市房价收入比在6~10倍之间，只有2个城市在6倍以下，即有11个城市的房价收入比超过极限值①，房价收入比最高的是北京，最低的是银川。（2）如果家庭购买当地平均房价水平、当地挂牌的二手房的平均面积，则有2个城市房价收入比超过20倍，有17个城市房价收入比在11~20倍，11个城市房价收入比在6~11倍，0个城市在6倍以下，即有19个城市的房价收入比超过极限值，房价收入比最高的是北京，最低的是乌鲁木齐。

建议对于房价收入比超过极限值（11倍）的城市，应实施共有产权住房制度。低于11倍的城市，可有选择性地推出共有产权住房。

表10-1　直辖市和省会城市房价收入比（二手房）

城市	2019年城镇人均可支配收入（元）	2019年12月二手房均价（元/平方米）	2019年12月二手房套均价（万元）	平均出售户型面积（平方米）	购买一套90平方米的住房房价收入比	购买一套当地平均面积住房的房价收入比
北京	67756	63052	733	114.63	27.92	35.56
上海	73615	54467	606	102.92	22.20	25.38
南京	64372	31045	301	97.65	14.47	15.70
天津	46119	26325	234	91.23	17.12	17.36
广州	65052	35726	393	99.2	16.48	18.16
福州	47920	26021	280	106.36	16.29	19.25
石家庄	38550	14840	161	107.31	11.55	13.77
杭州	66068	30543	327	98.98	13.87	15.25
郑州	39042	14073	155	105.04	10.81	12.62

① 国际上通常用房价收入比合理值3~6倍作为衡量标准，学界对此比值存在一定的争议，但国际上对住房月支出占家庭收入的合理比值在30%以内，极限值不超过50%基本达成共识。因此，我们按照家庭住房月支出占家庭收入的在30%为合理比值，极限值不超过50%，推算对应的合理的房价收入比和极限房价收入比分别为6.73倍、11.22倍。

续表

城市	2019 年城镇人均可支配收入（元）	2019 年 12 月二手房均价（元/平方米）	2019 年 12 月二手房套均价（万元）	平均出售户型面积（平方米）	购买一套 90 平方米的住房房价收入比	购买一套当地平均面积住房的房价收入比
武汉	51706	18409	197	103. 89	10. 68	12. 33
合肥	45404	16008	170	102. 9	10. 58	12. 09
济南	50146	16322	184	110. 18	9. 76	11. 95
海口	36137	15169	162	103. 81	12. 59	14. 53
兰州	38095	12543	117	91. 9	9. 88	10. 09
重庆	34889	12239	131	103. 63	10. 52	12. 12
太原	36362	12001	126	104. 19	9. 90	11. 46
成都	42128	16055	181	106. 84	11. 43	13. 57
南昌	44136	12350	132	104. 65	8. 39	9. 76
南宁	35276	12246	137	107. 44	10. 41	12. 43
昆明	46289	13564	163	114. 2	8. 79	11. 15
西安	34064	14765	172	108. 05	13. 00	15. 61
哈尔滨	40007	11011	108	93. 52	8. 26	8. 58
贵阳	38240	9291	106	111. 13	7. 29	9. 00
长春	37844	9999	106	100. 24	7. 93	8. 83
西宁	34846	9373	96	101. 39	8. 07	9. 09
长沙	55211	10887	137	119. 69	5. 92	7. 87
乌鲁木齐	42667	8757	90	100. 89	6. 16	6. 90
沈阳	46786	11372	114	95. 88	7. 29	7. 77
呼和浩特	49397	11368	117	100. 83	6. 90	7. 73
银川	38217	6702	83	118. 42	5. 26	6. 92

注：按 3 人一户计算。

资料来源：中国房地产业协会主办的《中国房价行情》网数据库。

10.2.2 适用的重点人群

近年来，在我国房价上升过程中，一方面，住房消费能力差距不断地扩大，中低收入家庭、中等收入家庭住房消费能力也在不断削弱。以上海为例，2000年上海中等收入家庭购买一套90平方米住房的房价收入比为9.48倍，2017年已上升到13.65倍（见表10－2），众所周知，当前的房价收入比更高①。与此同时，低收入户房价收入比从2000年的14.49倍提高到2017年28.63倍，上升了97.58%；中等收入、高收入户房价收入比分别从9.48倍、4.99倍提高到13.65倍、6.68倍，仅上升43.99%、33.9%。从某种角度看，我国城市房价快速上升的结果，不仅加重中低收入负担，而且加重大量中产阶级消费压力。通过实施共有产权住房，把高房价大城市无房的部分中产阶级也纳入保障范围，扩大住房保障的面，有利于缩小住房消费领域的不充分、不平衡现象，有利于社会的稳定。

表10－2　2000～2017年上海按不同家庭收入等分计算的静态房价收入比

年份	新建商品住房成交均价（元/平方米）	平均收入（元/年）	低收入户（元/年）	中低收入户（元/年）	中等收入户（元/年）	中高收入户（元/年）	高收入户（元/年）
2000	收入	11718	6888	8815	10529	12893	19992
	房价收入比	8.52	14.49	11.32	9.48	7.74	4.99
2017	收入	58988	26058	41527	54631	70723	111644
	房价收入比	12.65	28.63	17.96	13.65	10.55	6.68

注：根据上海市统计局公布的数据计算，2000年新建商品住房成交均价3327元/平方米，2017年为24866元/平方米。按家庭人口3人计，人均住房消费面积30平方米，即家庭住房面积90平方米计算房价收入比。

① 因未得到2018年、2019年上海城镇居民五等分收入数据，无法计算。

另一方面，实施共有产权住房的目的，是先与政府共有，等个体经济实力增强后，向政府分期分批回购产权，最终获得一套完全属于自己的住房，因此，购买共有产权住房也需要一定的经济能力，最适合高房价城市的中产阶级或部分中低收入家庭。同时，共有产权住房是产权保障，产权保障最大的不足就是影响就业的流动，共有产权住房更适合在一个城市已经稳定下来或准备在这个城市稳定工作的人群。

因此，按照“坚持房子是用来住的、不是用来炒的定位”，我们认为共有产权住房适用的重点人群：稳定地在城市工作与生活的居民；在所在城市无产权住房或住房标准未达标且在其他城市没有享受过住房保障福利；有一定收入与财产积累的家庭。一是覆盖面，以本地户籍居民为主体，辅以高层次人才。新就业人员、一般意义上的人才，应该在当地工作且落户才有资格购买，外来务工人员可以通过积分制，先落户后申请共有产权住房，推动以人为本的新型城镇化。二是房产准入方面，无房家庭或人均住房建筑面积未达到一定标准居民。三是在准入方面，如果实施封闭管理，可以不设收入与资产门槛，以“出口”反制“入口”，如果封闭管理一定年限后开放可上市的，应设收入门槛与资产门槛。建议收入准入标准，按房价收入比基本控制在 8 倍左右进行倒算。以杭州为例，2019 年市区商品住宅成交均价为 27385 元/平方米，按住房支出不超过家庭消费的 30% 为合理值（国际标准），房价收入比应为 8 倍，按表 10－3 计算结果，即可认为人均可支配收入低于平均值 1.7 倍的家庭在杭州购买一套住房的消费压力偏大，应提供购买共有产权住房机会，共有产权住房准入的收入门槛可设定为人均可支配收入在平均值 1.7 倍以下的家庭。在财产门槛上，建议家庭资产低于以当地平均房价购买一套 90 平方米的住房总金额。有条件的城市应借鉴上海市设置家庭财产准入门槛的经验，通过成立统一的家庭财产核对中心，对申请人经济状况进行更加全面的掌握，从而做到精准保障。

表 10-3　　2019年杭州不同收入下的房价收入比

2019年	杭州城镇收入水平多少倍				
人均水平的收入倍数	1	1.3	1.5	1.7	2
人均可支配收入（元）	66068	85888	99102	112316	132136
家庭总收入（按2.73人/户计）	180366	234475	270548	306622	360731
市区商品住宅成交均价（元/平方米）	27385				
房价收入比	13.66	10.51	9.11	8.03	6.83

注：市区不含三县。住房面积按90平方米一套计算。
资料来源：《杭州统计年鉴》（2019）。

10.3　共有产权住房制度设计的总体思路

推行共有产权住房制度就是要有效实现保障性住房内部的转换和保障性住房与商品住房之间的转换，构建由商品住房、共有产权住房、租赁型保障房（公租房、保障性租赁住房）等组成得更为合理分层的新住房体系，更好地满足居民对美好生活需要。根据当前住房市场情况，现阶段共有产权住房实施重点应放在高房价大城市，面向中低收入甚至中等（潜在）收入家庭，以产权清晰的共有产权住房模式统领出售型保障房、拆迁安置房、人才房供应体系。根据不同阶层居民的购房能力，可相对灵活地设置私人产权与政府产权比例，今后甚至是私人产权与社会组织产权的比例，保证居民能以与其购买力相适应的能力获得住房完全使用权与部分产权，直至全部产权。因此，当前共有产权制度设计思路为：将经济适用住房、人才房、限价商品房统一在共有产权住房的政策框架里，改变各地住房保障类型名目多、政策碎片状况，明确政府与保障对象之间的权责利，从而建立新住房保障体系，构建合理衔接的住房体系。

10.3.1　以共有产权住房优化经济适用住房制度设计

在现有的经济适用住房制度基础上，引入共有产权住房制度模式，改有限产权为共有产权，是十分必要的。如前文所述，本书的基本观点是：销售型保障房有其客观存在价值，不能停止。党的十九大报告提出“建立多主体供给、多渠道保障、租购并举的住房制度”，围绕租购并举，在商品住房市场，应加快补齐租赁短板，在住房保障领域，应改变公租房为主体的结构，建立销售型保障房制度。中国香港地区一直存在居者有其屋计划，最早于 1977 年推出，由政府提供经费兴建楼宇，以成本价格出售给居住公共屋邨的住户或住在私人楼宇而收入有限的家庭。2003 年起房委会曾因房价下降停建，2014 年又重新推出，以 2017 年 6 月供给的一批房源为例，出售 2057 套，实用面积 34.2 ~ 51.3 平方米，按评估价折减 30% 后，每套 139 万 ~ 385 万港元，2015 年的统计数据显示，香港资助自置居所房屋占全部住房的 15.25%。[①]

销售型保障房以何种形式提供？如果继续原来的经济适用住房政策，购买经济适用住房满 5 年后，购房人上市转让经济适用住房的，按照届时同地段普通商品住房与经济适用住房差价的一定比例向政府交纳土地收益等相关价款。由于经济适用住房与商品住房之间存在可观的无风险收益（见表 10 - 4），导致出现众多逐利者，扭曲需求。同时，地方政府以行政划拨供地，也缺乏积极性。共有产权住房实质是对经济适用住房制度的完善。对购买者来说，也负担着房价可能出现下跌的风险，这将减少寻租空间，促进住房保障资源的公平善用，并有利于政府建立起保障资金循环使用机制。由于一些专家对共有产权住房还存在一些质疑。在此，把主要理由作进一步陈述。

① 资料来源于香港房屋署。

表10－4　北京、广州等地经济适用住房价格与商品住房均价对比

城市名称	年份	经适房平均价格（元/平方米）	当年商品住房销售均价（元/平方米）
北京	2013	5000	17854
杭州	2013	3000	14679
宁波	2010～2011	3900～5888	11669～11286
广州	2011	5217	10926
武汉	2011	3150	6676
常州	2011	3400	6853
青岛	2012	3667	7583
海口	2010	3625	8069
备注	购买经济适用住房满5年，购房人上市转让经济适用住房的，按照届时同地段普通商品住房与经济适用住房差价的一定比例向政府交纳土地收益等相关价款		

资料来源：根据各地住房保障部门网站收集整理。

（1）解决政府与个人之间产权比例模糊，更符合物权法。经济适用住房的“有限产权”在《民法典》中找不到依据，能够找到与“有限产权”勉强对上号的是“共同共有”和“按份共有”。而根据《民法典》，共有的财产所有权人要约定财产的份额，没有约定或者约定不明确的，按照出资额确定，不能确定出资额的，视为等额享有。共有产权住房明确个人与政府各自持有的产权比例，实质体现了对个人财产权的尊重与有效保障。

（2）赋予中低收入家庭更大的住房选择权。一个文明的社会不仅不能剥夺中低收入家庭拥有一套属于自己的住房机会，而且应该创造更多的机会让他们拥有自己的住房。租赁型保障房是解决住房困难群体住房问题的重要方式，但不是唯一方式。让部分中低收入家庭在政府政策支持下，先尽其所能出资购买住房的部分产权，再逐渐购入政

府持有的产权份额直至拥有完全产权，或退出共有产权住房去购买商品住房，是对老百姓住房选择权的最大尊重。居民通过逐步积累自身经济实力，不断改善自身住房条件，而不是依赖政府解决住房问题，实质是减轻了政府的保障压力。

（3）实施共有产权符合经济规律。客观地说，如果中低收入家庭购买的保障性住房不能获得增值回报，将没有购买的积极性。但如果购买保障性住房存在巨大的无风险收益，就不能保证其用于最需要的家庭，不能保证公平、公正。销售型保障住房实行“共有产权”，由购房人和政府按其“出资额”不同，拥有相应的产权，体现“谁投资谁受益”的原则。购房者不仅享受房价上涨的收益，也将承担房价可能下跌的风险，从而建立起内在的约束机制。

（4）共有产权住房退出机制设计合情、合理、合法。共有产权住房因参照个人投资与政府优惠让利确定产权比例，退出时按照产权份额购买或分成，权属关系清晰，合情、合法、合理。既不会产生政府与民争利，也不会让部分寻租者获得不正常的收益。既不会让购房人购房吃亏，也不会因为购房人弄虚作假而相对其他纳税人造成国有资产流失。对政府而言，实现保障性住房资源的循环利用，并提高社会住房保障资源的利用效率。

（5）改善保障性住房区位质量。共有产权住房的土地收益可以收回，相比公租房，地方政府的积极性更高，地方政府更愿意在市区或周边配套成熟地块建设共有产权住房，从而化解保障性住房选址偏远等问题。

10.3.2　以共有产权住房统筹销售型人才住房

为加快高层次人才集聚，加快区域经济的发展，全国各地陆续出台相关人才房政策，但政策存在着随意性大、漏洞多的缺点，容易造成新的不公平和国有资产的流失等问题。如之前某市政府出台了人才专项用房政策，售价原则上不超过同类地段新建商品住房市场价格的

50%，个人拥有全部产权，5年后直接上市，这一做法引发了社会巨大的反响，支持者认为，人才房的推出促进地方产业发展，产生巨大的边际效应，但更多的反对者质疑借公共资源给人才发“福利”，导致新的不公平。

针对当前各地人才房存在的问题，有必要基于共有产权的理论和法律基础，用产权清晰的共有产权住房规范现有的人才房供给政策（见表10－5）。对人才而言，共有产权住房可以显著降低首次购买成本，让人才拥有一处稳定的居所；对政府而言，可以回收部分住房保障资金，以促进政府保障房建设资金的流转；对社会而言，能够较好地体现社会公平，防止投机行为和国有资产流失。当然考虑到人才群体支付能力较强、对住房面积需求更大等特点，建议人才类主导的共有产权户型面积比公租房、经济适用住房更大一点。同时也可以考虑设计，根据人才在当地的服务时间，给予相应的回购政府持有产权的价格优惠。这样做的目的：一是强化产权意识；二是区别于面向中低收入家庭的保障政策；三是鼓励在当地踏实工作。经住房保障主管部门批准后方可上市，购房人和政府按各自的产权份额分配上市转让收入。

表10－5　传统人才房与共有产权人才房的区别

指标	传统人才房	共有产权人才房
土地供应方式	出让	出让
定价方式	政府指导价，明显低于市场价格	土地出让金、税费等全额计入的市场定价（给予一定的优惠）
产权	个人完全产权	个人部分产权
房屋建设方式	政府选择开发商、开发商选择建筑商	政府直接通过公开招标选择建筑商

续表

指标	传统人才房	共有产权人才房
上市	5年后上市	根据服务时间，以不同的优惠价格回购政府产权，在约定的时间后上市
交易收益	完全由个人所得	根据个人与政府按产权比例分配
优点	吸引人才集聚，发展地方经济	吸引真正安心在此发展的人才集聚，发展地方经济；防止投机行为，防止国有资产流失

10.3.3　以共有产权住房完善“拆迁安置房”的托底制度

在棚户区改造中，会遇到大量原居住面积很小、经济购买能力弱的家庭，按照“拆一还一”的原则或拆迁改造中的“保底原则”，这些家庭尚难以得到一套满足其基本需要的住房。因此，通过共有产权住房让中低收入家庭拥有一套“体面住房”是十分必要的。具体思路是：购房者的产权份额按照“拆一还一”原则享有政策性住房面积或“托底”面积，而超出拆迁安置改造政策的部分则界定为政府产权份额。原则上，购房者的产权比例不得少于30%。如江苏省姜堰市用于共有产权改革试点的解困定销房，每套建筑面积控制在65平方米。按照拆迁保障政策，拆迁户只要有托底性补偿款，就可拿到45平方米的房屋产权，剩下20平方米产权归政府所有，由住房保障部门代表政府按国有资产进行管理，困难家庭经济条件改善后，可一次性购买所住房国有产权部分。如皋市出台了《共有产权保障性住房试点办法》，在主城区拆迁改造中开展试点。该办法规定，共有产权面积标准控制在70平方米/户，指定房源，并由开发企业组织提供；购房家庭所购面积不得低于40平方米，其余面积由政府从住房保障基金中出资购买，为国有产权，国有产权部分由购房户租赁使用；困难家庭经济条件允许后，可一次性购买所住房国有产权部分。购房家庭所购面积不得低于40平方米，其余面积由政府从住房保障基金中出资购买，为国有产权。国有产权部分由购房户租赁使用（租金按照公租房具体标准设置）；困难家庭经济条件允许后，可一次性购买国有产权部分。①

经济适用住房、限价房（人才房）、拆迁安置房，甚至自住型商品房等名目繁多、政策碎片化，其实质都是针对广大中低收入家庭或“夹心层”家庭的产权式政策性住房，以帮助购房困难家庭实现其住有所居的梦想。因此，从国家加强住房制度顶层设计的目的看，需进一步统一此类住房的名称，如同中国香港地区的“居屋”、新加坡的“组屋”一样，保持长期统一的名称和基本稳定的制度。从共有性质来看，无论是共有产权的经济适用住房模式、拆迁安置房还是人才房，均可以统一在共有产权住房的政策框架里，从而建立新住房保障体系，构建合理衔接的住房体系（见表10－6）。鉴于此，建议各类带补贴性质的经济适用住房、限价房、拆迁安置房以及新增的共有产权商品房并轨，合称为“共有产权住房”，可以设置不同比例的个人产权，并按市场化的建设管理模式进行开发建设和运营管理。

表10－6　构建新的住房保障体系

新保障体系	新保障人群	旧保障体系
公共房	人均收入“双困”城镇家庭	公租房
保障性租赁住房	住房困难的新市民	人才租赁房
		蓝领公寓等
共有产权住房	同上	同上

① 《媒体评论：“产权共有”破解住房保障困局》，央视国际网，2006年12月27日。

10.4　共有产权住房保障机制的具体设置及运营管理分析

10.4.1　供地和户型设置

共有产权住房建设用地既可采取“限房价、竞地价”“综合招标”等出让方式，也可以采取行政划拨方式。前者做法的特点是：市场化程度高、开发商均可以报名参加开发；可以混合居住，部分房源用作商品住房、部分房源用作共有产权住房；且通过限定房价“天花板”倒逼开发企业以提升综合运营能力；政府不直接介入开发组织，便于监管；但可能带来的风险是开发商过度竞争，面临房产可能品质的下降。后者做法的特点是：参照经济适用住房建设模式免征城市基础设施配套费等各种行政事业性收费和政府性基金、并承担配套基础设施的建设成本支出；一般由国有企业承担开发；供地速度快、直接开发成本低；且可动员企事业单位利用存量土地，经批准建共有产权住房，优先保证用地单位符合条件的职工；但开发的竞争性不够，开发成本的显性化程度低。

关于户型，当前公租房户型普遍为60平方米左右，为实现“梯度保障”的原则，共有产权住房面积建议与住宅小康标准——城镇人均住房建筑面积30平方米相对应，以90平方米（建筑面积）左右的套型为主，套型以多居室为主。考虑到人才群体支付能力较强的特点，部分套型面积标准可以酌情放宽。

10.4.2　产权份额设置

产权份额是共有产权住房制度的核心，共有产权住房发展的关键性问题在于产权份额的明晰与界定。产权份额的设定，要注意合理控制，若个人比例过高，则增加中低收入家庭负担，但如果个人最低产权过低，又增加政府财政负担，也无法“压缩非法牟利空间”。为平衡这两者的关系，建议：个人首次出资购买的价格（共有产权住房销售价格）不低于开发成本（做地成本 + 建设成本），即原来经济适用住房销售基准价格，不高于按当地人均可支配收入、人均住房面积 30 平方米、房价收入比为 8 计算的房价。按照共有产权住房销售价格与相邻地段、相近品质商品房市场评估价格的比例确定购房人和政府各自持有份额，建议个人持有超过 50% 的产权，一是体现购房家庭应承担的主体责任，二是防止一些经济能力过弱的家庭也进入购买共有产权住房行列，进而加重居民负担。与此同时，鼓励有购买能力的家庭多持有个人产权比例，以减轻政府的财政压力。

10.4.3 转让处置

共有产权住房的初始法律关系发生在共有产权人与政府之间，向政府转让可视为共有产权住房的内部转让，向第三人转让可视为外部转让。

共有产权住房的内部转让可分为份额增购与份额回购，份额增购可以增强共有产权人的心理安定感，份额回购可为共有产权人提供救济以帮助其渡过难关。当前我国共有产权住房内部转让的增减持份额设计特殊情况下，政府的一次性回购以及满一定年限有转让时的优先购买权，均为一次性回购。建议在条件成熟的城市，考虑产权住房的保障性和财产性双重属性的前提下，增加制度灵活性，赋予共有产权人灵活份额增购，以使政府尽早地逐步回笼资金，同时也有利于为共有产权人提供心理的安定感。

共有产权保障房外部转让的运作模式一般可以有两种，即全封闭和开放式。

开放式运作模式：即保障对象在取得房地产权证满一定年限后，在市场上自由转让。此种模式赋予保障对象更多的选择权，增强了房屋的流动性，更加注重共有产权住房的财产性，提高了保障性对象的资产建设性，有利于激发共有产权人购买的需求，也增加了政府现金回流。但同时可能带来部分居民寻租性需求，如果选择开放式，一定要把好准入关，把房源配置给真正需要、且难以通过商品住房市场满足拥有一套住房的需求的群体，压缩投资投机性需求。把好准入关是用好开放式运作模式的关键。另外，一些专家学者认为：选择开放式，会减少政府控制的与中低收入购买能力相匹配的住房的数量。其实，在一个人口净流入、供不应求的市场，无论是开放式还是全封闭，政府都需要不断增加保障性住房开发或资金投入。此外，通过开放式，政府回笼的资金，仍应投入低成本保障性住房建设或补助。

全封闭运作模式：即共有产权住房形成一个独立的、封闭的运行空间，住房只在保障对象之间流转，将政府的补贴固定在住房上，住房保障对象之间低价流转，政府的投入不收回。例如美国的社区土地信托模式和以北京为代表的共有产权转让模式就是典型的全封闭式模式。此种模式的特点：(1) 通过一次性的补贴投资所创建的住房单元拥有持久可负担性，保证了特定的低价格住房的供给性，理论上可确保住房对目标收入阶层的长期可负担性，维持共有产权住房的数量；(2) 大大压缩了购房人的寻租获利空间；(3) 不需要添加额外补贴，避免了因房价不断上升而导致的公共补贴购买力不断削弱的情况；(4) 由于确保了受资助住房的持续保障性，经历房价快速上升的社区依然能保持混合收入居住的特性。但因为此模式存在的缺点：产权的意义不能完全体现，降低了资产的流动性，降低资产使用效率；形成了二元市场，可能会扭曲成交价格，特别是减少了本应给予更多资产建设支持机会的中低收入群众的收益；此外，需要政府的长期监督和管理。其应用的条件是：保障对象规模大、共有产权住房供给规模也大，具备形成共有产权住房交易市场的条件。

共有产权住房作为出售型的保障性住房，制度设计的平衡点在于调和资金压力与房源控制的矛盾，以及对居民的吸引力。因此，外部转让的运作模式应根据城市的住房特点及保障状况酌情考虑，如高房价、供不应求城市的前期试行阶段，可以先进行封闭式试运行，这种方式虽然对房屋的增值收益有一定的限制，但也为购房者提供了住有所居的机会，同时也规避了寻租的风险。等试行时机成熟时，可逐步推行开放式试点运行，并进行及时的政策效果评价。而针对大部分的城市，开发运作模式即以能够培育保障对象持续的改善能力为主，政府投入的资金也能获得保值增值性，是现阶段较好的选择方案。但为了更好地体现“房住不炒”，更有效地发挥共有产权方式的帮扶作用，可以酌情设定共有产权禁止上市期限，如上海市大部分产权临港新城推出的一批限价房，就设定了10年期限禁止上市交易。超过这个期限，共有产权住房可以由政府回购，也可以由购房家庭购买政府所持份额，拥有住房的完整产权。

10.5 本章小结

总体来说，共有产权住房制度设计主要有以下四个方面特点：一是满足购房人拥有自有住房的需求。以开发建设成本为基础，并考虑保障对象支付能力等因素，确定销售价格；全部产权参照周边的商品住房价格。在城市住房资源较为稀缺的背景下，使得保障对象以相对较低且符合自身支付能力的价格购买住房，既解决了基本住房问题，又满足了对产权住房的需求。二是有利于形成对购房人的扶持和制约机制。购房人可以按本人出资份额享受房屋增值收益，一方面有利于积累经济能力，为将来退出住房保障、进入市场改善住房创造条件，有利于形成住房保障体系与房地产市场体系的有机衔接；另一方面也有利于制约公租房管理中的住房使用不当、维护不当行为的发展。三是共有产权保障住房销售价格以土地开发成本和建安成本为基础确定，财政负担减轻，有利于共有产权保障住房工作的可持续发展。四是政府各种投入形成的房价折扣转化为政府持有的产权份额，压缩了保障对象的获利空间，减少了追逐利益的动力；也避免了国有资产的无序流失，将来房源上市转让时分享的相应收益还可循环用于住房保障。因此，建议各类销售型保障住房均采用共有产权方式。各城市可根据城市不同的特点选择不同的用地方式。面向的对象应该以本地户籍无房或住房标准未达到标准的新市民、原居民为主，少量用于高层次人才住房。个人产权比例应在 50% 以上。把握好实施封闭式或开放式的条件，封闭式（北京模式）适合保障对象规模大且具持续性，共有产权住房供给规模也大，具备形成共有产权住房交易市场条件的特大型城市。若实施有限年后（如 5 年）可开放上市制度（上海模式），则必须建立严格的准入制度，对购房者的自有住房状况、收入与资产状况进行严格的审核，防止投资投机者进入。

第11章　共有产权住房推广中面临的问题及政策建议

从理论层面看，共有产权住房制度设计优势明显，比如：保障对象能以相对较低且符合自身支付能力的价格购买部分住房产权，既解决了基本住房问题，又满足了对产权住房的需求；形成对购房人的扶持和制约的平衡机制，购房人以按本人出资份额享受房屋增值收益，同时也承担风险，减少了寻租的动力；便于退出住房保障、进入市场改善住房条件，形成住房保障体系与房地产市场体系的有机衔接；政府可以直接回收建设投入，财政负担可以承受，有利于住房保障工作的可持续发展；政府各种投入形成的房价折扣转化为政府持有的产权份额，避免了国有资产的无序流失，将来房源上市转让时分享的相应收益还可循环用于住房保障等。但从各大试点城市的经验看出，共有产权住房模式的推广仍面临一些问题。

11.1　共有产权住房推广中面临的问题

通过实地调研北京、上海、淮安等已试点共有产权住房的城市，发现在推广过程中还存在不少问题。

11.1.1　对共有产权住房认知度偏低

由于经济适用房政策实施多年，其社会影响已经根深蒂固，尽管从理论上“有限产权”依据不充分，但经济适用房制度给居民带来的实实在在无风险利益已经深入人心。推出共有产权住房，对各地居民来说，需要一个接受的过程。尤其是在商品房价格低的地区，单位建筑面积上土地出让金数额低，仅依靠有限的土地出让金转换为政府的产权，居民仍需要支付相对较高的开发成本，例如：某市住宅开发成本 2700 元/平方米，同区域商品房价格为 3500 元/平方米，若个人出资 2700 元/平方米（保证政府投资的回收），即使个人产权占比达 85%（以低于同区域商品房价格 10% 为基数），对相当部分中低收入家庭而言仍缺乏吸引力。而在高房价地区，共有产权住房的优势明显。例如，上海某区域商品房价格为 40000 元/平方米，个人出资 20000 元/平方米，个人占 50% 的产权，明显降低了居民购房门槛，相对而言，在高房价地区推广共有产权住房的价值更大，居民的认同度更高。因此，在推广共有产权住房过程中还需要加强宣传。

共有产权住房在业内也尚未形成共识。2014 年 7 月 10 ~ 12 日，课题组借南京华人不动产年会的契机，对来自全国各地的房地产专家展开了关于共有产权住房的调研问卷，访谈的专家共 30 人，其中 12 位专家对实施共有产权住房持支持的态度，4 人持反对观点，其余 14 人持保留意见。当然，随着近年来各地房价快速上升，近年来，学者中支持共有产权住房推广的占比在上升。尤其是随着各大试点城市的落地，共有产权获得了试点城市的高度认同。2021 年 6 ~ 7 月浙江工业大学课题组对北京市、上海市、淮安市等共有产权住房小区居民发放《共有产权住房居民满意度调查》，共收回问卷702份，调研发现，共有产权住房满意率达到99.7%；93.7%的受访者认为购买共有产权房的决策是正确的；认为购房后对城市的归属感、家庭稳定感和生活幸福感提升的分别占92%、88%和86%；100%的受访者对共有产权住房申购和选房过程中的公平性感到满意；87.3%的受访者认为应该在全国大城市推广共有产权住房。但就现在为止，实施的共有产权住房城市还是相对较少。共有产权制度价值和认同度还需进一步提升。

11.1.2 回购约束中的风险不对称问题

以淮安模式为例，政策规定：购买共有产权住房的家庭，可以分期购买国有产权部分住房，形成完全产权。在5年（以签订购房合同日期为准）内购买的，可享受原共有产权住房的价格，5年以后8年以内购买的，按原供应价格加第6年起的银行同期贷款利息，若市场价低于此价或原供应价格，则取低价（此价就是原供应加第六年起的银行同期贷款利息）。8年以后购买的，按届时市场评估价格（不含房屋装饰装修费用）购买。因此，若房价处上升通道，居民势必尽快增购产权，政府也可以实现退出产权回笼资金；而房价一旦步入下行通道，则市民失去购回政府产权的积极性，甚至可能要求政府回购，增加政府的财政压力与风险。

上海也可能面临同样的风险，现行政策规定：共有产权住房购买不满5年，购房人申请且符合回购条件的，政府可回购，回购价格为原价加上同期存款基准利率计算的利息；满5年的房子，政府有权优先回购（回购价格由共同选定的房地产估价机构按照存量二手住房市场价格确定），不回购时可上市交易，交易后政府按约定比例分摊收益。按上述规定，5年内，政府对购房者承担保本微利的担保风险。如果房价下跌，若大量保障者要求政府回购共有产权住房，那么政府将承受巨大的财政压力和风险。如何防范可能出现的上述风险，建议：

一是在确定共有产权住房销售价格时，应该设定合理的折扣，共有产权住房面向的对象是相对弱势群体，制度设计中应该适当倾斜。二是规定限制期限内，购房人因家庭困难等特殊原因确需转让的，政府可按原价加上同期存款基准利率计算的利息的价格回购。原则上政府不回购。

11.1.3　政府的监督管理成本较大问题

由于共有产权住房从机制设计上存有市场价值与政府计划定价的“价差”，意味着共有产权住房虽然在一定程度上克服了现行经济适用住房制度的一些明显制度缺陷，但不能完全杜绝住房保障中的寻租问题，尤其是在上海等商品房价格高的城市，共有产权住房获利优势明显。因此，申请、复核、征信、分配、售后使用等各个环节依然需要较大的监督成本，而且较之常规经济适用房政策，共有产权模式在产权比例认定、后期产权变更、房屋出售、房屋使用等环节还需增加更多的人力。在 2012 年底，媒体连续报道了上海某共有产权保障住房小区存在违规使用住房的问题，个别购房家庭存在改变住房使用性质、违规出租住房、出租开店等现象①。虽然该事件得到了及时的处理和纠正，其中也暴露出共有产权保障管理上的难度。因此，完善共有产权制度，避免踏入经济适用房“福利院”“权利房”的歧途，避免违规出租出售等寻租现象的出现，需要完善分配退出机制设计，其总体原则为：若实行开放模式，准入门槛高、审核严格；若实行封闭模式，准入门槛可低些，可不对收入与资产作要求，只对住房状况作审核。要充分利用大数据，加强对购房者准入条件的审核、使用状况的监管。当然，与公租房相比，共有产权住房政府的监督管理成本要低得多。

---

① 张亮：《完善共有产权保障住房居住使用管理制度的探讨》，载于《住宅产业》2014 年第 1 期。

11.1.4 共有产权的责任义务界定比较复杂问题

共有产权模式下，政府和保障性对象之间的关系包括了行政和民事双重关系。在共有产权住房的销售、持有及退出过程中，政府的审批及监管行为是属于具体行政行为。而作为共有人，根据《物权法》平等原则，其间的共有关系本身是平等主体间的民事关系。因此，需对共有者权利义务做出清晰安排，不然容易发生纠纷、诉讼，而且交易成本过高。比如在共有产权情况下，政府作为共有人是不是参与小区管理（从产权看，政府也是业主），怎么参与？政府作为共有人但却不实际居住，其中维修基金是否需要分担，如何承担？房屋回购或上市交易时，对业主装修费如何合理补偿？当房屋出现“高空抛物”造成的侵权责任时，抑或私有产权人的欠债需以房屋价值来偿还时，如何处理等问题。这些问题，我们在第2章已经作了比较清晰的阐述。在实际操作中，需要在购房合同中事先界定清晰，以免造成日后的纠纷诉讼。

11.1.5 可能面临业主阶梯化拥有全部产权动力不足问题

从理论层面看，共有产权住房是一种具有改变能力的资产，共有产权制度设计的重要目标是让购房能力不足的居民，通过共有产权住房这样一种过渡性产品的安排，利用“阶梯化”的偿还方式，实现在一定的时间里获取全部住房所有权，政府则实现退出住房保障的目的。不过正如卢贝尔（Lubell，2013）[①] 担心的，实践中共有产权是否会沦为二等产权？对受援家庭而言，共有产权能否成为他们通向完全市场产权的跳板？该模式到底是垫脚石，还是绊脚石？趋向市场，还是贫困陷阱？都是需要政策具体设计来回答和解决的。如果在制度设计上没有充分考虑激励个人从政府手里购回剩余产权的政策或限制家庭融

---

① Jeffrey Lubell. Filling the Void Between Homeownership and Rental Housing：A Case for Expanding the Use of Shared Equity Homeownership. Joint Center for Housing Studies，2013.

资等行为，则很有可能面临业主阶梯化拥有全部产权动力不足问题，政府持有的这部分共有产权将变为长期的沉淀资产。这样，共有产权就可能成了永久性的长期住房，而不是一个通往全产权住房的短期过渡产品。2008 年英国的一份住房统计资料表明，只有 11% 的共有产权住房主购买了剩余的份额①。因为一些房主没有经济实力能够购买住房中更多的产权，因此也不能实现完整产权，特别是他们没有购买的那部分产权价格已经上涨，尤其是对于购买个人低产权比例的共有产权住房家庭，购买剩余的份额超过了其能够负担的水平。为此，我们需要严格把握好准入的条件，让政府沉淀的资产给那些具有一定经济能力、真正需要住房而又买不起住房的家庭，是合理和可接受的。一是具有一定经济能力。购买共有产权住房，今后的方向是要持有完全产权，应该对家庭支付能力有一定的要求。二是真正需要住房的无房户或住房标准未达标的家庭。因此，过分降低首次购买时个人产权比例，虽然降低了共有产权住房进入门槛，但潜在购房者面临着更大的产权份额需要资金的弥补。另外，一些共有产权住房主觉得几乎没有激励机制去鼓励实现阶梯化，并填补市场价和本身所持有的产权之间的间隔，一些人本来能够比较快地购买更多的产权，由于没有激励机制而没有实施。面对上述种种可能，制度设计时需要想清楚，推行共有产权住房的首要目的是什么？对政府而言，共有产权方式是否比公租房保障方式更富效率？应该守住哪些主要底线？我们认为当前在大城市推行共有产权住房，首要的是满足夹心群体对居者有其屋的需要，同时又能减轻地方政府的负担，因此，在严格把好准入关、坚持“房住不炒”的前提下，应设计鼓励居民回购政府产权的机制，加快共有产权住房转变为私人完全产权住房，让更多的居民脱离住房保障体系，

① Alison Wallace. Achieving Mobility in the Intermediate Housing Market: Moving up and Moving on, 2008.

真正实现住房独立。

11.1.6 地方政府难产生降低房价的动力问题

在共有产权模式下，政府作为产权方，直接与产权利益挂钩，容易使政府原本公共服务的角色定位发生转变，且从理论上讲，共有产权住房的可持续建设资金来源除当地政府部分土地出让金外，还来源于房价上涨带来政府部分产权的增值获益和共有产权住房业主回购政府产权获得的现金流。这很容易让百姓觉得，政府之所以能够获得足够资金支撑共有产权住房扩大建设规模，实质是建立在房价持续上涨的基础上。一旦房价发生逆转，这一模式设计的根基也不再牢固，甚至会据此怀疑，政府从房价上涨中获益良多，可能致其失去平抑房价的动力。我们认为我国宏观经济和城市经济对房地产依赖度高，且事关民生。因此，即使没有共有产权住房的存在，政府也会全力确保房价的稳定，这种状态不会因共有产权住房的存在得到加强或削弱。

此外，一种产权制度是不是有效率，我们应该将它置于一定的生产力发展水平、一定的历史背景和所界定的特定对象下考虑——公平、效率和发展的可持续性可以作为其基本的检验准则。如果说私有产权是有利于个体追求效用最大化的激励制度，国家产权和国家干预是弥补市场失灵的制度安排，那么共有产权将是弥补“市场失灵”和“政府失灵”的第三种力量。我们肯定共有产权的效率，不是否定其他产权制度的效率，而是基于一定条件下其他制度安排的局限性。共有产权模式重大亮点在于以充分的市场化手段，解决市场化进程中半市场化半行政的矛盾，扫清“双轨制”导致的模糊地带，其长期发展定位应置于市场化的轨道中，应着眼于整个住房供应体系改革与完善的大视角来看待。当然，相比商品住房和传统的保障房产权性质，共有产权涉及的利益主体更为复杂，在制度还不完善的条件下，改革可能产生的不确定性风险更多。因此，只能是采取稳妥的、渐进的方式推进共有产权制度改革。

11.1.7 采用何种共有产权住房模式的问题

共有产权住房试点以来，北京、上海和淮安形成了不同的共有产权制度设计，给各地的选择方式带来了困惑。北京模式、上海模式、淮安模式主要的区别：

一是定位不同。北京的共有产权住房政策源自对自住型商品房政策的完善，主要目的是优化商品住房供给结构、平抑商品住房价格过快上涨，其定位是政府给予政策性支持、带限制性的商品住房。而上海和淮安是对有限产权经济适用房制度的完善，其定位很明确的是保障性住房，纳入保障房体系。

二是面向对象不同。顺着不同的定位，北京面向的群体范围大，上海和淮安面向的群体小。北京对本地申请者只要求无房，无收入与资产约束，此外有 30% 的房源供给非京籍人口（见表 11－1），保障面很宽。上海共有产权住房以保障现有人均住房面积 15 平方米以下、收入与资产在限额以下的本地户籍中低收入住房困难群体为主，少量的面向连续缴纳社保或者个人所得税满 5 年、持《上海市居住证》且积分达到标准分值 120 分的非本地户籍居民，保障范围较窄。淮安面向本地户籍人口（包括无房农民）和少量高层次人才，有严格的准入门槛。因此，上海模式、淮安模式共有产权住房供给压力较小，而北京方案需要有更大规模的供给作保障。

表 11－1　北京、上海和淮安共有产权住房准入标准比较

城市	户籍条件	居住困难	收入和财产	婚姻及年龄
北京	北京户籍； 非京籍连续缴纳社保或个税满 5 年	本市无房	无限制	已婚；单身者年满 30 周岁

续表

城市	户籍条件	居住困难	收入和财产	婚姻及年龄
上海	上海户籍	人均住房面积15平方米（含）以下	2019年3人及以上家庭人均月可支配收入6000元以下，人均财产18万元以下，2人及以下家庭再放宽20%	已婚；单身男性满28、女性满25周岁
	非沪籍：连续缴纳社保或者个税满5年，持《上海市居住证》且积分达到标准分值1202	本市无房	同上	已婚
淮安	淮安户籍，高层次人才	人均住房面积16平方米（含）以下	2019年家庭人均月收入放宽到不高于2986元、人均金融资产不超过15万元	城市中等偏下收入家庭
		市区无房	无	大中专院校毕业不超过8年新就业人员（已婚）
		市区无房	市区务工并在市区连续缴纳城镇职工基本社会保险2年以上，家庭人均年收入不高于上年度城镇人均可支配收入	本地户籍农村居民（已婚）

三是运行模式不同。北京以“限房价、竞地价”出让方式供给，由开发商直接开发、销售给符合条件的对象。而上海土地以行政划拨方式提供，由国有企业再由其代表政府出售给符合条件的保障对象。淮安因当地房价绝对水平低、房源供给充足，采用货币化助购。

北京实施“封闭管理、循环使用”，5 年后个人持有的产权只能销售给符合条件的对象，政府持有的产权永久地保留在共有产权住房上；上海实施“开放”式，取得房地产权证满 5 年后，共有产权保障住房可以上市转让或者以市场价格购买政府产权份额（见表 11 –2）。淮安也采用开放式。由于北京没有对申请者设定收入与资产的门槛，潜在需求群体大，因此，必须在运行机制设计上落实“房住不炒”，以严格的“出口”反制“入口”以应对供不应求的矛盾。上海、淮安通过家庭资产审核中心，对申请者收入与资产建立严格的准入门槛，因此，可采用“开放式”运行模式，更能体现对中低收入家庭权益的保障，赋予其更多的选择权。

表 11 –2　　北京、上海运行模式比较

城市	土地性质	开发主体	上市交易（退出）	出租	可比照对象
北京	出让用地	房地产开发商	个人持有产权或卖给政府或转让给北京户籍无房者或符合条件的非京籍居民。政府产权永久地保留在共有产权住房上	允许出租，收益分成	美国的社区土地信托，非营利组织保留土地所有权而只出售住房所有权，向符合条件的中低收入家庭出售可负担性住房的发展模式
上海	行政划拨	国有企业	5 年后，个人可以以市场价回购政府持有的产权，也可以将自己的产权转让给政府	不允许	英国共有产权住房，允许个人回购政府产权，直至完全拥有
淮安	货币助购	市场化	8 年内，个人可以以原价回购政府持有的产权，也可以直接在市场出售。对特殊家庭，政府可以按原配售价格回购个人产权，同时按规定向其提供公租房	不允许	

这三种典型的共有产权制度设计，有各自存在的理由、有各自适应的范围与条件，很难否定一个而肯定另一个。北京将共有产权住房作为商品住房的重要补充，面向无房家庭，无收入与资产要求，需求大，加上当地房价又畸高，为防止寻租，封闭体系内流转，有利于解决当下突出的无房群体购房困难问题，但打破了一元交易市场结构，需开辟第二住房交易市场（共有产权住房市场），第二住房交易市场的形成，只适合像北京这种供给量大、需求量也大的城市。上海实行严格的准入，需求量相对小，不适合建立第二交易市场，因此，选择共有产权住房内外循环并举的流转方式是合适的，有利于把有限的资源用于更急需的群体，帮助他们实现住房自有化，也有助于及时回收资金以进一步扩大保障性住房建设规模。淮安也实行严格的准入，锁定一定时期后允许上市。由于各地面临的住房问题不同，因此，应该允许各地在坚持“以人民为中心”“房住不炒”“公平、公正、可持续”发展原则下，探索制定完善共有产权住房政策。

11.2 相关政策建议

本书认为，随着共有产权制度的市场化程度不断地扩大，上述问题将有望得到解决。为进一步完善共有产权制度，特提出如下建议。

11.2.1 限定共有产权住房上市交易期限，落实房住不炒

正如前文阐述，共有产权住房有封闭式运行和开放式运行两种模式，其中开放式模式运行中存在着较大的寻租空间，只有严格限制共有产权住房上市交易，规定禁售期内由政府回购，才能最大限度杜绝购房者借机牟利的空间，节约监管的社会成本。一般而言，禁止上市的最低年限为5年，甚至可以更长。本书建议，在禁止上市期限内的，购房人申请回购且符合回购条件的，政府可回购，回购价格为原价加定存利息；满一定期限后可上市时，政府有权优先回购，回购价格由

房地产权利人和原住房保障机构共同选定的房地产估价机构按照相同地段、相同类型、相同质量的存量二手住房市场价格确定，不回购时可上市交易，交易后政府按约定比例分摊收益。

11.2.2　逐步放宽购房准入标准，有条件地扩大保障范围

在剥离共有产权住房的投资价值且需承担一定风险之后，仍然申请购买共有产权住房者，应该是有真正的购房刚需。在开始推行共有产权住房时，可能面临房源供不应求，设置较高门槛是必要的，但随着新建房源的增多，门槛应逐步降低。共有产权住房覆盖对象应由城镇户籍中低收入家庭逐步扩大到中等收入家庭，覆盖所有无住房或住房未达到标准所有权的“夹心层”家庭。考虑到产权型住房的最大不足是影响就业流动，因此，对非本地户籍家庭持谨慎态度。在市场供不应求的城市，可以设立一套综合评分体系，根据户籍、学历、工龄、婚姻、年龄、专业等情况评分，让未有购房记录的夫妇、住房条件差、抑或紧缺人才等优先购房。根据 2021 年 7 月，我们对上海、北京、淮安等城市的共有产权住房小区的调查（共 702 份问卷）显示，有高达 87.3% 的受访者认为应该在全国大城市推广共有产权住房。

11.2.3　充分利用市场机制，坚持共有产权住房市场化运作

在共有产权运作方面，最初英国也是政府拨付一定启动款项，由住房协会按照基金的形式来专业运作。随着制度的不断完善，银行、信托、单位甚至开发商都参与共有产权住房，像剑桥大学等机构都作为共有产权住房的持有人。因此，经过一段时间的培育和试点，我国也应该鼓励社会机构与业主共同持有股份的共有产权住房，甚至更进一步探索购房人之间集体投资、集体拿地、集体共有整个小区的共有产权住房（类似北欧国家、德国、澳大利亚的住房合作社），开发商、集体合作社等群体自行根据对共有产权住房的潜在需求价格来竞争土地、自行定价，承担风险与管理。也可以把共有产权住房引入集体建

设用地，农村集体经济组织用地入股与建设单位、购买者构成共有产权关系。

11.2.4 明晰共有产权住房的连带责任界定，消除政府作为共有人承担的过度责任

对整个社会来说，住房权利的分配非常重要，它会影响到人们对自己住房所采取的行为，尤其是对住房进行的修缮和改善性投资，也会影响公共和私人部门之间的权利平衡。按照《民法典》规定，按份共有人可以对第三人行使物上请求权，也可以要求第三人承担侵权责任。因共有的不动产或者动产产生的债权债务，在对外关系上，共有人享有连带债权、承担连带债务，但法律另有规定或者第三人知道共有人不具有连带债权债务关系的除外；在共有人内部关系上，除共有人另有约定外，按份共有人按照份额享有债权、承担债务，偿还债务超过自己应当承担份额的按份共有人，有权向其他共有人追偿。因此，应界定相关权利人在房屋使用过程中的义务，协调好政府与外部费用、债务之间的关系，在制度设计中消除政府作为共有人并不实际居住而可能带来不必要的责任。

1. 共有费用的合理合法承担

共有物之管理费用，包含很广泛，即包括因共有物保存、改良及使用所产生之费用，也包括根据其他法律及相应合同所约定产生的费用，如共有产权住房的维修费用、物业费用、水电暖气费用等。课题组认为目前我国共有产权制度应遵循“谁使用谁付费”的模式，由受保障者负责因共有房屋使用所产生的相关费用。主要基于以下考虑：(1) 受保障者享有完全的使用权和占有权。在共有产权制度下，政府虽持有共有住房的部分产权，但就实际而言，政府出资但没有直接占有、使用房屋，承购人直接占有、使用共有住房，因此，从公平合理角度考虑，在房屋存继期间政府不应承担管理、维护等相关义务。因此，房屋使用期间产生的一切费用，包括维修费、物业管理费、水电

煤气费用等由承购人承担，应属公平[①]。事实上，在英国的共有产权制度设计中，也明确规定，不论购房人拥有房屋多大比例的产权，房屋的一切维修费用均由购房人承担。其中，房屋内部的维修由购房人自己委托专业机构来进行，费用个人承担。房屋的公共部分可由住房协会来维修，也可以委托专业机构来维修，但费用最后分摊给每个购房人家庭[②]。（2）不与法律规定相违背，并且在现在法律体制下具有操作性。按照《民法典》第三百零二条规定：共有人对共有物的管理费用以及其他负担，有约定的，按照约定；没有约定或者约定不明确的，按份共有人按照其份额负担。因此，共有人之间对于共有物费用如何分担的问题，可以是共有人之间的内部关系，当事人有权通过协议约定。事实上，在实际生活中，在共有物存在着可以分别利用、管理之可能的情况下，共有人往往会通过协议约定不同的共有人对共有物的不同部分进行利用和管理。因此，政府可以在相关共有产权的管理条例中明确共有费用的具体分担，抑或政府与受保障者可以在共有产权住房预售或者房屋登记后签订相关合同协议，如在《2012 年上海市共有产权住房（经济适用住房）申请、供应和售后管理实施细则》中虽然没有规定相应的费用承担情况，但其在《上海市共有产权保障住房（经济适用住房）预（出）售合同示范文本》中明确规定了保障性对象应按照本市商品住房维修资金的有

---

① 现有共有产权试点城市中，关于共有费用的承担有两种不同模式：其一是以上海、淮安为代表的，保障性对象应缴纳该房屋的全额房屋维修资金；支付全额物业服务费用。其二是以连云港、无锡市等为代表的，规定自用部分所产生的管理费用由购房人承担，公共部分与公共设施维修基金由政府与受保障者共同承担。如《连云港市市区共有产权经济适用住房实施细则（试行）》第十二条明确规定，共有产权经济适用住房的公共部位及公共设施维修基金由共有权人按照产权份额分摊，物业服务费则由共有产权使用人承担。《无锡市共有产权经济适用住房试行办法》在第十三条规定，共有产权经济适用住房的公共部位和公共设施维修基金需由国家和购房家庭按照面积份额分别承担，自用部位的维修由房屋使用人承担。共有产权经济适用住房的物业管理费全部由购房人承担。

② 郑诗文：《我国保障性住房共有产权属性研究》，沈阳建筑大学硕士学位论文，2011 年。

关规定，缴纳该房屋的全额房屋维修资金；按照物业服务合同约定，支付全额物业服务费用。

2. 政府和承购人的连带责任和风险负担问题

首先是因房屋使用产生的债务承担。这类债务主要表现为因水电暖等物业合同所产生的责任。前文已论述共有产权住房使用期间，水电暖以及相关的物业费和维修费用应当由保障对象承担。政府如何规避个别业主不交这类债务的风险呢？解决方式为：完善退出机制，在退出机制中明确规定，如果购房者确实无力承担或恶意逃避这类债务，政府可采取强制措施，退出共有产权，由政府回购。之所以将确实无力承担此类费用的家庭列入强制退出的行列，主要是由共有产权住房的功能决定的。共有产权住房不是廉租房。这类人群有一定的经济实力，如果连房屋正常使用所产生的费用都无法承担，那么这标志着其不再是共有产权住房所面向的对象。其次是侵权责任的分配。因共有产权住房产生的侵权责任有两种可能。一是脱落、坠落物、高空抛物等造成的侵权责任。《民法典》第一千二百五十四条规定：禁止从建筑物中抛掷物品。从建筑物中抛掷物品或者从建筑物上坠落的物品造成他人损害的……经调查难以确定具体侵权人的，除能够证明自己不是侵权人的外，由可能加害的建筑物使用人给予补偿”，这里指的是具体侵权人或可能加害的建筑物使用人，没有提及所有人。一旦全体建筑物实际使用人中的一人或者数人能够证明自己并没有实施物脱落、坠落行为的，那么，他就排除了嫌疑，由嫌疑人变为非嫌疑人①。同时，当所有人与实际居住人不同时，应该追究实际居住人的责任。因此，一旦房屋交由承购人实际控制并使用，搁置物、悬挂物发生脱落、坠落抑或高空抛物造成他人损害的，当由承购人承担责任，作为共有人的政府由于并不实际管理房屋，所以不用承担此类责任。二是建筑

① 杨立新：《侵权责任法》，法律出版社 2010 年版，第 588 页。

物倒塌侵权责任。《中华人民共和国侵权责任法》第八十六条规定：“建筑物、构筑物或者其他设施倒塌造成他人损害的，由建设单位与施工单位承担连带责任。建设单位、施工单位赔偿后，有其他责任人的，有权向其他责任人追偿。因其他责任人的原因，建筑物、构筑物或者其他设施倒塌造成他人损害的，由其他责任人承担侵权责任。”因此，一般情况下，不论是受保障对象还是政府作为共有人都不存在承担此类风险的可能性。但若是承购人致使该房屋倒塌造成他人损害时，承购人应对他人负损害赔偿责任，同时应对政府的所有权所受损害承担赔偿责任。最后是由于不可抗力造成的风险分担问题。由于不可抗力，比如地震、水灾、战争等原因致使房屋受损，应根据按份共有规则，各自承担所受损失，自无疑义。

3. 关于抵押权的限制

《最高人民法院关于适用〈中华人民共和国担保法〉若干问题的解释》第 54 条第 1 款明确规定：“按份共有人以其共有财产中享有的份额设定抵押的，抵押有效。”《物权法》第一百零一条明确允许按份共有人转让其份额。对于只处分物的交换价值的抵押权，法律自然应当允许其设立。对于银行，如果住户不能清偿债务，可以对房屋进行拍卖，拍卖的所得收益将按份返还给共有权人，一般而言，不会造成政府产权部分的太大财产和资本损失。

4. 关于继承权与赠与权

共有产权住房作为一种财产，具有一定的可继承性，当住户的子女符合共有产权住房的购买条件时，应该直接作为房产继承人，即继承被继承人拥有的相应权利。但是，由于共有产权住房存在着政策性优惠，当住户的继承人不具备这样的条件时，被继承人可以继承共有产权住房中属于被继承人共有份额的价值，但应退出共有产权住房。上海规定“购房人均死亡，其共有产权保障住房产权份额的继承人不符合共有产权保障住房申请条件的，住房保障机构可以按照依法分割共有物的方式，处置共有产权保障住房。”

11.2.5 设计合理的共有产权灵活份额增购计划，激励有经济能力的居民尽快回购政府产权

从住房市场体系的统一性和保障体系的可持续性出发，共有产权住房制度应允许购房者逐步获取共有产权住房全部产权，建立共有产权住房、商品住房有序流通机制。共有产权住房一定时期内可以实行封闭运行，但应与商品住房市场打通。这既尊重了各试点城市政府和购房居民的意愿，也符合共有产权住房制度的国际惯例。共有产权通常被看作是一个通向完整产权住房的过渡期，加快共有产权回购速度抑或流动速度，不仅能够为新进入者提供住房，也可以通过循环利用补贴来帮助更多的家庭。共有产权业主流动性的政策性影响因素主要包括三个方面：（1）是否有实现完全产权的激励机制。在没有相应的激励政策下，如降低交易费用，提供价格折扣优惠等，“共有产权住房主在最初购买时不会购买其所负担的最大份额”等都可能影响购房者尽快回购政府产（Bramley et al.，2002；Battye et al.，2006；NAO，2006）。（2）是否设置转售对象的限制。若共有产权模式实行封闭性运行，即共有产权住房只能在符合资格的购买者之间流转，这样可降低资金投入，实现一套房连续保障多个家庭，但是确定转售对象是一个复杂耗时的过程，对流动性具有一定的限制。（3）是否设置转售价格的限制。限定转售价格也是体现其保障性，使新进者同样获得受益机会。笔者建议：

一是扩大共有产权住房主的最初购买产权份额，原则上任何一种共有产权类型的个人产权比例均不得小于50%。扩大共有产权份额可以减少所需的补贴额，也可以缩小现有产权到完全产权之间的间隔。

二是赋予共有产权人灵活份额增购，鼓励共有产权人可分批次购买政府产权份额，规定在一定的期限内增购的产权按照原配售价格，超过上述期限的按照市场价格。以使政府尽早地回笼资金，同时也有

利于为共有产权人提供心理的安定感。

三是条件成熟时，对政府持有的产权价值应该有偿使用，可以收取按照一年期存款利率计算的租金。

四是通过房价打折或免除手续费等优惠活动激励共有产权住房主增加其投资。

11.2.6　加大共有产权住房发展的支持政策

系统研究和完善共有产权住房的资金保障、用地保障、税费优惠、金融支持各项保障措施等，对共有产权住房的发展给予了明确的政策支撑。推进金融产品和服务创新，加大对试点城市共有产权住房建设的支持力度。为减轻代持政府产权份额的保障机构或平台公司的税负水平，建议减免回购个人产权、个人购买政府产权以及上市分配收益等交易活动中的契税、增值税、所得税等相关税费。为鼓励各类金融机构提供共有产权住房的个人按揭贷款、减轻购房者的初次置业成本，建议各地政府研究建立共有产权住房贷款担保机制。

11.2.7　尽快健全共有产权住房法律制度

从各地实践来看，共有产权住房定位宜明确为：面向有一定住房支付能力的特定住房困难群体，满足其基本住房需求，逐步获取全部产权的保障性住房。建议早日出台《城镇住房保障条例》，对共有产权住房进行原则性规定，内容包括但不限于：共有产权住房是一种保障性住房；法律性质属按份共有；共有产权住房的共有人按照份额对共有产权住房享有所有权；授权住房和城乡建设部就共有产权住房的投资、建设、准入、形成（购买）、使用、管理、转让、处分等制定指导意见。建议住建部在总结试点经验的基础上，针对保障对象、运营管理、规划建设、政策支持等方面，尽快出台共有产权住房政策意见或管理办法，成为具体指导共有产权住房法律适用的核心政策文件。

总之，我们认为，尽管在实施过程中共有产权住房会碰到这样那样的问题，但是其理论基础上具有正当性，其市场需求具有广泛性，尤其是向中低收入家庭提供产权型保障房，有其深刻的经济意义与社会价值，值得在我国推广。

参考文献

［1］阿瑟·奥沙利文：《城市经济学》，北京大学出版社2008年版。

［2］《安居房及经适房将转为共有产权房有三种操作模式》，中国时刻网，2014年8月13日。

［3］鲍磊：《“共有产权”的淮安模式》，江苏人民出版社2011年版。

［4］《北京将推“共有产权房”》，网易新闻，2014年1月17日。

［5］陈池：《英国“混合”市场经济体制和“福利”国家的特色及其对我国构建“和谐”社会的借鉴价值——兼与美、日市场经济体制比较》，载于《中英公共管理比较研究丛书》，中央编译出版社2008年版。

［6］陈国强：《共有产权住房或大展拳脚》，载于《中国报道》2014年第7期。

［7］陈明：《江苏淮安保障性住房建设的实证研究》，载于《经济论坛》2010年第10期。

［8］陈山水：《共有产权房于中低收入者的经济学分析——基于对江苏省淮安市的调研结果》，载于《江苏商轮》2012年第11期。

［9］陈淑云：《共有产权住房：我国住房保障制度的创新》，载于《华中师范大学学报》2012年第1期。

［10］陈思、叶剑平、薛白：《产权视角下共有产权住房模式的政策探讨及选择》，载于《经济体制改革》2019年第1期，第46~52页。

［11］崔光灿、姜巧：《上海共有产权保障住房运作模式及效果分析》，载于《城市发展研究》2015年第7期，第118～124页。

［12］邓宏乾、王昱博：《我国共有产权住房定价机制问题探讨》，载于《价格理论与实践》2015年第7期，第34～36页。

［13］邓小鹏、莫智、李启明：《保障性住房共有产权及份额研究》，载于《建筑经济》2010年第3期。

［14］董藩、陈辉玲：《住房保障模式经济效应考查——基于住房过滤模型的思考》，载于《河北大学学报》2010年第2期。

［15］窦丽：《我国经济适用房共有产权制度研究》，山西财经大学硕士学位论文，2008年。

［16］付灿华：《淮安探索“共有产权住房”》，载于《人民日报》2009年7月13日。

［17］付大学、秦思楠：《共有产权住房：一种典型的公—私混合财产》，载于《江西社会科学》2020年第6期，第158～165页。

［18］高佩义：《海外住房政策与管理》，人民出版社1993年版。

［19］郜浩、吴翔华、聂琦波：《共有产权经济适用房运作体系研究》，载于《工程管理学报》2011年第4期。

［20］耿丹：《共有产权住房制度设计——基于公平和财富视角的研究》，华中师范大学硕士学位论文，2012年。

［21］《共有产权住房“且试且谨慎”》，载于《中国商报》2014年6月10日。

［22］顾青青：《共有产权经济适用房制度的分析研究》，载于《现代经济信息》2010年第1期。

［23］顾正欣、吴翔华、聂琦波：《我国经济适用房定价模式研究——基于共有产权制度的分析》，载于《价格理论与实践》2010年第2期。

［24］贯广葆、马似鹏：《共有产权：经济适用房的新模式》，载

于《城市开发》2007 年第 3 期。

［25］郭伟明、褚明鹤：《完善共有产权住房的设想和实践探讨》，载于《中国房地产》2014 年第 11 期。

［26］郭文靖：《英国共有产权房制度的启示》，载于《新西部》2010 年。

［27］郭玉坤：《中国城镇住房保障制度研究》，西南财经大学博士论文，2006 年。

［28］胡吉亚：《共有产权住房中的博弈分析》，载于《湖南大学学报（社会科学版）》2019 年第 6 期，第 56 ~62 页。

［29］华佳：《共有产权住房制度实践的国外模式分析》，载于《上海房地》2011 年第 9 期。

［30］华佳：《美国保障性共有产权住房制度的设计》，载于《上海房地》2011 年第 11 期。

［31］《淮安共有产权住房保障模式创新成果研讨会专家发言摘要》，载于《中国经济时报》2010 年 2 月 7 日。

［32］《淮安共有产权住房保障模式 20 问》，载于《中国建设报——住房保障》2009 年 10 月 21 日。

［33］金细簪、虞晓芬：《共有产权存在的合理性释义及未来发展思路》，载于《中国房地产》2014 年第 11 期。

［34］瞿富强、颜伟、刘庆华：《共有产权住房产权份额研究——基于住房支付能力的分析》，载于《价格理论与实践》2019 年第 9 期，第 58 ~62 页。

［35］赖华东、蔡靖方：《城市住房保障政策效果及其选择——基于住宅过滤模型的思考》，载于《经济评论》2007 年第 3 期。

［36］黎昌政：《黄石“共有产权”制度化解“棚改”难题》，经济参考网，2014 年 2 月 28 日。

［37］李琛：《共有产权住房政策实施及其完善路径》，载于《合

作经济与科技》2019年。

［38］李海涛：《完善共有产权住房制度设计的若干构思》，载于《现代城市研究》2016年第4期，第82～87页。

［39］李建华、黄飞：《共有产权伦理初探》，载于《湘潭大学学报》2005年第5期。

［40］李龙江、党存红：《论廉租房共有产权模式的问题及其对策》，载于《未来与发展》2013年第8期。

［41］李霞、梁森森：《发展共有产权住房的若干思考》，载于《住房保障》2014年。

［42］李雅静：《中等城市保障性住房建设创新研究——以黄石市公共租赁住房建设“十二五”规划为例》，载于《湖北土建》2011年第4期。

［43］李哲、李梦娜：《共有产权住房政策的反思：定位、现状与路径》，载于《当代经济管理》2018年第4期，第39～45页。

［44］梁爽：《英国共有产权住房制度及对我国的启示》，载于《中国房地产》2014年第11期。

［45］林华：《推动共有产权住房制度：解决城市“夹心层”住房难题的有益探索》，载于《中国审计报财经周刊》2014年2月24日。

［46］刘朝马：《住房保障政策：英国经验及启示》，载于《城市问题》2007年第3期。

［47］刘广平、陈立文：《共有产权住房赎回时机、租金定价与准入门槛模型研究》，载于《管理现代化》2015年第1期，第82～84页，第82～84页。

［48］刘维新：《共有产权与小户型商品房应成为市场主体——破解高房价恶性循环机制的出路》，载于《中国房地产金融》2010年第4期。

［49］刘维新、陆玉龙：《共有产权：经济适用房制度创新研究》，

载于《中国房地信息》2006 年第 8 期。

［50］刘文藻：《成都试点共有产权房购房 5 年后或可转卖》，腾讯网，2014 年 4 月 4 日。

［51］刘昕璐：《上海共有产权房准入标准放宽　人均月入 5000 也可申请》，金融界网站，2012 年 1 月 17 日。

［52］柳杨：《深圳市共有产权住房上市价格评估模式研究》，载于《建筑经济》2018 年第 7 期，第 23 ~ 26 页。

［53］卢现祥：《西方新制度经济学》，中国发展出版社 1996 年版。

［54］陆玉龙：《共有产权经济适用房制度创新研究》，载于《中国房地产信息》2005 年第 8 期。

［55］吕璐：《共有产权：经济适用房的新模式》，载于《中华建设》2009 年。

［56］吕萍、藏波、陈泓冰：《共有产权保障房模式存在的问题——以黄石市为例》，载于《城市问题》2015 年第 6 期，第 79 ~ 83 页。

［57］吕萍、修大鹏、李爽：《保障性住房共有产权模式的理论与实践探索》，载于《城市发展研究》2013 年第 2 期。

［58］马光红、田一淋：《中国公共住房理论与实践研究》，中国建筑工业出版社 2010 年版。

［59］马辉民、刘潇：《我国共有产权住房政策的探索与实践》，载于《中国行政管埋》2016 年第 1 期，第 145 ~ 149 页。

［60］莫智、邓小鹏：《国外住房共有产权制度及对我国的启示》，载于《住房与房地产》2010 年第 3 期。

［61］聂欧：《黄石棚改创新》，载于《财经国家周刊》2014 年第 3 期。

［62］秦虹：《英国住房的共有产权制度》，载于《城市建设》

2007年第9期。

［63］秦虹、张智：《经济适用房的产权与收益》，载于《住房保障》2006年第10期。

［64］邱晓宇：《美国“可承受住房”政策》，载于《中国房地产》1995年版。

［65］上海市房地产科学研究院：《上海住房保障体系研究与探索》，人民出版社2012年版。

［66］宋宗宇、张晨原：《我国共有产权住房转让制度研究》，载于《西南民族大学学报（人文社科版）》2020年第3期，第68~74页。

［67］孙娱：《上海市共有产权保障住房产权满五年后转让之思考和建议》，载于《上海房地》2020年第7期，第24~26页。

［68］孙志华：《美国住房政策考察及借鉴》，载于《山东社会科学》2012年第9期。

［69］唐筱娴：《淮安共有产权房的发展与展望》，载于《北方经济》2012年第9期。

［70］陶丽、邹敏、吴冠岑：《城市共有产权住房模式及其满意度评价研究——考量价格因素的上海模式评价》，载于《价格理论与实践》2019年第3期，第51~54页。

［71］王安宁：《住建部解读〈国务院关于加快棚户区改造工作的意见〉》，中国新闻网，2013年7月12日。

［72］王微微、张鲁青：《面向青年群体的共有产权住房制度设计——基于国外经验及中国政策选择》，载于《中国青年社会科学》2019年第5期，第77~84页。

［73］王振中：《产权理论与经济发展》，社会科学文献出版社2005年版。

［74］王子博：《基于产权理论的共有产权房制度分析》，载于

《经济师》2014 年第 7 期。

［75］温泉：《经济适用房共有产权制度研究》，载于《中国房地产金融》2007 年第 2 期。

［76］闻午：《“共有产权住房”将试点推行》，载于《中国房地产》2014 年第 7 期。

［77］翁翎燕、韩许高：《国外共有产权住房实践对我国共有产权住房制度建设的启示》，载于《江苏科技信息》2017 年第 31 期，第 75 ~77 页。

［78］吴立群、宗跃光：《共有产权住房保障制度及其实践模式研究》，载于《城市发展研究》2009 年第 6 期。

［79］解海：《基于过滤理论的中国住房保障政策研究》，哈尔滨工业大学博士学位论文，2013 年。

［80］新浪黄石房产：《创新公租房制度设计，完善住房保障体系——专访黄石市房管局局长，众邦公司董事长刘昌猛》，新浪乐居，2010 年 8 月 4 日。

［81］徐海波：《共有产权住房在全国铺开，推广需完善收益模式》，载于《新华网》2014 年 2 月 3 日。

［82］徐虹：《共有产权住房发展模式研究——以北京市为例》，载于《价格理论与实践》2017 年第 12 期，第 54 ~57 页。

［83］徐菁：《江苏淮安共有产权住房定价机制研究》，载于《住宅与房地产》2017 年第 33 期，第 31 页。

［84］徐漫辰、焦怡雪、张璐，等：《共有产权住房的国际发展经验及对我国的启示》，载于《住宅与房地产》2019 年第 34 期，第 1 ~4 页。

［85］严荣：《共有产权住房实践引发三虑》，载于《东方早报》2014 年 4 月 22 日。

［86］严荣：《完善共有产权住房体系建设研究》，载于《经济纵

横》2015年第1期，第24~27页。

［87］颜莉、严荣：《上海市共有产权保障房定价机制探讨》，载于《上海经济研究》2015年第3期，第87~96页。

［88］杨燕玲：《集体土地建共有产权住房与市场制度的衔接研究》，载于《农村经济》2020年第10期，第89~96页。

［89］叶雷：《共有产权住房重在发挥市场作用》，载于《中国建设报》2014年2月19日。

［90］庾康、葛和新、刘正平：《“共有产权住房”波澜不惊的背后》，载于《新华日报》2008年8月15日。

［91］袁立华、王云萍：《析共有产权住房政策的公平价值——以江苏淮安经验为例》，载于《中共浙江省委党校学报》2011年第2期。

［92］张巍、王磊、王佳丽：《共有产权住房PPP融资模式应用研究》，载于《建筑经济》2015年第6期，第63~66页。

［93］赵万民、王智、王华：《我国保障性住房政策的演进趋势、动因及协调机制》，载于《规划师》2020年第11期，第86~94页。

［94］郑诗文：《我国保障性住房共有产权属性研究》，沈阳建筑大学硕士学位论文，2011年。

［95］郑文清：《共有产权住房模式研究》，载于《金融纵横》2018年。

［96］郑晓云、邓芮希：《基于共有产权保障性住房PPP模式研究》，载于《城市住宅》2016年第5期，第77~80页。

［97］中国发展研究基金会：《中国城镇化进程中住房保障问题研究》，中国发展出版社2013年版。

［98］朱巧玲：《产权制度变迁的多层次分析》，人民出版社2007年版。

［99］朱亚鹏：《中国共有产权住房政策的创新与争议》，载于《社会保障评论》2018年第3期，第112~122页。

[100] 邹琳华：《政策支持如何与市场机制有效契合：基于北京市共有产权住房实践的分析》，载于《江苏行政学院学报》2018年第5期，第41~47页。

[101] Alexander von Hoffman. High Ambitions：The Past and Future of American Low－Income Housing Policy. Housing Policy 1996（11）.

[102] Alex F. Schwartz. Housing Policy in the United States. 北京：中信出版社，2008.

[103] Alex Schwartz. The Credit Crunch and Subsidized Low-income Housing：the UK and US Experience Compared. J Hous and the Built Environ，2011.

[104] Alison Wallace. Achieving Mobility In the Intermediate Housing Market：Moving Up And Moving On. CIH publications，2008.

[105] Alison Wallace. Shared Ownership：Satisfying Ambitions for Homeownership. International Journal of Housing Policy，2012（6），12（2）.

[106] Alvin Scorer，Slums and Social Insecurity. Washington，DC：Government Printing Office，1966.

[107] Amy Crews Cutts and Robert A. Van Gorder. On the Economics of Subprime Lending. Freddie Mac working paper dated，March 2003.

[108] Andrew Caplin. Facilitating Shared Appreciation Mortgages to Prevent Housing Crashes and Affordability Crises. The Brookings Institution，2008.

[109] Andrew Caplin，James H. Carr，Fredrick Pollock. Shared－Equity Mortgages，Housing Affordability，and Homeownership. Washington，DC：Fannie Mae Foundation，2007.

[110] Andrew Presland. Help to Buy（Equity Loan scheme）and Help to Buy：New Buy Statistical Release. Department for Communities and

Local Government, 2014.

[111] Ann Dupuis, David C. Thorns. Home, Home Ownership and the Search for Ontological Security. The Sociological Review, 1998, 46 (1).

[112] Braid R M. Residential Spatial Growth with Perfect Foresight and Multiple Income Groups. Journal of Urban Economics, 1991 (30).

[113] Department for Communities and Local Government, Help to Buy building a new generation of homeowners, 2014 (4).

[114] Department for Communities and Local Government. Over 100000 households helped to buy their home, 2014 (2).

[115] Dolbeare, Cushing N. Housing Grants for the Very Poor. Philadelphia: Philadelphia Housing Association, 1966.

[116] Eriksen M D, Rosenthal S S. Crowd out Effects of Place-based Subsidized Rental Housing: New Evidence from the LIHTC Program. Journal of Public Economics, 2010.

[117] Financial Stability. gov. Administration Completes Implementation Of Initiativeto Support State and Local Housing Finance Agencies, 2010.

[118] Galster, G. C. Homeowners and Neighborhood Reinvestment. Durham, NC: Duke University Press, 1987.

[119] G. Bramley. Shared Ownership: Short - Term Expedient or Long-term Major Tenure. Housing Studies, 1996.

[120] Glen Bramiley, James morgan. Low Cost Home Ownership Initiatives in the UK. Housing Studies, 1998, 13 (4).

[121] Greenstein, Rosalind, Yesim Sungu - Eryilmaz. A National Study of Community Land Trust. Lincoln Institute of Land Policy, 2007.

[122] Groves, R., Murie, A., Watson, C. Housing and the New

Welfare State: Examples from East Asia and Europe. Aldershot: Ashgate, 2007.

[123] Gurney, C. Pride and prejudice: discourses of normalisation in public and private accounts of home ownership. Housing Studies, 1999, 14 (2).

[124] Herbert, Chris and Belsky, Eric. The Homeownership Experience of Low-income and Minority Households: A Review and Synthesis of the Literature. Cityscape 10 (2), 2008.

[125] HM Treasury, Department of Communities and Local Governments. Report of the Shared Equity Task Force, 2009, (4).

[126] HM treasury. Help to Buy: mortgage guarantee scheme Quarterly Statistics, 2014 (5).

[127] Homeownership Programs. Center For Housing Policy, 2009.

[128] Homes and Communities Agency. First Buy Buyer's Guide, 2011.

[129] Homes and Communities Agency. Help to Buy Buyer's Guide, 2013.

[130] Housing Corporation. Have You Heard about Open Market HomeBuy, 2006.

[131] Jeffrey Lubell. Filling the Void Between Homeownership and Rental Housing: A Case for Expanding the Use of Shared Equity Homeownership. Joint Center for Housing Studies, 2013.

[132] Jeffrey Lubell. Increasing the Availability of Affordable Homes: A Handbook of High – Impact State and Local Solutions. Center For Housing Policy, 2007.

[133] John Doling, Richard Ronald. Home ownership and Asset-based Welfare. Journal of Housing and the Built Environment, 2010, 25 (2).

［134］John E. Davis. Shared Equity Homeownership：A New Path to Economic Opportunity. National Housing Institute，2006.

［135］John Emmeus Davis. Shared Equity Homeownership：The Changing Landscape of Resale – Restricted，Owner – Occupied Housing. National Housing Institute，2006.

［136］Joint Center for Housing Studies，Harvard University，Credit，Capital and Communities，A Report Prepared for the Ford Foundation，2004（3）.

［137］Kenneth Mark Temkin，Brett Theodos. Balancing Affordability and Opportunity：An Evaluation of Affordable Homeownership Programs with Long-term Affordability Controls. Final Report，2010.

［138］Kenneth Mark Temkin，Brett Theodos. Sharing Equity with Future Generations：An Evaluation of Long – Term Affordable Homeownership Programs in the USA. Housing Studies，2013.

［139］Liesbet Vranken，Karen Macours. Property Rights Imperfections and Asset Allocation：Co-ownershipin Bulgaria. Journal of Comparative Economics，2011.

［140］Lindsey Appleyard，Karen Rowlingson. Home-ownership and the distribution of personal wealth. Birmingham：University of Birmingham，2010.

［141］Lisa L. Mohanty，Lakshmi K. Raut. Home Ownership and School Outcomes of Children：Evidence from the PSID Child Development Supplement. American Journal of Economics and Sociology，2009，68（2）.

［142］Lorna Fox O. Mahony，The meaning of home：from theory to practice. International Journal of Law in the Built Environment，2013（5）.

［143］Lowery，Ira S. Filtering and Housing Standard：A Conceptual Analysis. Land Economics，1960（36）.

[144] Marja Elsinga, Jopis Hoekstra. Homeownership and housing satisfaction. Journal of Housing and the Built Environment, 2005, 20 (4).

[145] Mark Stephens. Social Housing in the United Kingdom, 2013.

[146] Mary E. Brooks. State Housing Trust Funds in 2010. Center for Community Change, 2010.

[147] Michael E. Stone, What Is Housing Affordability? The Case for the Residual Income Approach University of Massachusetts, Boston. Housing policy debate 2006 (1).

[148] Miriam Axel - Lute. Homeownership Today and Tomorrow: Building assets while preserving affordability. National Housing Institutefor the Cornerstone Partnership, a program of NCB Capital Impact, 2010.

[149] Ohls J C. Public Policy toward Low Income Housingand Filtering in Housing Markets. Journal of Urban Economics, 1975 (2).

[150] Paul Gaught. Right to Buy Sales: Jan 2014 to Mar 2014, England. Department for Communities and Local Government, 2014 (5).

[151] Richard K. Green, Michelle J. White. Measuring the Benefits of Homeowning: Effects on Children. Journal of Urban Economics, 1997, 41 (3).

[152] Rick Jacobus, Burlington Assocs. Scalable Business Models for Marketing and Preserving Shared Equity Home ownership. Presentation and Panel Discussion Before the Neighborhood Works Training Institute Symposium, 2007.

[153] Rick Jacobus, Jeffrey Lubell. Preservation of Affordable Homeownership: A Continuum of Strategies. Center for Housing Policy, 2007.

[154] Rick Jacobus, Ryan Sherriff. Balancing Durable Affordability and Wealth Creation: Responding to Concerns about Shared Equity Homeownership. Center for Housing Policy, 2009.

［155］ Rick Jacobus. Shared Equity, Transformative Wealth. Center for housing policy, 2007.

［156］ Ryan, A. Public and private property, in: S. Benn & G. Gaus (Eds) Public and Private in Social Life. London: Croom Helm, 1983.

［157］ Ryan Sherriff. An Introduction to Shared Equity Homeownership. Center for Housing Policy, 2011.

［158］ Ryan Sherriff, Jeffrey Lubell. What's in a Name? Clarifying the Different Forms and Policy Objectives of "Shared Equity" and "Shared Appreciation".

［159］ Ryan Sherriff. Shared Equity Homeownership State Policy Review. Journal of Affordable Housing & Community Development Law, 2010.

［160］ Sarah Webb. Affordable Housing Supply: April 2012 to March 2013, England. Department for Communities and Local Government, 2013 (11).

［161］ Saunders, P. A Nation of Home Owners. London: Hyman and Unwin, 1990.

［162］ Sweeney. J, L. Quality, Commodity Hierarchies, and Housing Markets, Econometrica, 1974 (42).

［163］ Thaden, Emily. Stable Home Ownership in a Turbulent Economy: Delinquencies and Foreclosures Remain Low in Community Land Trusts. Working Paper. Cambridge, MA: Lincoln Institute of Land Policy, 2011.

［164］ The Effects of Inclusionary Zoning on Local Housing Markets: Lessons from the San Francisco, Washington DC and Suburban Boston Areas.

［165］ Turnham, Jennifer et. al. Study of Homebuyer Activity through the HOME Investment Partnerships Program. Prepared by Abt Associates for Washington, DC: U. S. Department of Housing and Urban Development,

2004.

[166] Vandell, Kerry D. Inclusionary Zoning: Myths and Realities. Center for Urban Land Economics Research at University of Wisconsin, 2003.

[167] William Apgar. Rethinking Rental Housing: Expanding the Ability of Rental Housing to Serveas a Pathway to Economic and Social Opportunity. Joint Center for Housing Studies Harvard University, 2004 (12).

[168] William M. Rohe, Shannon Van Zandt, George McCarthy. The Social Benefits and Costs of Homeownership: A Critical Assessment of the Research. Cambridge: Joint Center for Housing Studies Harvard University, 2001.

附录　关于共有产权住房的专家调研分析报告

2014年7月10～12日，课题组借南京世界华人不动产年会的契机，对来自全国各地的房地产专家展开了关于共有产权住房的调研问卷，调研对象包括来自北京大学、清华大学、浙江大学等知名院校的教授和学者，以及来自淮安、上海等共有产权住房试点城市的研究专家。旨在了解专家对共有产权住房的态度、制度设计方面的建议，探讨共有产权保障模式推行中所面临的问题。

1. ***对我国实施共有产权住房制度所持的态度***

本次调查所访谈的专家人数共30人，其中12位专家对我国实施共有产权住房保障模式所持的态度为支持，4人持反对观点，其余14人持保留意见。在持反对和保留意见的18位专家中，有10位专家将共有产权住房的高监管成本作为其反对或持保留意见的主要原因之一；8位专家认为共有产权住房与经济适用房无本质区别，也存在牟利寻租空间大的问题，同时公众的接受度也有待市场考验，尤其是在房地产市场下行阶段；6位专家认为共有产权住房既要保持住房可支付性，又要杜绝寻租空间，是一项难于两全其美的选择；2位专家认为共有产权保障模式存在政策福利缩水的问题。

2. 共有产权住房的比较优势

与经济适用房相比，40%的专家认为降低购房门槛，促进个人财富积累是共有产权保障模式的最大优势之一；37%的专家认为共有产权的优势之一在于缓解政府资金压力，避免掉入“保障房福利陷阱”，进而实现住房保障资源的累积倍增。认为缓解“夹心层”的住房困难和构建可过渡、动态的住房体系为共有产权保障模式的主要优势之一的专家同时占了27%；13.3%的专家将消除寻租牟利空间、调动居民依靠自己努力改善住房条件的积极性、强化分配公平性作为共有产权模式与经济适用房相比的优势之一；10%的专家认为平抑住房价格是共有产权住房的主要优势；另有一位专家将避免对普通商品市场产生挤出效应作为共有产权模式相比经济适用房（以下简称“经适房”）的主要优势之一。此外，有13.3%的专家认为共有产权保障模式与经济适用房无区别，并不存在任何优势。总体来看，大部分专家认为与现行经济适用房相比，共有产权保障模式的最大优势在于降低购房门槛，有利于积累个人财富；缓解政府资金压力，实现住房保障资源累积倍增；缓解“夹心层”住房困难，扩大住房保障范围；通过可调整性的共有产权合约模式实现各类住房的转换，构建可过渡、动态的住房体系。

与公租房保障方式相比，67%的专家认为共有产权保障模式在减轻政府财政压力中显现了极大的优势；40%的专家将拓展受援家庭获得住房产权的机会与帮助受援家庭进行资产建设，共享社会财富增值收益作为共有产权模式与公租房相比的主要优势之一；23%的专家认为共有产权模式与公租房保障模式的比较优势在于其使得政府投入的资源显性化和资本化，保持了住房保障的效率和可持续性，同时有利于完善产权分配和上市交易收益调节机制，消除了保障房牟利和寻租空间；17%的专家认为与公租房相比，共有产权住房更有利于制约保障住房使用、养护中不当行为的发生；同样17%的专家认为强化分配的公平性是共有产权保障模式与公租房相比的主要优势之一。此外，有两位专家认为共有产权保障模式与公租房相比，并不存在优势。总体来看，大部分专家认为回收部分资金，减轻政府财政压力；降低购房门槛，拓展受援家庭获得住房产权的机会；帮助受援家庭进行资产建设，共享社会财富增值收益是共有产权保障模式与现行公租房保障模式相比的最大优势。

对专家调研的数据进行整合分析，取有效百分比作为排序指标，以少数服从多数的原则，对共有产权住房、经济适用房、公租房在缓解房价上涨、约束腐败寻租、建立个人财富、提高财政资源投资效用、享受政策福利高低、减少房屋破坏、住房保障的可持续性等方面进行综合排序，“1”代表作用最大；“2”代表作用其次，“3”代表作用最小。如共有产权住房在缓解房价上涨方面所起的作用中，有26%的专家认为共有产权住房与经适房和公租房相比，起到了最大的作用，57%的专家认为共有产权住房作用居中，17%的专家认为作用最小，因此，共有产权住房在缓解房价上涨方面所起的作用为“2”（见附表1）。

附表1　　三种保障房的效用比较

	共有产权住房	经济适用房	公租房
缓解房价上涨	2	1	3
约束寻租	2	3	1
建立个人财富	2	1	3
提高财政资源投入效用	1	2	3
享受政策福利高低	2	1	3
减少房屋破坏	2	1	3
住房保障制度的可持续性	1	2	3

注：“1”代表作用最大；“2”代表作用其次，“3”代表作用最小。

综合排列数据显示，共有产权模式在各方面所发挥的作用均趋于稳定，其中在提高财政资源投入效用、保持住房保障制度的可持续性方面发挥的作用最大。经济适用房虽然在缓解房价上涨、建立个人财富、享受政策福利高低、减少房屋破坏这四个方面发挥较大的作用，但不可避免的存在着腐败寻租、住房保障可持续性缺失的弊端。共有产权住房在这两个方面做了弥补。虽然公租房在约束腐败寻租方面所起的作用最大，但在其他几个方面所发挥的作用均较小。综上所述，共有产权住房在综合经济适用房和公租房优势的同时，对这两类保障房存在的问题进行了有效的弥补，同时在提高财政资源投入效用，减少财政压力方面发挥了较大的作用，有效地增加了地方政府的实施动力。

3. **推行共有产权保障模式的挑战**

本次调查问卷设计中，主要将推行共有产权住房的挑战分为以下六个部分：(1) 准入与退出机制的设计：确立怎样的机制，才能避免共有产权住房陷入经济适用房类似“福利房”“权利房”的陷阱，实现其高效、公平和可持续运营；(2) 监管体系的建立：较之常规经济适用房政策，共有产权保障模式在产权比例认定、后期产权变更、房屋出售、房屋使用等环节还需增加更多的人力，监督管理成本较大；(3) 定价与产权比例确定：如何合理定价，政府与保障对象之间的产权比例由谁来确定，最终确定的产权比例是否公平合理，个人出资比例的明确限制，如何才能避免故意隐瞒、谎报收入等道德风险的发生；(4) 共有关系的处理：如何界定共有关系中相关业主的权利义务，如何协调政府与外部费用（如装修费用、物业费用）、债务之间的关系，如何在制度设计中消除政府作为共有人但并不实际居住的副作用（如连带责任）等方面皆存在挑战；(5) 社会接受程度：保障对象对共有产权模式缺乏了解，信息披露不到位将导致房主在居住或转售时产生一系列的问题。此外，大量建设共有产权住房可能面临“房等人”的窘境；（6）市场环境变化：政府在面临房价下降风险时应采取怎样的措施，既能降低中低收入家庭的资产流失又能减少政府的财政压力。

其中，69%的专家认为共有关系的处理为推行共有产权保障模式的最大挑战之一；58.6%的专家将准入与退出机制的设计视为推行该模式的最大挑战之一；认为定价与产权比例的确定和监督体系的建立为推行该模式的最大挑战之一的专家分别占了51.7%和48.3%；34.5%的专家认为由市场环境变化所引起的一系列问题也将成为共有产权推行过程中所遇到的难题；另有两位专家认为社会接受程度是推行共有产权保障模式所需要跨越的最大障碍之一。由此可见，在共有产权保障模式的制度设计中，保证合理的共有关系处理方式、完善的准入与退出机制、合适的房屋定价与产权比例显得尤为重要（见附图1）。

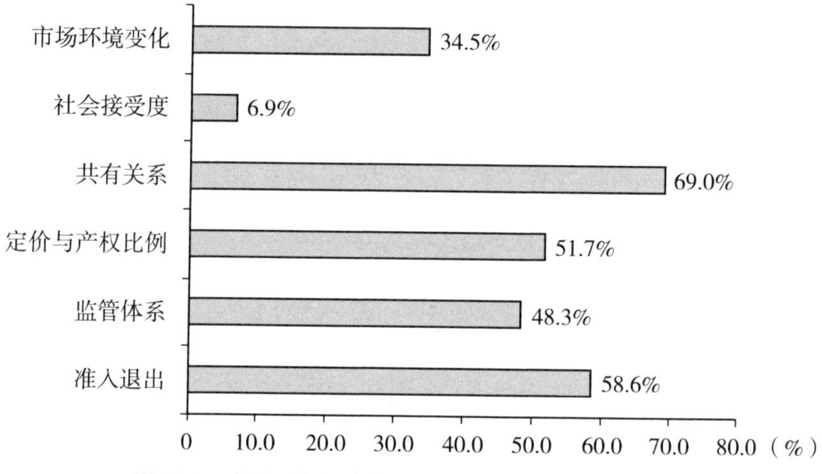

附图1　推行共有产权保障模式的挑战（多选）

4. *共有产权住房的定位与模式设计*

本次调研将共有产权住房在我国住房供应体系中的定位分为三种：（1）将共有产权住房作为支持“夹心层”的独立性住房政策；（2）作

为保障性住房的一种供应模式，既可支持“夹心层”，又可保障低收入阶层；（3）将共有产权住房作为一种机制设计，既可以用于保障性住房也可以用于商品房。其中 39.3% 的专家支持将共有产权住房作为保障性住房的一种供应模式，在支持中低收入者的同时，也实现了保障房市场与商品房市场的过渡与衔接；35.7% 的专家更支持将共有产权作为一种机制设计；其余 25% 的专家则认为将共有产权住房作为一种独立性住房政策更为合理（见附图 2）。

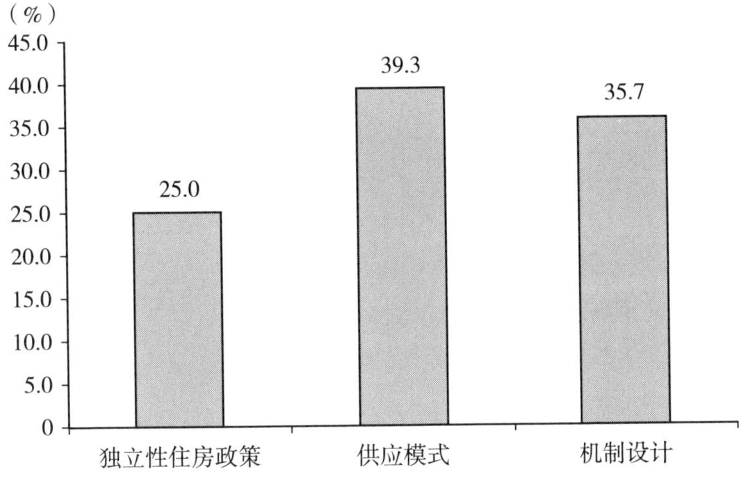

附图 2　共有产权在我国住房供应体系中的定位

通过借鉴英美两国共有产权住房的发展经验，本书将共有产权住房的模式设计分为四种类型。其中，英国的共有产权模式主要以提高住房自有率为目的，并分为以“半租半买”形式呈现的共有产权模式和提供产权贷款为主的共享收益模式两种。前者允许保障群体以半租半买的形式获取住房，并可通过“阶梯化”逐步实现完整产权，进而退出这一细分市场；后者是政府以提供产权贷款的形式，帮助中低收入家庭购买住房，以减少其首次贷款的比例，同时要求房主在转售住房时支付原始本金和部分房屋增值收益。美国的共有产权模式更侧重于推行补贴保留的保障性策略，将补贴与住房结合在一起，旨在保持持续的低房价，并保证保障性住房的房源供应。常见的补贴保留模式包括限制合同住房、社区土地信托和有限产权合作房三种普遍的应用形式。结合我国保障性住房市场的实际情况，笔者选取限制合同住房作为美国共有产权模式的代表，并将其分为股权式和债权式两种。前者是政府将补贴给予开发商以降低房屋售价，购房者以接受房屋限制为代价取得低房价，补贴包含在住房中，住房以低价的形式再卖给未来购房者。后者是政府以提供优惠信贷的方式分享住宅权益，当住房转让者以限制性条件转让住房时，可以不用归还本金及利息，信贷直接向下家转让。本次专家调研的数据显示，支持半租半买共有产权模式的专家占了总人数的六成以上。各模式的支持情况如附图 3 所示。

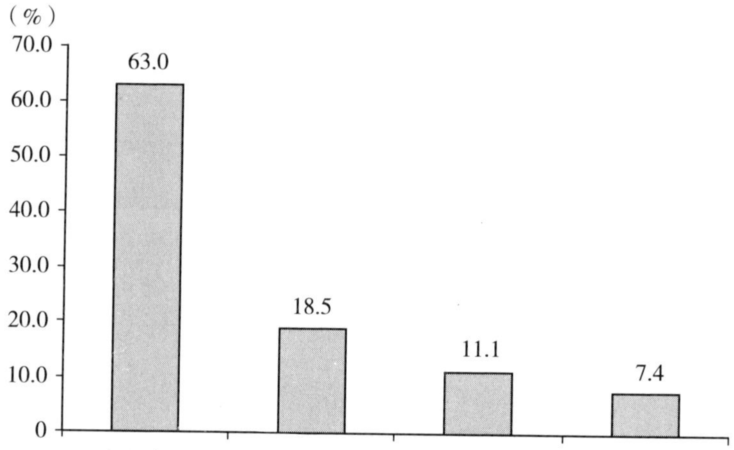

附图 3　共有产权住房的模式设计

5. *共有产权保障模式的住房与补贴来源*

在共有产权住房的住房来源方面，56% 的专家支持政府采用密度红利等激励机制来鼓励开发商提供共有产权住房；支持在公开市场中筹集一定价格和面积以下的住房与支持政府对市场上二手房源和老旧住房进行改造再利用的专家所占比例均为44%；37%的专家支持政府强制开发商在新建小区内配建一定比例共有产权住房的方式；另有18%的专家仍然支持政府集中兴建共有产权住房的住房供应方式。有个别专家指出应根据不同地区住房供应的实际情况进行针对性的设计。也有专家认为没有所谓的“共有产权住房”，而是以“共有产权”方式提供的政策性产权住房，因此并不存在共有产权住房的住房来源。

在共有产权住房的资金补贴来源中，九成以上的专家支持以公共机构和私人部门共同提供补贴的方式，此外，仍有8%的专家支持从财政公共资金中获取补贴。有专家建议引入社会福利性质的基金进行补贴或成立共有产权住房的项目基金，将基金收益用于补贴。

6. 共有产权保障模式的定价与产权比例设定

在共有产权住房的定价方式中，支持基于地区人均收入水平来进行定价的专家占比超五成；35.7%的专家支持按照市场价的一定比例来进行定价，比例区间各有不同，以70%~90%范围内居多，不同城市和区位应有不同的比例区间。此外，支持按照开发的建造成本来进行定价的专家占比10.7%（见附图4）。

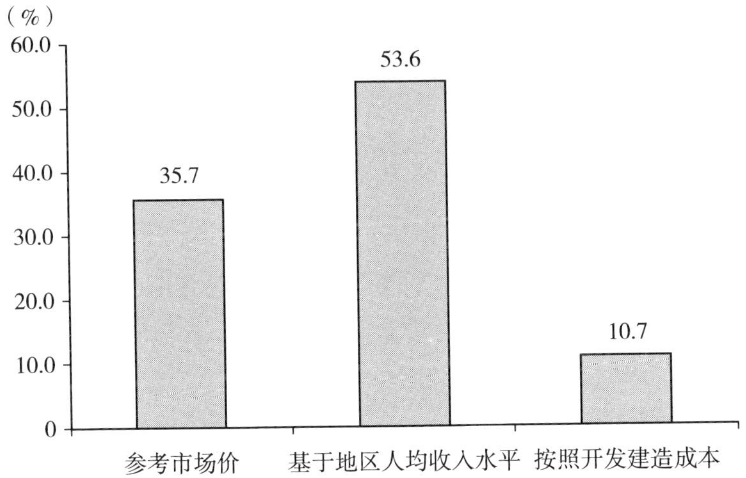

附图4　共有产权住房的定价方式

对政府持有的产权部分的租金设定中，认为保障对象应该缴纳一定租金的专家占比59%，不支持租金收取的专家占比为41%。

在共有产权住房的产权比例设定中，40.7%的专家认为初始购房时个人产权所占的最低比例为30%较为合理；25.9%的专家支持个人与政府以1∶1的出资比例购买住房；18.5%的专家支持的个人初始购房比例为25%（见附图5）。此外，也有专家认为初始比例应该用弹性机制取代固定机制来进行设立，并根据区域、保障对象的家庭条件等因素进行相应的调整。

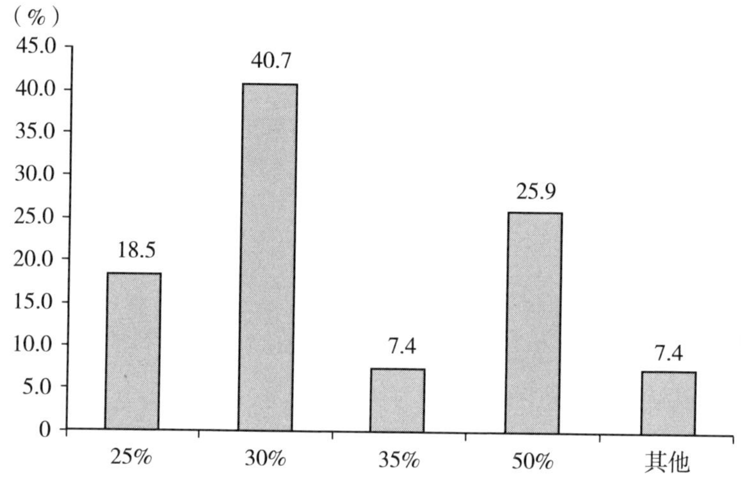

附图5　共有产权住房的产权比例设定

7. 共有产权住房的准入退出机制

在共有产权住房的准入机制设计中，认为保障对象家庭年收入占地区平均收入的合理比例众说纷纭，出现较多的比例区间为30%~50%、50%~70%、小于80%、小于100%，浮动区间基本在30%~100%范围以内。专家认为保障家庭人均住房的合理建筑面积以20平方米以下居多，25平方米及30平方米以下次之。也有专家认为这两项指标应根据地方政府的负担能力及地方房地产市场的具体情况来确定。

对符合资格的购房者进行住房分配时，有76%的专家支持实行轮候制，进而按先后顺序安排住房的方式，其余24%的专家支持利用“抽签+摇号”的形式分配名额。

专家在对保障对象的户籍制度所采取的态度中，57.7%的专家支持以本地为主，选择性的面向外来人员的方式；34.6%的专家认为应给予非本地户籍的外来人员同样的机会；此外，仍有两位专家认为应保留户籍制度，保障对象仅限于当地城镇户口（见附图6）。

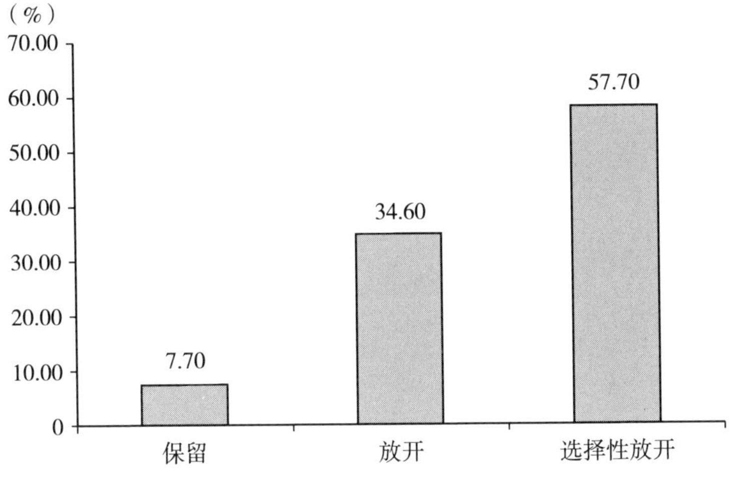

附图6　对保障对象的户籍制度的态度

在共有产权住房的退出机制中，六成以上的专家支持半开放式的退出机制，即满一定期限后，需要上市交易的住房，政府有优先回购权，政府决定不回购的才可直接入市，政府与业主共享增值收益。其中，专家建议的上市最低年限以5年居多，也有部分专家建议的最低年限为10年。此外，36%的专家支持通过建立阶梯化的激励机制，鼓励业主逐步获得完全产权的退出模式；21%的专家更支持开放式的退出机制，允许房屋直接入市，政府与业主共享增值收益；封闭式退出机制的支持率为18%。该模式下，购房者只能将住房转售给住房保障机构或符合政府的保障对象；另有一位专家认为应该禁止共有产权住房的上市交易，坚持保障房的国有性质。

当满一定年限后，对于仍无能力获取完全产权，但又拒绝上市交易的家庭，44%的专家认为应对其住房的政府产权部分征收租金，租金水平按照公租房具体标准进行核算；30%的专家认为政府产权部分应征收市场租金；政府按原始购买价格或市场价格回收的支持人数均为2人。

8. *共有产权住房的其他制度设计*

在共有产权住房的维修费用方面，七成以上的专家认为政府需承担部分维修成本，其中，41%的专家支持政府与个人按产权比例建立房屋维修基金，共同承担房屋所有维修成本的方式；33%的专家支持对维修费用进行分类处理，房屋内部的维修费用由个人承担，公共部分维修费用由政府和个人按照产权份额共同承担。此外，约26%的专家认为不论购房人拥有房屋多大比例的产权，房屋的一切维修费用都应由购房人承担，这一方式在英国共有产权保障模式的推行中十分流行。

在共有产权住房的使用限制方面，53.6%的专家支持禁止转租的制度设计，25%的专家支持禁止房屋空置，要求全部时间都有人入住；21.4%的专家则建议设立入住率的最低要求（见附图7）。

在共有产权住房的遗产继承方面，50%的专家认为住房只能留给符合准入标准的继承者，39%的专家则更支持对继承对象没有限制的规定，只要求继承者遵循原先房主所遵循的住房规定或限制即可。其余11%的专家支持对家庭成员没有限制的规定，允许家庭成员对住房的继承和占用，尽管继承者有可能不符合准入标准。

当市场萧条时，共有产权住房将面临房价下跌的风险，56%的专家认为风险应由房主自己承担，在业主申请转售时，政府可按照住房现价回收住房或转售给其他符合资格的购房者；26%的专家认为风险应由政府承担，政府需按照房主购房时的住房价格对住房进行回收；也有19%的专家建议政府与个人按照产权比例共同承担风险。

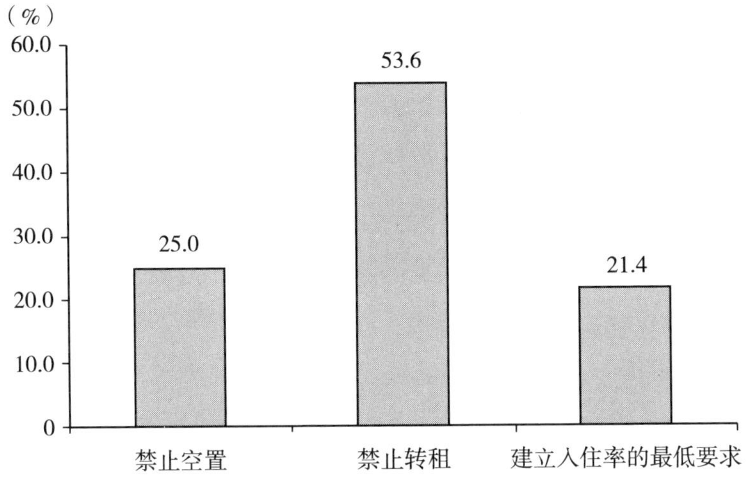

附图7　共有产权住房的使用限制

从问卷统计结果看，尽管超过半数的专家认同推行共有产权住房，对共有产权住房在住房体系中的地位，与经济适用房、公租房相比的优势等作了充分的肯定，但在是否需要推行共有产权住房、共有产权住房面向何种群体、如何建立共有产权住房具体的运行机制等方面尚未形成一致性的意见，反映出加强共有产权住房研究与宣传的重要性。